古典文獻研究輯刊

二二編

潘美月·杜潔祥 主編

第 12 冊

清代散見戲曲史料彙編

（方志卷·初編）（上）

趙興勤、趙韡 編

國家圖書館出版品預行編目資料

清代散見戲曲史料彙編（方志卷‧初編）（上）／趙興勤、趙韡
編 ─ 初版 ─ 新北市：花木蘭文化出版社，2016〔民 105〕
目 58+184 面；19×26 公分
（古典文獻研究輯刊 二二編；第 12 冊）
ISBN 978-986-404-505-1（精裝）
1. 戲劇史 2. 史料 3. 清代
011.08   105001919

ISBN-978-986-404-505-1

古典文獻研究輯刊
二二編　第十二冊　　　　　　　ISBN：978-986-404-505-1

清代散見戲曲史料彙編（方志卷‧初編）（上）

編　　　者　趙興勤、趙韡
主　　　編　潘美月　杜潔祥
總 編 輯　杜潔祥
副總編輯　楊嘉樂
編　　　輯　許郁翎
企劃出版　北京大學文化資源研究中心
出　　　版　花木蘭文化出版社
社　　　長　高小娟
聯絡地址　235 新北市中和區中安街七二號十三樓
　　　　　　電話：02-2923-1455／傳眞：02-2923-1452
網　　　址　http://www.huamulan.tw 信箱 hml 810518@gmail.com
印　　　刷　普羅文化出版廣告事業
初　　　版　2016 年 3 月
全書字數　上中下冊合計708 千字
定　　　價　二二編 15 冊（精裝）新台幣 28,000 元

清代散見戲曲史料彙編

（方志卷・初編）（上）

趙興勤・趙韡 編

作者簡介

　　趙興勤，1949 年 7 月生，江蘇沛縣人，江蘇師範大學文學院教授，中國古代文學、戲劇戲曲學研究生導師。兼任中國元好問學會理事、中國元代文學學會理事、中國《金瓶梅》研究會（籌）理事，江蘇省明清小說研究會副會長、《西遊記》研究分會常務理事、常州市趙翼研究會副會長等職。已出版的學術著作有《古代小說與倫理》、《明清小說論稿》、《趙翼評傳》（南京大學版）、《中國古典戲曲小說考論》、《古代小說與傳統倫理》、《趙翼評傳》（江蘇人民版）、《理學思潮與世情小說》、《元遺山研究》、《話說〈封神演義〉》、《趙翼年譜長編》（全五冊）、《古典文學作品鑑賞集》、《趙翼研究資料彙編》（上、下冊）、《清代散見戲曲史料彙編（詩詞卷·初編）》（全三冊）、《清代散見戲曲史料彙編（詩詞卷·二編）》（上、下冊）、《趙興勤〈金瓶梅〉研究精選集》、《中國早期戲曲生成史論》等 23 種，主編、參編《中國風俗大辭典》、《中國古代戲曲名著鑑賞辭典》等近 40 種，在海峽兩岸發表論文 200 餘篇。

　　趙韡，1981 年 4 月生，江蘇徐州人。大學二年級開始發表論文，迄今已有 80 餘篇，散見於《文獻》、《民族文學研究》、《戲曲研究》、《讀書》、《晉陽學刊》、《藝術百家》、《東南大學學報》、《中國礦業大學學報》、《中華詩詞》、《博覽群書》、《古典文學知識》、《社會科學論壇》、《中華藝術論叢》、《長城》、《作品與爭鳴》、《語文月刊》、《中國社會科學報》、《中國文化報》、《中國勞動保障報》、《歷史月刊》（臺灣）、《書目季刊》（臺灣）、《國文天地》（臺灣）、《戲曲研究通訊》（臺灣中央大學）、《澳門文獻信息學刊》（澳門）等兩岸三地刊物，已出版的學術著作有《趙翼研究資料彙編》（上、下冊）、《清代散見戲曲史料彙編（詩詞卷·初編）》（全三冊）、《清代散見戲曲史料彙編（詩詞卷·二編）》（上、下冊）等 4 種，另參編（撰）《元曲鑑賞辭典》、《徐州文化博覽》等 7 種。代表作獲江蘇省高校第九屆哲學社會科學研究優秀成果二等獎。

提　要

　　清代戲曲價值大而研究者少，下筆易而突破難，關鍵問題是研究資料的難以蒐訪。儘管經過眾多學者的不懈努力，資料搜集工作已取得某些成果，但相對清代戲曲史料的總量而言，還有相當多的散見史料有待發掘。目下的史料整理，仍難以滿足研究者的需要。鑒於此，本書編者承前賢時彥之餘緒，計劃編纂一套《清代散見戲曲史料彙編》，分爲《詩詞卷》、《方志卷》、《筆記卷》、《小說卷》、《詩話卷》、《尺牘卷》、《日記卷》、《文告卷》、《圖像卷》等，將依次推出，以期對清代戲曲的整體研究有所助推。已出版的《詩詞卷·初編》、《詩詞卷·二編》，共收錄清代 600 餘位作家的 2576 題（4000 首左右）涉劇詩、詞。本編爲《方志卷·初編》，共使用方志320 餘種，蒐得涉劇（含伎藝表演）內容 1636 則，資料涵蓋 25 個省。所收散見戲曲史料的學術價值，主要表現在如下幾個方面：一是頻繁的節令慶典、密集的廟會祭儀與戲曲、歌舞等伎藝表演的密切融合、互爲作用。村鎮必有廟，有廟必有祭，有祭必有會，逢會必演戲，已成爲傳統社會民間生活之常態，這大大提高了戲曲的地位，甚或有人將戲曲與被奉爲儒家經典的《詩》等量齊觀。二是戲曲、歌舞、雜耍等表演伎藝的多層面載述。在伎藝表演方面，如鐵花、橋燈、龍舟、擡閣、緣竿、猴戲、說平話、跳腳舞、跳端公、秧歌、節節高、雲車等，均曾涉及。在戲曲演出方面，清戲、囉囉腔、梆子腔、南腔、崑腔、弋陽腔、秦腔以及採茶歌、花鼓戲、影戲等各類戲曲及地方伎藝的生存狀態與活動場景均有載述。在演出場所方面，有各神廟前戲臺（或戲樓）的演出、搭臺演戲、在船上或水面演劇等。在戲曲班社的運作方式上，主要有熱心人士「醵錢演劇」、農民主動湊錢演戲、商賈富豪輪流出資演戲、靠演出基金盈利所得支撐演出等形式。三是在劇目著錄、戲曲班社及戲曲語言方面的文獻價值。在相關劇目的收錄方面，涉及古代戲曲劇目五六十種，其中《存孤記》、《梁太傅傳奇》、《桂宮秋》、《玉蓮華》、《鴛鴦傳奇》、《霜磨劍》、《黃克國傳奇》、《蓮花報》、《臺城記》等，論者極少，資料彌足珍貴；在方言、俗語、隱語、江湖市語的收錄方面，不僅有助於對戲曲、小說之類作品文本的理解，而且還爲語言研究提供了珍貴的史料。

目次

図2:《(乾隆)口北三廳志》

序

三廳古無志也三廳古未始有廳也

蓋長城為古邊腹之限起臨洮訖遼

海萬有餘里而在宣境者千餘里居

天下之脊長遮絕域以繞京師自古

在昔有藩垣之喻有門戶之喻有人

身項背之喻顧古出居庸則為邊而

良鄉縣志序

翰林郭棻撰

良鄉畿輔前縣縣志久闕至此者慨焉豈以臨當

一要衝使招旁午疲於宵饑無暇及此卿黔南安候

一屆任二載政通人和百廢俱興詢志之係於邑也

一甚重乃銳意創修請鄉大夫箕峰楊公取群幹

多兩改老為之蒐難幽逸凡有關於政教者擄錄

閱選彤分臚列纂次成編一切撰述楊君獨任其

勤越三月告成而侯復加校閱裁正焉果足以信

図 1:《(康熙)良鄉縣志》(清康熙十二年修康熙鈔本)

図2:《(乾隆)口北三廳志》(清乾隆二十三年刊本)

文安縣志目錄

卷一

方典

沿革　星野　疆域　風俗　禮儀

節序　河渠　河功　食謀

建置

城池　公署　壇壝　祠祀　坊表

鄉鎮　集市　橋梁　古蹟　墳墓

貢賦

大同府志

重修銜名

纂輯

協理

大同府知府加二級紀錄二次吳輔宏　安徽歙縣人

原任豐鎮廳同知八　格　滿洲正黃旗人

豐鎮廳同知三藏寶　家人舉人

原任槽捕廳通判與　顧　滿洲鑲藍旗

爆捕廳通判陳萬吉　河南商邱人

大同縣知縣吳　麟　浙江山陰人

図 3:《(康熙)文安縣志》(清康熙十二年刻本)

図 4:《(乾隆)大同府志》(清乾隆四十七年重校刻本)

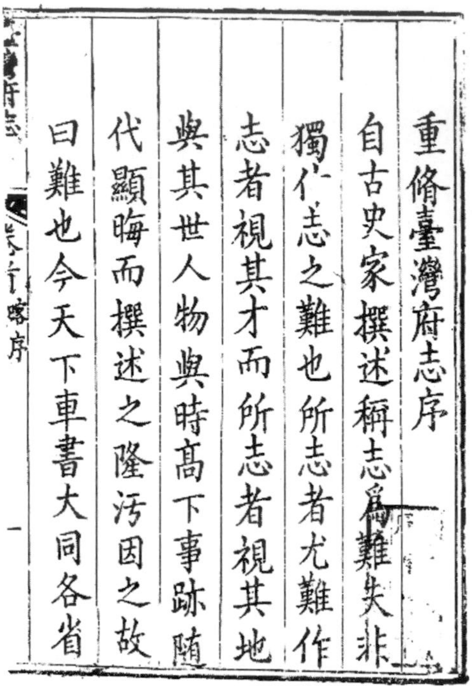
重修臺灣府志序

自古史家撰述稱志爲難失非
獨作志之難也所志者尤難作
志者視其才而所志者視其地
與其世人物與時高下事跡隨
代顯晦而撰述之隆污因之故
曰難也今天下車書大同各省

圖 5：《（乾隆）重修臺灣府志》（清乾隆十二年刻本）

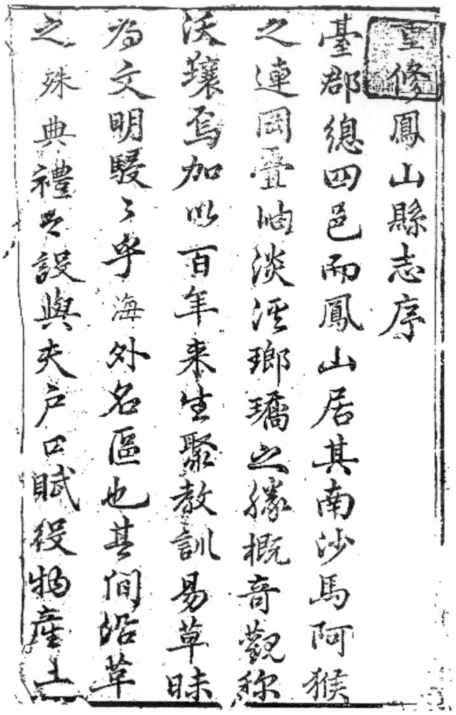
重修鳳山縣志序

臺郡總四邑而鳳山居其南沙馬阿猴
之連岡疊嶺淡溪瑯嶠之緣概奇觀稱
沃壤焉加以百年來生聚教訓易草昧
為文明駸駸乎海外名區也其間始草
之殊典禮之設與夫戶口賦役物產土

圖 6：《（乾隆）重修鳳山縣志》（清乾隆二十九年刊本）

前　言

　　史學家曾稱，「州郡之有志書，以括舉一方之事」，「其中兼敘人物風土，一方之要刪略具」，可以與「唐宋以來之官修諸史等量齊觀」，「爲最有用」。〔註1〕是重在論述方志在史學研究中的價值。其實，早在清代中葉，章學誠在《文史通義》一書中就曾強調，地方志書，「雖曰一方之志，亦國史之具體而微矣」〔註2〕，「以存一時掌故，與史相輔而不相侵。」〔註3〕正因爲方志具有濃烈的地方色彩，收錄並載述了一般史書所吐棄的風俗人情、民謠俚曲、方言俗諺、節令風俗、祠廟寺觀以及姓名不彰的地方賢達乃至各類軼聞雜事，從事戲曲史研究的學者，恰可從此中窺見消息，時有如入寶山之感。皇皇數萬卷的方志，往往成了「吾儕披沙揀金之憑藉」〔註4〕。有學者稱：「方志之書既爲偏記一地方之事，則其所記，必甚詳盡，故其間所包藏史料之巨富，殆無可倫比」〔註5〕，誠不欺也！

　　從方志中蒐尋研究史料，乃前人問學之一途徑。明代郎瑛的《七修類稿》，其中「辯證」一類，時而借助於方志。魯迅的《小說舊聞鈔》，曾取資於《（天啓）淮安府志》、《（康熙）淮安府志》、《（光緒）淮安府志》、《（同治）

〔註1〕金毓黻：《中國史學史》，河北教育出版社，2003年，第142頁。

〔註2〕章學誠：《文史通義》卷七《外篇二·亳州志人物表例議下》，章學誠撰、葉瑛校注：《文史通義校注》下冊，中華書局，1994年，第808頁。

〔註3〕章學誠：《文史通義》卷七《外篇二·亳州志掌故例議中》，章學誠撰、葉瑛校注：《文史通義校注》下冊，中華書局，1994年，第815頁。

〔註4〕梁啓超：《中國近三百年學術史》，《梁啓超論清學史二種》，復旦大學出版社，1985年，第441頁。

〔註5〕鄭師許：《方志在民俗學上之地位》，《民俗》第一卷第四期，1942年，第10頁。

山陽縣志》、《山陽志遺》、《（光緒）江陰縣志》、《（光緒）嘉興府志》、《烏程縣志》、《南潯志》諸志書。錢南揚的《梁祝戲劇輯存》，則得力於《（光緒）鄞縣志》、《寧波府志》、《嘉慶四明志》、《延祐四明志》、《四明郡志》、《常州府志》、《清水縣志》等志書不少。尤其是趙景深、張增元合編之《方志著錄元明清曲家傳略》，從千餘種方志中，輯得許多珍貴的戲曲研究資料，「發現了罕見曲目一百多種」〔註6〕，收錄元代戲曲作家 20 人，明代戲曲作家 155人，清代戲曲作家 258 人，元明清散曲家 140 人，元明清戲曲理論家及其他85 人，共計 658 人，其中「未見著錄的戲曲家共一百二十四人」〔註7〕。是書開拓了人們的研究視野，發現了許多人所未知的珍貴文獻，被譽為「資料豐富，搜羅齊備，對研究中國文學史和中國戲曲史頗有參考價值」〔註8〕。前人謂：「方志中所蘊藏至富，爬梳而出之必有可觀。」〔註9〕本書編纂者不揣讓陋，踵跡前賢，花費十餘年功夫翻閱方志，頗有感觸，特將其中所載之戲曲資料加以搜剔、梳理，將在未來幾年內陸續分編推出。

　　本編所收散見戲曲史料，其價值大致體現在如下幾個方面：

一、豐富多彩的民俗活動與歌舞、戲曲演出的密集出現

　　在長期的封建社會中，農耕是其主要的生產方式。大自然的陰晴風雨，直接關乎作物收成的好壞，並進而影響生活品質，故在古時，順天應時幾乎成了人們的共識，以致有「天曰順，順維生；地曰固，固維寧；人曰信，信維聽。三者咸當，無爲而行」〔註10〕之說。《呂氏春秋》冠於其首的「十二月紀」，就表達出這一思想。而《禮記・月令》，則是鈔撮《呂氏春秋》「十二月紀」而成，對農曆十二個月，每月的時令、物候、政令發佈、耕作、收藏、齋戒、祭祀、奉祀對象、社會活動等，皆有詳細表述，如孟春，「其帝太皞，其神勾芒」〔註11〕。立春之日，「天子親率三公、九卿、大夫，以迎

〔註 6〕趙景深：《〈方志著錄元明清曲家傳略〉序》，趙景深、張增元編：《方志著錄元明清曲家傳略》，中華書局，1987 年，第 2 頁。

〔註 7〕趙景深：《〈方志著錄元明清曲家傳略〉序》，趙景深、張增元編：《方志著錄元明清曲家傳略》，中華書局，1987 年，第 2 頁。

〔註 8〕齊森華等主編：《中國曲學大辭典》，浙江教育出版社，1997 年，第 945 頁。

〔註 9〕瞿兌之：《讀方志瑣記》，《食貨》第一卷第五期，1935 年，第 9 頁。

〔註 10〕《呂氏春秋・序意》，嶽麓書社，1989 年，第 84 頁。

〔註 11〕《禮記・月令》，《十三經注疏》下冊，中華書局，1980 年，第 1353 頁。

歲於南郊」〔註12〕。仲秋之月，「易關市，來商旅，納貨賄，以便民事，四方來集，遠鄉皆至，則財不匱，上無乏用，百事乃遂」〔註13〕。季多之月，「命農計耦耕事，修耒耜，具田器。命樂師大合吹而罷」〔註14〕，「以待來歲之宜」〔註15〕。《大戴禮記》中的「夏小正」，也涉及此類內容。但重在農事、物候，其它則所記較簡。

這些稚拙、樸陋的文字符號，經過歷代人們的豐富與發展，竟然演化出前後連貫、生動活潑的社會風俗畫面。這裡不妨略舉幾例：

《（光緒）吉林通志》載述吉林歲時演劇道：

> 元旦，旗民於昧爽前，盛服焚香祭祖、禮神，炸（聚爆竹為之）爆鼓樂之聲，徹夜不絕。天明親友互相賀歲，車馬絡繹。二日黎明，商戶祀財神，然炸爆。院中建席棚，祀天地神祇。前植松樹二株，或四或六不等，皆高丈餘。上貼桃符，張設燈綵，富家間亦為之。六日，商賈開市半日。十五日，為元宵節，以粉餈祀祖先。街市張燈三日，金鼓喧闐，燃冰燈，放花爆，陳魚龍曼衍、高蹻（編者案：「轎」似應為「蹻」）秧歌、旱船竹馬諸雜劇。是日男女出遊，填塞衢巷。或步平沙，謂之「走百病」；或聯袂打滾，謂之「脫晦氣」，入夜尤多。二十五日，為添倉，煮黍飯、焚香楮、祀倉廒曰祭倉，鄉間尤甚。
>
> 二月二日，俗謂龍擡頭，婦女忌鍼黹。是日多食豬頭，啖春餅。正二月內，有女之家多采木打秋千，曰「打油千」。
>
> 清明日，家無貧富，必攜酒饌墓祭。培墳土，壓紅楮於馬鬣之前。是日，城隍出巡，以肩輿舁神像至西關行宮，童男女荷校跪迎道側，悔罪祈福。
>
> 三月三日，城北元天嶺真武廟會演劇報賽。嶺巔磚壁高丈餘、寬八九尺，中嵌白石象坎卦，以鎮城中火災。又是日為仙人堂會，又為三皇廟會，城鄉瞽者均往祭神，不到者罰。十六日，山神廟會，各堡戶釀貲演戲。山村具牲醴，祀神者尤眾。二十八日，東嶽廟會

〔註12〕　《禮記・月令》，《十三經注疏》下冊，中華書局，1980年，第1355頁。
〔註13〕　《禮記・月令》，《十三經注疏》下冊，中華書局，1980年，第1374頁。
〔註14〕　《禮記・月令》，《十三經注疏》下冊，中華書局，1980年，第1384頁。
〔註15〕　《禮記・月令》，《十三經注疏》下冊，中華書局，1980年，第1384頁。

祀神演劇，遊人甚多。

四月十八日，東關娘娘廟會，婦女焚香還願。有獻神袍、幔帳、金銀斗、替身人等物。小兒七八歲，每於此日留髮。囑兒立凳上，僧人以筯擊頂，喝令急行，不許回顧，曰「跳牆」。二十八日，北山藥王廟會，男女出遊。演戲，旁設茶棚、食館尤眾。婦女為所親病許願，由山麓一步一叩，直造其巔。遊人挈酒榼，聚飲林中，興盡始返。亦一盛會也。

端陽節，門戶懸蒲艾，包角黍，食糯米餻，飲雄黃酒，門楣掛葫蘆。婦女以綵絲為帶，以五色緞製荷包、葫蘆諸小物簪鬢上。或以布作虎繫兒肩，皆除災辟沴之意。龍潭山櫻桃熟，士女渡江登覽，備酒暢飲，日暮方歸。十三日，俗謂關帝單刀會，北山廟演劇。前一日俗謂磨刀期，雖旱必雨。

六月六日，蟲王廟會，各菜園備牲醴，祭神、祈年、賽願。是日多有曬衣、曝書者。十九日，觀音堂會，各旗協領、參領董其事。演戲祀神，旁設茶樓。中建高棚，以蔽炎日。二十四日，北山關帝廟會，演戲，咸往登臨，藉以消暑。

七夕，婦女陳瓜果，以綵縷穿鍼乞巧。

中元節，男女祭墓，會族人，食餕餘。北山作盂蘭會，夜燃燈，徧置山谷，燦若列星。江中以船二，載荷花燈，燃燈順流，如萬朵金蓮浮於水面。船僧唄經，鐃鈸鼓吹並作，士民競觀，接踵摩肩。是日，昇城隍神出巡，與清明同。

中秋節，鮮果列市，皆販自奉天醫巫閭山，購以供月。戚友以月餅等物相餽。是日合族聚食，不出外，曰過團圞節。

九月九日，食菊花餻。以麵合糖酥為餅，凡數層，上黏菊葉，每層夾以果仁、山查、葡萄、青梅諸物。又名九花餻。元天嶺演戲，士女登高。其三皇廟、仙人堂各會，與上巳同。是月，人家糊窗、醃菜，治竈多蓄白菜，煮以沸水置缸中，以石壓之，日久則味酸質脆，爽若哀梨，為禦冬之用。十七日，財神誕辰，供桃麵雞魚。各商赴廟祭拜，演劇敬神，觀者如堵。

十月朔日，展墓祀祖，謂之「送寒衣」。昇城隍神出巡，與中

元節同。開粥廠、散棉衣，以濟窮黎。

十一月江冰，沿江旅店因岸爲屋，鑿冰立柵，以集行人。市售獐狍、鹿豕、雉魚之屬，居人購作度歲之饈，並爲餽禮。

十二月八日，諺稱臘八，雜米合棗栗、果仁煮粥，亦有食黍米飯者。前數日，功德院僧人沿門乞米，謂化臘八粥，以食院中養濟所之窮民。二十三日，夜祀竈神，供餳餻，放炸爆，謂之「過小年」。前後數日，家以肉糜裹麪作水角曰包角子，以餹包麪蒸餻曰蒸餺餑，與魚肉穀蔬俱先儲備，必足半月之需。

除日清晨，千門萬戶氣象同新，鼓樂沿門賀歲。午後列神主、懸遺像、設供祭拜並祀諸神，炸炮之聲不絕。晚間內外燃燈，親友交賀曰「辭歲」，三更方罷。人家有未墓祭者，是夜在巷口焚化冥資，曰「燒包袱」。嗣則合族拜賀，各分歲錢，團聚飲食。亦有終夜不寢者，謂之「守歲」。〔註16〕

同樣，《（同治）番禺縣志》則載及廣州一帶節火歌舞表演之情景：

立春日，有司逆勾芒、土牛。勾芒名拗春童，著帽則春暖，否則春寒。土牛色紅則旱，黑則水。競以紅豆、五色米灑之，以消一歲之疾疹。以土牛泥泥竈，以肥六畜。

元日拜年，燒爆竹，啖煎堆、白餅、沙壅，飲柏酒。

元夕，張燈燒起火，十家則放煙火，五家則放花筒。嬉遊者，率袖象牙香筒，打十八閒爲樂。城內外舞獅象龍鸞之屬者百隊，飾童男女爲故事者百隊。爲陸龍船，長者十餘丈，以輪旋轉，人皆錦袍倭帽，揚旗弄鼓，對舞寶鐙於其上。晝則踢毽五仙觀。毽有大小，其踢大毽者市井人，踢小毽者豪貴子。歌伯鬭歌，皆著鴨舌巾，駝毛服，行立檻上。東唱西和，西嘲東解，語必雙關，詞兼雅俗。觀者不遠千里，持瑰異物爲慶頭。其燈師又爲謎語，懸賞中衢，曰「燈信」。

二月始東作社，曰「祈年」，師巫徧至人家除禳。望日以農器耕牛相市，曰「犁耙會」。

清明有事先塋，曰「拜清」。先期一日曰「剗清」。新塋必以清

〔註16〕長順：《（光緒）吉林通志》卷二七，清光緒十七年刻本。

明日祭，曰「應清」。

三月二十三日爲天妃會，建醮扮撬飾童男女如元夕，寶馬綵棚亦百隊。

四月八日浴佛，採麪荒榔，擣百花葉爲餅。是日江上陳龍舟，曰「出水龍」。潮田始作。

五月自朔至五日，以粽心草繫黍，卷以栟葉，以象陰陽包裹。浴女蘭湯，飲菖蒲雄黃醴，以辟不祥。士女乘舫，觀競渡海珠，買花果於蛋家女艇中。

夏至，磔犬禦蠱毒。農再播種，曰「晚禾」。小暑小穫，大暑則大穫。隨穫隨蒔，皆及百日而收。

七月初，七夕爲七娘會，乞巧。沐浴天孫聖水。以素馨、茉莉結高尾艇，翠羽爲篷，遊泛沉香之浦，以象星槎。十四，祭先祠屬爲盂蘭會，相餉龍眼、檳榔，曰「結圓」。二十五，爲安期上昇日，往蒲澗採蒲，濯醉醉水。

八月蓼花水至，有月，則是歲多珠，爲大餅象月浮桂酒。剝芋，芋有十四種，以黃者爲貴。九日載花糕莫酒，登五層樓雙塔，放響弓鷂。霜降，展先墓，諸坊設齋醮禳彗。

十月下元會，天乃寒，人始釋其荃萬。農再登稼，餅菜以飼牛，爲寮榨蔗作糖霜。

冬至曰「亞歲」，食鱠，爲家宴團冬。墓祭曰「掛冬」。

小除祀竈，以花豆灑屋。次日爲酒以分歲，曰「團年」。歲除祭，曰「送年」。以灰畫弓矢於道射祟。以蘇木染雞子食之。以火照路，曰「賣冷」。〔註17〕

兩地遙距數千里，且有山水相隔，但節令風俗竟然十分相近。如元旦的親友相互賀歲、二月二日的迎春祈福、清明的祭祖、五月端午的賽龍舟、七月七日的乞巧、七月十五日的盂蘭會、八月十五日中秋節的「秋報」、九月九日重陽節登高、十二月二十三（或二十四）日的祭灶、送神。還有，臺灣的上元節鬧傘，「裝故事向人家作歡慶之歌」〔註18〕，二月二日「各街里社

〔註17〕李福泰：《（同治）番禺縣志》卷六，清同治十年刊本。
〔註18〕王必昌：《（乾隆）重修臺灣縣志》卷一二，清乾隆十七年刊本。

逐戶鳩資演劇」〔註19〕，端午節龍舟，「爲小兒女結五色縷」，七月十五日盂蘭會，「命優人演戲以爲樂」〔註20〕，中秋節「張燈演戲」〔註21〕，重陽節登高，冬至的祀祖，十二月下旬的祀灶等，都大致相同。

　　在當時，國家既沒有行政命令，規定某日風俗當如何，也沒有人居中傳遞信息，刻意爲之。然而，「風者，相觀而化者也；俗者，相習而成者也」〔註22〕。北齊劉晝也曾說：「風者，氣也；俗者，習也。土地、水泉，氣有緩急，聲有高下，謂之風焉；人居此地，習以成性，謂之俗焉。」〔註23〕無論山水相隔，但大家終究生活在同一塊熱土，長期的共同生活與耳聞目染，逐漸形成了共同的信仰與追求、興趣與愛好、風俗與習慣。所以，一旦到了某一節令，無論天南地北、山曲海隅，都不約而同地發起相類的活動，這正是華夏文化傳統高妙之所在。因爲同爲炎黃子孫，同根同源、同脈同宗，才有著共同的信仰與風習。這一華夏民族的優良傳統，經過歷史風塵的淘瀝，已積澱成全民的集體記憶，融化於血脈中，凝固成　種既有時間長度又有空間維度還有情感溫度的「情結」，一種具有特殊價值與意義的文化符號，一種烙有深深民族印記並具有獨特感召力、向心力的精神標識。無論相距多遠，無論語言溝通有多困難，一旦看到這類帶有宗教色彩的儀式，立即會升騰起強烈的認同感和親切感，瞬間拉近了與對方的距離，這就是民族文化的魅力。

　　當然，中國人口眾多，幅員廣闊，各地由於地理環境、歷史變遷、生存狀態、人口結構的不同，所奉祀之神也存在或多或少的差異。如臺灣七月七日爲魁星降靈日，而內地則以二月二日爲文昌帝君誕辰。文昌，即文曲星。北斗第四宮爲文曲，魁星爲北斗第一星，爲文運之兆。奉祀文昌者，往往兼祀魁星。臺灣於二月二日爲當方土地神慶壽，此俗與浙江桐鄉、安徽繁昌、福建廈門、廣東廣州等地皆同。

　　在古代，祭祀名目甚多，如江蘇江陰，正月初五迎五路神，蘇州則於此日祀財神。福建泉州，以正月初九爲玉皇大帝生日。安徽浮山，以正月二十九日爲火星誕辰。甘肅合水，二月二日舉行藥王廟會。浙江桐鄉，以二月十

〔註19〕王必昌：《（乾隆）重修臺灣縣志》卷一二，清乾隆十七年刊本。
〔註20〕王必昌：《（乾隆）重修臺灣縣志》卷一二，清乾隆十七年刊本。
〔註21〕王必昌：《（乾隆）重修臺灣縣志》卷一二，清乾隆十七年刊本。
〔註22〕王謙益：《（乾隆）樂陵縣志》卷三，清乾隆二十七年刊本。
〔註23〕劉晝：《劉子》卷九「風俗第四十六」，《百子全書》下冊，浙江古籍出版社，1998年，第932頁。

二日爲百花生日、二月十九日爲觀音誕辰。浙江台州，以二月二十二日爲城隍誕辰。三月三日，浙江處州祭溫元帥，舁其像巡街逐疫，前有黃金四目鬼裝者導行，近似於古代的驅儺之戲。浙江麗水亦如此。而廣東的曲江，則以此日爲玄武大帝誕辰。安徽鳳臺，以三月十五日爲東嶽大帝之后誕辰。山東東阿，以三月二十八日爲東嶽大帝誕辰。四月四日，山西平定蒲臺山有迎龍王之儀。四月八日，佛祖生日。四月十五日祀炎帝。在安徽廣德，以四月十五日爲城隍生日。而在安徽和州，則以五月十五日爲城隍生日，相差整整一個月。山西左雲，又將城隍生日定作五月二十八日。四月十八日，山西神池祭娘娘廟，山東登州以此日爲碧霞元君生日。五月五日端午節，而河北定興卻祀火神，福建福州又將是日作爲掌管瘟疫之神（俗稱大帝）的生日。五月十三日，祭關帝。在山西左雲縣，六月初一祭龍神；初六，曬衣；十八日，祭蠶神。山東博興，於六月二十三日祭馬神。山西左雲，視六月二十四日爲關帝生日。七月主要是「七夕」與「中元節」，而七月二十五日，又被視作牛之誕辰。在四川大邑縣，以八月初一作爲許眞君誕辰，初三爲灶神生日，十五中秋又被視作火神降生日。九月九日，爲重陽節。在安徽黃梅，十月十三日奉祀大滿禪師。在山西榆社，十月終祀農神。十一月，賀長至節（即冬至）。十二月八日，寺院施粥。二十三日，祀灶神。三十日爲除夕，扮鍾馗、驅鬼。節令、奉祀之密集，可以想見。

在河北唐山，「浮屠、老子之宮遍村舍，男女朔、望奔走膜拜，歲時祭賽，無虛月焉」〔註24〕。在山西高平，「每村必社，社有祠，春祈秋報必以劇事神。醵錢合飲」〔註25〕。在安徽廣德，「祠山之廟，城鄉多至數十處。每元宵有會，二月初八有會，而各處神會集場，無月不有。張燈演劇，宰牲設祭，每會數十百金不等」〔註26〕。又有五猖會、龍船會、觀音會、地藏會等，「每至孟夏之月，鋪戶居民，醵錢敬戲，多至四五十檯。男婦雜遝，曉夜不散」〔註27〕，而「祠山之廟，城鄉多至數十處。每元宵有會，二月

〔註24〕陳法：《重修唐山縣學記》，蘇玉：《（光緒）唐山縣志》卷一一，清光緒七年刻本。

〔註25〕龍汝霖：《（同治）高平縣志》地理第一，清同治六年刻本。

〔註26〕貢震：《禁淫祠》，胡文銓：《（乾隆）廣德直隸州志》卷四三，清乾隆五十九年刊本。

〔註27〕貢震：《禁淫祠》，胡文銓：《（乾隆）廣德直隸州志》卷四三，清乾隆五十九年刊本。

初八有會，而各處神會集場，無月不有。張燈演劇，宰牲設祭，每會數十百金不等」〔註28〕。節令慶祝場面之熱鬧，於此可見。

　　因各地情況不同，節令所奉祀之神，除天下共祭者外，還有地方上特有之神。這類神，有的來自道教故事，有的出自民間傳聞，還有的本是歷史人物，因事蹟不凡而被奉爲神，再有就是出自小說、戲曲。如朱虛侯劉章、治水判官黃恕、護堤侯張六、潮神陳賢、孔子弟子子夏、將軍馮祥興、司空黃法𣰷、藥王孫思邈、晉別駕易雄、羅江之神屈原、蘄國公康茂才、龍亭侯蔡倫、宋名將楊業之子楊四郎，唐人張巡、許遠、雷萬春，伏波將軍馬援、河神栗毓美、眉山太守趙昱、地方官吳汝爲、威惠王陳元光等，皆實有其人。如趙昱，曾斬蛟爲民除害。蔡倫，發明造紙以施惠後人。屈原，行吟澤畔，忠貞愛國。唐人張巡，固守城池，英勇殺敵。清代河道總督栗毓美，修築堤岸，恪守其職，河不爲患，保障一方。唐時陳元光，戍守閩地時，請於潮、泉間創置漳州，有開拓之功。俊漢馬援，歷經戰陣，老當益壯，屢立戰功，彪炳青史。因爲他們皆有功於當時或布澤於後世，故被奉祀爲神。正如有人所說：「近代儺神，多以生有功德於民者祀之鄉里。演劇迎送，謂之行儺。」〔註29〕恰說明知恩、感恩、酬恩，是中華民族的優良傳統，重情重義、敢於擔當、興利除害、施惠鄉里，才會爲後人所銘記。錢穆在《雙溪獨語》中曾說：「一部四千年中國史，正是一部浩氣常存、正氣磅礴的中國史。不斷有正氣人物、正氣故事，故使中國屢僕屢起，屹然常在。」〔註30〕誠哉斯言！泱泱中華崛起於東方，在任何惡勢力的威懾下，均能不屈不撓、泰然處之，靠的就是這種民族精神的支撐。

　　其他如雷、電、風、調、雨、順、康公、溫公、賴爺、張公、惠商大王、金花夫人、金龍大王、三霄神、青苗神、鎮江神、南海神、開山王、蝦蟆神、黃溪神、田祖神等，大多來自民間傳說，或將不可知的自然現象異化爲神。如百姓生產，以農耕爲主，「牛於農有功，故神之爲王而共祀之也」〔註31〕，

〔註28〕貢震：《禁淫祠》，胡文銓：《（乾隆）廣德直隸州志》卷四三，清乾隆五十九年刊本。

〔註29〕王維新：《（同治）義寧州志》卷四〇，清同治十二年刻本。

〔註30〕錢穆：《錢賓四先生全集》第47卷，臺灣聯經出版事業公司，1998年，第102頁。

〔註31〕李調元：《略坪牛王廟樂樓碑記》，李桂林：《（嘉慶）羅江縣志》卷三六，清嘉慶二十年修同治四年重印本。

「農人以牛爲命，故尊之曰王」〔註32〕，立牛王廟以祀之。「能出雲爲風雨皆曰神」〔註33〕，「山水之神，非有關於出雲興雨、裨益政教者，不在祀典」〔註34〕。百姓祀神，講究的是「春秋祈報」、「賀雨賀晴」〔註35〕，「耕食鑿飲，必報其本」〔註36〕。天氣陰晴雨雪無定，山洪暴發、河水氾濫，都可能給百姓安危帶來直接威脅，所以，他們祭山川河流、風雨雷電。常年與土地打交道，自然盼望風調雨順，結果，就立風、調、雨、順四神以奉祀之。

還有些則來自小說，如楊二郎，乃出自《封神演義》；孫大聖，爲小說《西遊記》中人物；柳毅，唐李朝威《柳毅》載其人。至於崔鶯鶯，又是受到元稹小說《會眞記》以及王實甫《西廂記》的影響，河北安平就建有崔鶯鶯廟，且賽事頗盛。所以，當時就有人聲稱：「世所立神祠，一村不知幾處。合天下論，殆難數計」〔註37〕，且「往往有世無其神，爲道家之所託、小說之所傳、俳優之所演、巫覡之所飾，而民爭奉之以爲靈。」〔註38〕

至於瀕臨南海的廣東番禺，「遇一頑石即立社，或老榕、龍荔之下輒指爲土地，無所爲神像，向木石祭賽乞呵護者，日不絕」〔註39〕。廣東按察使署後園有一榕樹，乃明朝故物，大數圍，只剩半截，但據說有神居於上，「官初下車，必祭以少牢。每朔、望，則設牲演戲以侑」〔註40〕，足見奉祀之濫。

有廟宇即有戲臺，戲臺有的建於儀門之內，有的建於廟左，但大多建在廟宇前面的大門之上。還有的建在廟的對面，且「旁構兩廊以避雨」〔註41〕，設計頗顧及人情。官府戲臺，大都設在後衙，也有臨時在官署門前搭臺演戲者。試院中也設有戲臺，名之曰「觀文化成」。至於民間，北方則依山築臺，

〔註32〕 李調元：《略坪牛王廟樂樓碑記》，李桂林：《（嘉慶）羅江縣志》卷三六，清嘉慶二十年修同治四年重印本。

〔註33〕 崔偲：《重修龍王廟記》，艾紹濂：《（光緒）續修臨晉縣志》「藝文」，清光緒六年刻本。

〔註34〕 邱克承：《豐樂亭記》，黃維翰：《（道光）巨野縣志》卷一八，清道光二十六年續修刻本。

〔註35〕 康基淵：《（乾隆）嵩縣志》卷九，清乾隆三十二年刊本。

〔註36〕 文聚奎：《（同治）新喻縣志》卷二，清同治十二年刻本。

〔註37〕 李元春：《（咸豐）咸豐初朝邑縣志》朝邑志例一卷，清咸豐元年刻本。

〔註38〕 左蘿石：《崇儉書》，饒應祺：《（光緒）同州府續志》卷九，清光緒七年刊本。

〔註39〕 李福泰：《（同治）番禺縣志》卷六，清同治十年刊本。

〔註40〕 李福泰：《（同治）番禺縣志》卷五四，清同治十年刊本。

〔註41〕 雙全：《（同治）廣豐縣志》卷二之一，清同治十一年刻本。

南方卻臨水搭臺。而沿海，有時是將大船連接在一起，搭篷屋演戲。商人則聚集於會館以演戲。

在當時，各種名目的廟會繁多，「凡會必演劇」〔註42〕，且「巨族演戲，先後不以期限。秋報亦如之」〔註43〕。演劇成了生活的常態，「張筵演劇，富家率以爲常」〔註44〕，有此戲劇生態環境，以致在浙江嘉善出現了專門操持此業的村落——梨園村。

演戲，除了年節時令祭祀的需求之外，還出現在諸多特殊場合。如皇帝出巡，爲迎接皇帝的車駕要演戲；皇帝、皇后壽辰，要演戲祝嘏；官吏間的迎來送往要演戲，良吏爲官一方，任滿離去，將別，自然要送上一臺好戲；官員往災區賑濟災民需演戲，就連事關人命存亡的督、撫會同司、道等官的秋審，竟然也「席氈懸綵，鼓吹喧闐」〔註45〕，「有似於宴會之禮者，甚至召令優人演劇爲樂」〔註46〕；「士庶尋常聚會，亦必徵歌演劇」〔註47〕；表彰貞潔烈女更要演戲。

演戲甚至充斥官場政治生活。據《茶餘客話》記載，靳輔治理南河時，創議開車邏十字河，一時聳人聽聞，廷議時無人能反駁，朝廷下令督撫、河漕諸臣共同計議。此時，總督董訥、巡撫田雯、漕督慕天顏，皆知此河不能開，但憚於靳輔之威勢，且此事關係重大，都不便開口，而當地豪華公子鄒某等人，卻設法將記滿百姓反對開河事由的號簿搞到手，交與董訥。作品記載曰：

> 公一見，大笑曰：「是不須口舌爭矣！」次日，會議郡庠尊經閣下，見演劇《鳴鳳記》，二伶唱至「烈烈轟轟做一場」，董公拍案大笑，點首自唱：「烈烈轟轟做一場！」四座瞪目愕眙，將弁行酒者相視失色。宴罷，屬官持疏稿請畫押，靳公左右指唱，口若懸河。漕撫諸臣，無以難之。董公徐置疏，搖首曰：「紙上空談，奈於民大不便，吾不忍欺吾君。」出袖中號簿，擲向靳公，曰：「是千餘人呼號痛哭之聲，胡不並入疏稿耶？」靳公取閱色變，不能發一語。急

〔註42〕陶奕曾：《（乾隆）合水縣志》下卷，清乾隆二十六年鈔本。
〔註43〕嚴思忠：《（同治）嵊縣志》卷二○，清同治九年刻本。
〔註44〕章廷珪：《（雍正）平陽府志》卷二九，清乾隆元年刻本。
〔註45〕郝玉麟：《（乾隆）福建通志》卷首四，清文淵閣四庫全書本。
〔註46〕郝玉麟：《（乾隆）福建通志》卷首四，清文淵閣四庫全書本。
〔註47〕阿史當阿：《（嘉慶）揚州府志》卷六○，清嘉慶十五年刊本。

　　登輿回署，而車邁十字河之議始息。〔註48〕

「烈烈轟轟做一場」曲文，見於《鳴鳳記》第十四齣「燈前修本」。敘忠直之士楊繼盛，對權臣嚴嵩把持朝政、「一門六貴同生亂」〔註49〕、「四海交通貨利場」〔註50〕的罪惡行徑無比憎惡，便不顧祖宗鬼魂、結髮妻子的極力勸阻，寧願「頸血濺地」〔註51〕，也要上疏彈劾，激昂慷慨地唱道：「夫人，你何須泣、不用傷，論臣道須扶綱植常。罵賊舌不愧常山，殺賊鬼何怯睢陽。事君致身當死難，你休將兒女情縈絆。我大丈夫在世呵，也須是烈烈轟轟做一場。」〔註52〕《鳴鳳記》劇中所述，與此情此景恰較相符，故而董訥聽場上伶人唱至「烈烈轟轟做一場」時，才會心地拍案大笑，點頭自唱，說明此時他已下定了駁回斬輔疏稿的決心，並胸有成竹，出奇制勝。如此看來，是戲文中唱詞給了他啓示與力量，才決計要「烈烈轟轟做一場」。戲曲在政治生活中的作用，由此可見一斑。

　　官場如此，而普通百姓更與戲曲結下很深的緣分。婚喪嫁娶、功名福壽、經商開業、春種秋收，都離不開戲曲、歌舞、說唱之類的演出。在河北束鹿，「有死未含殮，門外招瞽人說評話，名為伴宿。柩將引紼，堂前開戲臺以演劇，名為侑喪」〔註53〕。而河北元城，舉行喪禮，「四鄉殷富之家，好作佛事，甚至演劇，作百戲，遠近聚觀，若觀勝會」〔註54〕。山西稷山，親喪之家，喪禮必點樂戶唱戲，「誦經超度，扮劇愉屍，習為固然」〔註55〕。且大戶人家一般都有祠堂，祠堂又建有戲臺，祭祖必演戲。「選伎徵歌，必極秦、豫名倡，緣竿走解，百戲叢集，競鬭奇巧，動逾旬月」〔註56〕。在廣東廣州，「於停喪處所連日演戲，舉殯之時，復扮演雜劇戲具」〔註57〕。江南一帶，「舉殯之時，設宴演劇」〔註58〕。而山東樂陵，喪家「坐棚間有架

〔註48〕阮葵生：《茶餘客話》，邱沅：《（宣統）續纂山陽縣志》卷一五，民國十年刻本。

〔註49〕毛晉編：《六十種曲》第二冊，中華書局，1958 年，第 59 頁。

〔註50〕毛晉編：《六十種曲》第二冊，中華書局，1958 年，第 59 頁。

〔註51〕毛晉編：《六十種曲》第二冊，中華書局，1958 年，第 62 頁。

〔註52〕毛晉編：《六十種曲》第二冊，中華書局，1958 年，第 62 頁。

〔註53〕李文耀：《（乾隆）束鹿縣志》卷五，清乾隆二十七年刻本。

〔註54〕吳大鏞：《（同治）元城縣志》卷一，清同治十一年刊本。

〔註55〕沈鳳翔：《（同治）稷山縣志》卷一，清同治四年石印本。

〔註56〕李煥揚：《（光緒）直隸絳州志》卷一七，清光緒五年刻本。

〔註57〕戴肇辰：《（光緒）廣州府志》卷四，清光緒五年刊本。

〔註58〕《陳文恭公風俗條約》，馮桂芬：《（同治）蘇州府志》卷三，清光緒九年刊本。

臺作戲，觀聽雜遝，名曰暖伴」〔註 59〕。湖南永州，有「粧起故事數擡，致眾聚觀者」〔註 60〕。而且，喪葬之時，最常演的戲是《目連救母》。

至於婚禮，因是喜慶之事，演戲更必不可少。或親迎用鼓吹雜劇。「親迎儀仗，音樂塡咽里巷」〔註 61〕。在湖南永州，女子「嫁之前日，女家既受催妝禮，設歌筵燕女賓。有歌女四人，導新嫁孃於中堂，父母亦以客位禮之。至夜，歌聲唱和，群女陪於中堂，遠近婦女結伴來臨，曰『看歌堂』。達旦徹席。……明日，新郎往女家（但取新婦巾帨，簪花以往）拜其祖廟及父母、宗黨、賓客殆遍，曰『拜門』。女父母宴之，曰『卯筵』，厚致歌堂錢而歸。《竹枝詞》云：『阿嬌出閣事鋪張，女伴歌聲徹夜長。聽到花深深一齣，不知何處奏鶯簀。』又云：『女孃隊隊夜相邀，來看歌堂取路遙。多謝兒時諸姊妹，勾留笑語坐通宵。』又云：『諸女坐來歌一周，載聆花席正歌酬。夜深翻出清新譜，解唱梨園一迭綢。』」〔註 62〕「世俗每遇稱壽，大率高會演劇」〔註 63〕。病體痊癒演劇，禁煙演劇，菊花會展演劇，「夜張燈綵作梨園樂」〔註 64〕。取得功名演劇，甚至連鄉間鬥鵪鶉、鬥蟋蟀，也借助演劇以招徠人前往觀看。

明人何孟春愛看戲，「不論工拙，樂之終日不厭」〔註 65〕，並稱，從所演戲曲中能悟到「處世之道」〔註 66〕。《（道光）瑞金縣志》所載鍾翁喜觀劇，「聞某處演戲，雖遠在十數里外，盛暑行烈日中，或天雨泥濘，衣冠沾漬，履屢蹣跚，勿惜也。且必自開場至收場止。雖有急事，呼之不應。往往從朝至暮，自夜達旦，目不轉睛。人與之語，皆若勿聞」〔註 67〕，是典型的戲迷。浙江嵊縣李德忠，「偶出觀劇，適演《琵琶記》，至翁媼食糠覈，嗚咽不能仰

〔註 59〕王謙益：《（乾隆）樂陵縣志》卷三，清乾隆二十七年刊本。

〔註 60〕隆慶：《（道光）永州府志》卷五上，清道光八年刊本。

〔註 61〕王復初：《婚葬減鼓吹說》，李煥揚：《（光緒）直隸絳州志》卷一七，清光緒五年刻本。

〔註 62〕隆慶：《（道光）永州府志》卷五上，清道光八年刊本。

〔註 63〕陳鍾琛：《重修橫山大堰記》，蔡呈韶：《（嘉慶）臨桂縣志》卷一六，清嘉慶七年修光緒六年補刊本。

〔註 64〕田明曜：《（光緒）香山縣志》卷二二，清光緒刻本。

〔註 65〕何孟春：《勸戲說》，朱偓：《（嘉慶）郴州總志》卷三六，清嘉慶二十五年刻本。

〔註 66〕何孟春：《勸戲說》，朱偓：《（嘉慶）郴州總志》卷三六，清嘉慶二十五年刻本。

〔註 67〕蔣方增：《（道光）瑞金縣志》卷一六，清道光二年刻本。

視，其儕拉至酒肆，德忠泣不能飲。眾詰之，曰：『吾鄉饑，老母不足饘糲食，吾忍飲酒耶？』即日渡江歸，而母適病，德忠侍疾，調護倍至」〔註68〕。餘杭董錫福，觀看《尋親記》演出時，一旦看到孝子「變服尋親事，歸語母輒涕下」〔註69〕。江都曾曰唯，「觀劇至忠孝處，輒慟哭。演《鳴鳳記》，長跪不起」〔註70〕。晚明周順昌，將赴杭州推官任，「杭人在都者置酒相賀。優人演岳武穆事，至奸檜東窗設計，公不勝憤，即席命捽其優箠之，拂衣去，舉坐驚愕」〔註71〕。浙江嘉善楓涇鎮某皮匠，乃清初人。「楓涇鎮每上巳賽神，邀梨園演劇。康熙癸丑，演秦檜害岳武穆事，忽一人從眾中躍出，以利刃刺演秦檜者死。其人業皮工，所操即皮刀也。送官訊之，對曰：『與梨園從無半面，實因秦檜可恨，初不計其真假也。』」〔註72〕入劇情之深，可想而知。

　　即使無戲可看，稍微識字者，也每每購置小說、戲劇文本來閱讀。在湖州一帶，就有這類專門銷售圖書的書船，「書船出烏程織里及鄭港、談港諸村落」〔註73〕，「織里諸村民以此網利，購書於船，南至錢塘，東抵松江，北達京口，走士大夫之門，出書目袖中，低昂其價。所至，每以禮接之，客之末座，號為書客。二十年來，間有奇僻之書，收藏家往往資其搜訪。今則舊本日希，書目所列，但有傳奇、演義、制舉時文而已」〔註74〕。圖書市場之廣闊，購書熱情之高漲，傳奇、演義之類作品銷售之快捷，由此可以想見。在某種意義上來說，載負著道德、情操等傳統文化內蘊的戲曲演出，優秀小說、戲曲讀物，的確具有「易置人心、培養民俗」〔註75〕的社會功用。

　　看戲，就交往層面而論，還能聯絡親情。在奉親、娛親方面，也起著不少作用。據方志載，「優人作戲，各家邀親識來觀。」〔註76〕借本村演劇之機，將親戚請來一同看戲，既密切了彼此之間的關係，也使得生產、經營方面的

〔註68〕嚴思忠：《（同治）嵊縣志》卷一五，清同治九年刻本。
〔註69〕張吉安：《（嘉慶）餘杭縣志》卷二七，民國八年重刊本。
〔註70〕謝延庚：《（光緒）江都縣續志》卷二五上「列傳第五上」，清光緒九年刊本。
〔註71〕馮桂芬：《（同治）蘇州府志》卷一四七，清光緒九年刊本。
〔註72〕江峰青：《（光緒）重修嘉善縣志》卷三五，清光緒十八年刊本。
〔註73〕宗源瀚：《（同治）湖州府志》卷三三，清同治十三年刊本。
〔註74〕宗源瀚：《（同治）湖州府志》卷三三，清同治十三年刊本。
〔註75〕潘援：《程侯生祠記》，周傑：《（同治）景寧縣志》卷一三，清同治十二年刻本。
〔註76〕章墫：《（康熙）龍門縣志》卷五，清康熙刻本。

信息得以及時而充分地交流，有助於農業生產單位效益的提高。父母年邁，容易產生孤獨無助之感，兒女陪他們看看戲，借此以盡孝道。父母老景得娛，有利於身心健康，且戲臺上所演，家長里短、孝悌誠信之事較多，對親人相處之道、家庭關係的調節，都不無裨益。安徽桐城胡其愛，每當村中演戲，「必負母往觀」〔註77〕。湖北光化人梁光甲，其母癱瘓不能走路，聽說鄰村在演戲，他立即「以車挽往觀之」〔註78〕。平度李存良，「街市有演劇、雜戲，必負母出視」〔註79〕。清初江都某孝子，傭工於某商賈，每歸，奉母情切，「陳說市井新異事，或歌小曲」〔註80〕以娛母。湖南邵陽袁芝鳳，奉母甚孝，「母或不懌，則爲縷述新聞；仍不懌，則故問往年快意事；復不懌，則唱村歌小齣，作小兒腔，母時爲之一笑」〔註81〕。山西忻州焦潛修，母癱瘓，「居常鬱鬱」〔註82〕。潛修「召思所以娛之者，遇社會優人作劇，請於父，負之登車，親導之。及所，侍輿側，每一齣終，必陳說所以，以資色笑。戲畢，導輿歸」〔註83〕。蘇州李湧冶，「少貧甚，習爲雜劇，以養父母」〔註84〕。河南葉縣工某，「忽聞報賽演梨園，侍父觀場父怡悅」〔註85〕。雲南浪穹縣人施某，其父喜看戲，「每邑有戲場」〔註86〕，「必親負其父往觀之」。陝西大荔陳功元，「貧無車馬，每負親於十數里外觀演劇」〔註87〕。可見，戲曲演出活動，不僅爲官場所喜愛，更成爲普通百姓日常生活的一個重要組成部分，是「易置人心、培養民俗」〔註88〕的主要途徑之一。因爲它場面熱烈，演事眞切，貼近民眾，

〔註77〕廖大聞：《（道光）續修桐城縣志》卷一一，清道光七年修十四年刻本。
〔註78〕鍾桐山：《（光緒）光化縣志》卷六，民國二十二年重印本。
〔註79〕保忠：《（道光）重修平度州志》卷一九「列傳五·人物」，清道光二十九年刻本。
〔註80〕謝延庚：《（光緒）江都縣續志》卷三〇「拾補」，清光緒九年刊本。
〔註81〕黃宅中：《（道光）寶慶府志》卷一三一，清道光二十七年修民國二十三年重印本。
〔註82〕石皓：《焦孝康先生別傳》，方茂昌：《（光緒）忻州志》卷三七，清光緒六年刻本。
〔註83〕石皓：《焦孝康先生別傳》，方茂昌：《（光緒）忻州志》卷三七，清光緒六年刻本。
〔註84〕馮桂芬：《（同治）蘇州府志》卷八九，清光緒九年刊本。
〔註85〕李榮燦：《王孝子歌》，鄒景文：《（同治）臨武縣志》卷四一，清同治增刻本。
〔註86〕趙輝璧：《施孝子傳》，羅瀛美：《（光緒）浪穹縣志略》卷一一，清光緒二十八年修民國元年重刊本。
〔註87〕熊兆麟：《（道光）大荔縣志》卷一三，清道光三十年刻本。
〔註88〕潘援：《程侯生祠記》，周傑：《（同治）景寧縣志》卷一三，清同治十二年刻本。

才深得普通百姓歡迎，以致「把臂一呼，從者四應」〔註89〕，足見戲曲活動在民間有著廣泛的群眾基礎。

　　然而，這樣一種群眾喜聞樂見的藝術活動，其生存環境卻極爲艱窘，一直受到統治者的打壓。早在宋代，朱熹的得意門生陳淳，在《上傅寺丞書》中就曾嚴厲強調：「群不逞少年，逐結集浮浪無賴數十輩，共相唱率，號曰『戲頭』，逐家裒斂錢物，豢優人作戲。或弄傀儡，築棚於居民叢萃之地、四通八達之郊，以廣會觀者」〔註90〕，並認爲戲曲有「無故剝民膏爲妄費」、「荒民本業事遊觀」〔註91〕等八大罪狀，應在嚴禁之列。至清代，禁戲愈烈。江蘇巡撫湯斌、紹興知府李亨特、江陰縣令馮皋強、武進縣令孫一士等，均曾榜禁演戲。「禁演唱夜戲」〔註92〕、「屏去里巷戲劇」〔註93〕、「禁演劇」〔註94〕、「婦女禁豔妝觀劇」〔註95〕、「申賽會演劇、博戲、拳勇、掠販之禁」〔註96〕、「禁婦女觀劇」〔註97〕。尤其是湯斌，一再下令禁戲，稱：「迎神賽會，搭臺演劇一節，耗費尤甚，釀禍更深。此皆地方無賴棍徒，借祈年報賽爲名，圖飽貪腹。每至春時，出頭斂財，排門科派。於田間空曠之地，高搭戲臺，哄動遠近。男婦群聚往觀，舉國若狂，廢時失業，田疇菜麥，蹂躪無遺」〔註98〕，「深爲民病。合行出示嚴禁。」〔註99〕到了乾隆中葉，江蘇巡撫陳宏謀，在「風俗條約」中規定，不許「將佛經編爲戲劇，絲竹彈唱」〔註100〕，「鐙綵演劇」、「擡閣雜劇」〔註101〕也在擯棄之列。有的爲了禁止婦女觀劇，還想出了這樣一個主意。清康熙年間，孫讜任武進縣令，曾禁止婦女觀劇，然收效甚微。「丁酉季春演劇皇亭，婦女雜遝，無以禁之。時歲饑，

〔註89〕鄭交泰：《（乾隆）望江縣志》卷三，清乾隆三十三年刊本。

〔註90〕吳宜燮：《（乾隆）龍溪縣志》卷一〇，清乾隆二十七年刻本。

〔註91〕吳宜燮：《（乾隆）龍溪縣志》卷一〇，清乾隆二十七年刻本。

〔註92〕李亨特：《（乾隆）紹興府志》卷一八，清乾隆五十七年刊本。

〔註93〕馮桂芬：《（同治）蘇州府志》卷一二七，清光緒九年刊本。

〔註94〕盧思誠：《（光緒）江陰縣志》卷一五，清光緒四年刻本。

〔註95〕馬家鼎：《（光緒）壽陽縣志》卷八，清光緒八年刊本。

〔註96〕尹繼善：《（乾隆）江南通志》卷一一二，清文淵閣四庫全書本。

〔註97〕王祖肅：《（乾隆）武進縣志》卷一四，清乾隆刻本。

〔註98〕《湯文正公撫吳告諭》，馮桂芬：《（同治）蘇州府志》卷三，清光緒九年刊本。

〔註99〕《湯文正公撫吳告諭》，馮桂芬：《（同治）蘇州府志》卷三，清光緒九年刊本。

〔註100〕《陳文恭公風俗條約》，馮桂芬：《（同治）蘇州府志》卷三，清光緒九年刊本。

〔註101〕《陳文恭公風俗條約》，馮桂芬：《（同治）蘇州府志》卷三，清光緒九年刊本。

因令里甲持簿一本，向諸婦云：『縣主欲每人化饑民米一石，請登名於右。』眾愕然，潛散」〔註102〕。以派捐米糧的名義，硬是將前來觀劇者嚇走。

　　就是在衣著上，對優人也多所限制，並寫入官府檔：「胥隸倡優，概不許著花緞、貂帽、緞靴。犯者許人扭稟，變價充賞」〔註103〕，「奴僕、優伶、皂隸許用繭紬、毛褐、葛布、梭布、貉皮、羊皮，其紡絲綢絹緞紗綾羅、各種細毛及石青色衣，俱不得服用。」〔註104〕視優伶與奴僕、皂隸為同等，竭力貶抑其地位，以示與普通百姓的區別。但無論統治者對戲曲藝人如何壓制，優人場上的歌舞演唱能給人們帶來快樂，卻是不容抹煞的客觀現實。戲班作場處，往往是「觀者如狂，趨之若鶩」〔註105〕，「郡中士庶，爭挈家往觀」〔註106〕，「男女奔赴，數十百里之內，人人若狂」〔註107〕。在蘇州一帶，一些家庭貧困的農戶，還令其子弟自幼習藝於梨園，「色藝既高，驅走遠方」〔註108〕，以作謀生之計。在浙江紹興，「家道殷實者，往往納充吏承，其次賒官出外為商，其次業藝，其次投兵，其次役占，其次搬演雜劇，其次識字」〔註109〕。在職業選擇上，「業藝」與「搬演雜劇」反而在讀書習文之上。這充分說明，人們並沒因統治者對伶人的貶抑、打壓而對他們有絲毫的鄙視，反而對他們的場上表演越發喜愛。所謂「習俗移人，賢者不免」〔註110〕，表達的正是這一道理。緣此之故，一些能辦得起戲曲演出者，往往很有面子，而「力不能備，則以為恥」〔註111〕。

　　在一些人看來，戲曲不僅可以「娛心意、悅耳目」〔註112〕，還具有勵志的作用。據說，明成化年間，福建上杭縣修葺衙門官舍，一邱姓建築工匠整天接連不斷地責打其徒弟，縣令馬淳看到後，「怒謂：『彼亦人子，不供役，

〔註102〕　王祖肅：《（乾隆）武進縣志》卷一四，清乾隆刻本。
〔註103〕　《湯文正公撫吳告諭》，馮桂芬：《（同治）蘇州府志》卷三，清光緒九年刊本。
〔註104〕　戴肇辰：《（光緒）廣州府志》卷四，清光緒五年刊本。
〔註105〕　《禁花鼓戲示》，汪祖綬：《（光緒）青浦縣志》卷一四，清光緒四年刊本。
〔註106〕　楊開第：《（光緒）重修華亭縣志》卷二三，清光緒四年刊本。
〔註107〕　《陳文恭公風俗條約》，馮桂芬：《（同治）蘇州府志》卷三，清光緒九年刊本。
〔註108〕　許治：《（乾隆）元和縣志》卷一〇，清乾隆二十六年刻本。
〔註109〕　李亨特：《（乾隆）紹興府志》卷二一，清乾隆五十七年刊本。
〔註110〕　艾紹濂：《（光緒）續修臨晉縣志》「風俗」，清光緒六年刻本。
〔註111〕　馬鑑：《（光緒）榮河縣志》卷二，清光緒七年刊本。
〔註112〕　張紹棠：《（光緒）續纂句容縣志》卷四，清光緒刊本。

則還諸其父母已耳，奈何數撻之？』工曰：『余兒道隆也，欲從塾師學，不願爲工，讀書豈枵腹可能？屢諭之不從，故箠之耳！』淳驚異，適衙前演梨園爲蘇季子故事，因謂道隆曰：『爾爲學，試以對。能，則說父任爾；不能，版築終身無憾也。』遂爲出句曰：『說六國君臣易。』即應聲曰：『處一家骨肉難。』淳曰：『此子不凡，修脯在我。』遂延師教之。三年，將解任，出百金託一紳終其事。後道隆學業大成，登正德進士，適令順德」〔註113〕。以工匠之子，看到《蘇秦金印記》的演出，觸動不小。在縣令馬淳的資助下，刻苦讀書，由「版築」者之子而進士及第，成了食國家俸祿的政府官員。讀書改變命運，此當是一例。邱道隆史有其人，乃福建上杭人，爲明正德七年（1514）三甲第102名進士。〔註114〕方志所載邱氏幼年之事，當可信。戲曲在民間生活中的作用，應給予充分估價。

在當時，爲戲曲的存在而鼓與呼者亦不乏其人。清人陳時泰在《新建關廟戲樓記》一文中，就曾針對「演戲之爲藝」〔註115〕的說法提出批評，認爲戲曲具有孔子所說「以孝弟忠信教人者，諄諄矣」〔註116〕同樣的社會功能，說道：

> 金人立國，制爲院本傳奇入之，人人所好。鄭衛之聲，艷冶之形，以深入其耳目，而窮鄉僻里之販夫、炊婦不識《史記》者，皆相嘖嘖曰：「五娘糟糠，雲長秉燭。」戲樓之設安在，不可以「興觀群怨」、與孔子學詩之訓而同功也哉？〔註117〕

在他看來，「演戲」是傳輸民族精神的重要載體、涵育風操節概的有效途徑，不管識字與否，都能從中悟到有益於身心健康的道理。特別是一些販夫、炊婦，他們對歷史知識的接受與瞭解，大都憑藉觀看戲曲演出。「興」、「觀」、「群」、「怨」，見於《論語・陽貨》。在孔子看來，《詩》，具有「興」、「觀」、「群」、「怨」之功能。照前人解釋，「興」，說的是「觸物以起情」，「感發志意」；「觀」，則有「觀風俗之盛衰」，「考見得失」之意；「群」，強調的是「群居相切磋」，以長短互補，共同提高；「怨」，則有「怨刺」、「怨忿」、牢騷之

〔註113〕 戴肇辰：《（光緒）廣州府志》卷一六一，清光緒五年刊本。

〔註114〕 朱保炯、謝沛霖編：《明清進士題名碑錄索引》下冊，上海古籍出版社，1979年，第2502頁。

〔註115〕 高龍光：《（乾隆）鎮江府志》卷四六，清乾隆十五年增刻本。

〔註116〕 高龍光：《（乾隆）鎮江府志》卷四六，清乾隆十五年增刻本。

〔註117〕 高龍光：《（乾隆）鎮江府志》卷四六，清乾隆十五年增刻本。

意。這裡，將爲正統文人所鄙棄的戲曲與被奉爲儒家經典的《詩》等量齊觀，並認爲這一藝術形式對百姓情操的涵育、精神品格的提升、世道人情的考察以及現行政治的怨刺，均起到不可低估的重要作用。放在當時特定條件下，這一議論是難能可貴的。

同時，還不時有人強調，「古之設教，莫重於樂」〔註118〕，「樂以導和，不和不足爲樂」〔註119〕。而「樂」，其價值又不僅僅止於「娛心意、悅耳目」〔註120〕，還應該在「有裨風教」〔註121〕方面起到良好的助推作用，給人以積極奮進的力量。樹人間之正氣、立處世之正道，使得家庭和諧、社會安定，而不是一味獵奇，以露骨的色情展示、拙劣的「豔異」〔註122〕扮戲、怪誕的鬼怪表演、粗鄙的人物對白，去討好接受者。這一看法，對於保障戲曲文化市場的健康發展，無疑具有積極的促進作用。

因爲戲曲文化積澱出來已久，它對人們下素生活的滲透也顯而易見。如直隸太倉州的鬧元宵，「好事者遴俊童，扮演故事。或爲漁婆採茶，以金鼓導從」〔註123〕。三、四月間的迎神賽會，「多扮獵戶、喪神，間飾女妝」〔註124〕。臘八，「丐者戴紙冠、塗面扮儺逐疫」〔註125〕。山西大同的迎春儀式，「優人樂戶各扮故事，鄉民攜田具唱農歌演春於東郊」〔註126〕。元宵節，「各鄉村扮燈官吏，秧歌雜耍，入城遊戲」〔註127〕。榮河縣的春秋祭賽，「多有妝扮男女，出醜當場者」〔註128〕。在浮山，「立春，先期一月用樂戶，假之冠帶，曰『春官』、『春吏』。又裝春婆一人，叩謁於官長及合邑薦紳之門，誦吉語四句以報春。至期，先一日集優人、妓女及幼童扮故事，謂之『演春』」〔註129〕。在昭

〔註118〕　黃潛：《海鹽州新作大成樂記》，李衛：《（雍正）浙江通志》卷二六，清文淵閣四庫全書本。

〔註119〕　黃潛：《海鹽州新作大成樂記》，李衛：《（雍正）浙江通志》卷二六，清文淵閣四庫全書本。

〔註120〕　張紹棠：《（光緒）續纂句容縣志》卷四，清光緒刊本。

〔註121〕　李維鈺：《（光緒）漳州府志》卷三八，清光緒三年刻本。

〔註122〕　李生光：《戒扮演粉戲說》，李煥揚：《（光緒）直隸絳州志》卷一七，清光緒五年刻本。

〔註123〕　王昶：《（嘉慶）直隸太倉州志》卷一六，清嘉慶七年刻本。

〔註124〕　王昶：《（嘉慶）直隸太倉州志》卷一六，清嘉慶七年刻本。

〔註125〕　王昶：《（嘉慶）直隸太倉州志》卷一六，清嘉慶七年刻本。

〔註126〕　吳輔宏：《（乾隆）大同府志》卷七，清乾隆四十七年重校刻本。

〔註127〕　吳輔宏：《（乾隆）大同府志》卷七，清乾隆四十七年重校刻本。

〔註128〕　馬鑑：《（光緒）榮河縣志》卷二，清光緒七年刊本。

〔註129〕　鹿學典：《（光緒）浮山縣志》卷二六，清光緒六年刻本。

文縣，十二月初一，「乞人始偶男女，傅粉墨，妝爲鍾馗、灶王，持竿劍望門歌舞以乞」〔註130〕。元和縣，於同日「扮男女灶王向人家跳舞乞錢」〔註131〕。在鎮海，「立冬，打鬼胡，花帽鬼臉，鐘鼓劇戲，種種沿門需索」〔註132〕。在慈溪，「臘月，勺頭戴襆頭，赤鬚持劍，沿門毆鬼，謂之『跳灶王』」〔註133〕。更有甚者，或作乞丐狀、或披枷戴鎖作罪人狀，「以酬神願」〔註134〕。種種情狀，名之曰祀神酬願，其實，皆帶有很濃的表演成分。有的是直接將戲場搬演移入節令奉祀活動，或假之衣冠，以美觀瞻；或並人而借之，以強化可看性。

　　就連繪畫、雕塑、木刻等伎藝，也時而以反映戲曲故事爲主要內容。如山東東光縣城北之接佛寺，「兩壁範琉璃爲人作演劇狀，共若干齣」〔註135〕。江蘇宜興縣衙前，兩壁所畫皆是優人演戲圖像。〔註136〕鎮江東嶽別廟，「後殿壁乃大觀四年名筆所畫。侍衛、優伶、衣冠、器仗，皆極精妙」〔註137〕，後人爲保護這一絕世名筆，「乃爲木函護之」〔註138〕。著名縫工柏俞齡，以碎綾在紅綾帕上精心製作出《王祥臥冰圖》，令觀者嘖嘖稱奇。這大概是受了戲曲《王祥臥冰》的影響。〔註139〕還有人在一小小雀籠上，竟然「刻元人劉知遠傳奇（即《白兔記》）全本」〔註140〕。

　　戲曲文化不僅在人們的精神陶冶上起到不少作用，還直接影響了現實生活中行爲、動作的選擇，足見入人之深。尤其值得注意的是，「每科鄉試前，擇吉延科舉生員貢監，設宴縣堂。架登瀛橋，結綵棚，插桂枝。諸生公服至，知縣率僚屬迎於堂簷下，行禮畢，就席。知縣主席，僚屬席東向，諸生席西向。酒三行，演劇。諸生起揖辭行，過登瀛橋，折桂花一枝，從儀門出，鼓樂前導。知縣率僚屬出龍門坊，送至南門外，揖別。武場亦如之」〔註141〕。

〔註130〕　勞必達：《（雍正）昭文縣志》卷四，清雍正九年刻本。
〔註131〕　許治：《（乾隆）元和縣志》卷一〇，清乾隆二十六年刻本。
〔註132〕　于萬川：《（光緒）鎮海縣志》卷三，清光緒五年刻本。
〔註133〕　楊泰亨：《（光緒）慈溪縣志》卷五五，清光緒二十五年刻本。
〔註134〕　郤漢勳：《（咸豐）興義府志》卷四〇，清咸豐四年刻本。
〔註135〕　周植瀛：《（光緒）東光縣志》卷一二，清光緒十四刻本。
〔註136〕　參看章廷珪：《（雍正）平陽府志》卷二三，清乾隆元年刻本。
〔註137〕　高龍光：《（乾隆）鎮江府志》卷一七，清乾隆十五年增刻本。
〔註138〕　高龍光：《（乾隆）鎮江府志》卷一七，清乾隆十五年增刻本。
〔註139〕　參看金福曾：《（光緒）吳江縣續志》卷四〇，清光緒五年刻本。
〔註140〕　金福曾：《（光緒）吳江縣續志》卷四〇，清光緒五年刻本。
〔註141〕　王家坊：《（光緒）榆社縣志》卷七，清光緒七年刊本。

而蘇州則將賓興日定在農曆六月十五日，並創作有《賓餞曲》，令優人預先演習熟練，屆時演奏。優人皆穿起霓裳羽衣，作月宮仙人之打扮。「宴罷，諸生由月宮出，每一人，優手執桂枝以贈。又製綵旗數十對，各綴吉語，令諸生任意探取之，以卜他日榮遇云」〔註 142〕。而廣德直隸州，則是由優人仿《鹿鳴曲》演奏數闋，撤宴後，「優人於儀門內張設綵幔作月宮形，扮嫦娥一、侍女一，手執桂叢，候生員從月宮過，各以一枝予之」〔註 143〕。將蟾宮折桂進一步具象化。南昌府，則除賓興表演儀式大致同蘇州府外，官府送諸生東郭外，還「各贈以卷資」〔註 144〕。而惠民縣，宴畢，諸生「由龍門各折桂花先赴文廟，立戟門外。知縣至，率諸生入廟行辭廟禮。畢，諸生遂行，知縣回署」〔註 145〕。賓興儀式，初在縣衙舉行，後在文廟完成最後程序。由「龍門各折桂花」〔註 146〕，取跳龍門之意。咸陽，是在儀門外作升仙橋，植桂花於橋上，設宴於公堂。禮畢，諸人從升仙橋通過，「優人扮仙女簪花，諸生乘馬，鼓吹、綵旗前導，縣官率僚屬肩輿送出。東郊復設宴演劇」〔註 147〕。意謂一登龍門，身份驟變，如入仙境。且將演戲場所設在東郊。雒南縣，是先演劇，表演如五魁歡跳的歌舞。席散後，諸生將行，「儀門外架橋作月宮狀，飾嫦娥把酒簪花，諸生以序蹋橋出，鼓吹、綵旗前引，至萬壽寺前，官僚繼至送行」〔註 148〕。儀式的中間環節，與上述略有不同。整個賓興儀式，就具有很濃的表演色彩。而儀式進行過程中，又穿插以戲曲表演，可謂戲內、戲外，臺上、臺下，互為照應，相映成趣。戲曲文化滲透進人們生活的諸多環節，是不言而喻的。

二、歌舞、戲曲表演及其演出經費的運作方式

本編所收文獻，不少涉及四時節令歌舞、戲曲表演的珍貴資料。在拙編《清代散見戲曲史料彙編·詩詞卷》中，雖然也有不少這方面的內容，但由於受特殊文體表達方式的局限，對表演情況的表述只能取其大略，而不能作

〔註 142〕　馮桂芬：《（同治）蘇州府志》卷一四九，清光緒九年刊本。
〔註 143〕　胡文銓：《（乾隆）廣德直隸州志》卷二二，清乾隆五十九年刊本。
〔註 144〕　許應鑅：《（同治）南昌府志》卷二七，清同治十二年刻本。
〔註 145〕　沈世銓：《（光緒）惠民縣志》卷一一，清光緒二十五年柳堂校補刻本。
〔註 146〕　沈世銓：《（光緒）惠民縣志》卷一一，清光緒二十五年柳堂校補刻本。
〔註 147〕　臧應桐：《（乾隆）咸陽縣志》卷四，清乾隆十六年刻本。
〔註 148〕　范啓源：《（乾隆）雒南縣志》卷五，清乾隆十一年刻本。

全面、詳細的描寫，而方志則不同。它是知識的寶庫，以至有地方「百科全書」之稱。一般的志書，往往包括圖表沿革、疆域、河防、學校、祠祀、戶口、武備、田賦、職官、選舉、人物、列女、藝文、古蹟、祥異、雜誌等門類，但節令禮儀、歲時民俗、生活習慣、民間信仰、俗言俚語等內容，則是必不可少的。因爲這類載述，看起來無足輕重，但「民俗之美惡，政治之得失繫之矣」〔註149〕。再說，節令時俗之類描述，是最能體現地方特色的，又豈能不詳細書寫？這給我們戲曲、歌舞表演研究，提供了莫大方便。這裡，不妨將本編所收文獻有關歌舞、雜耍與戲曲表演之記載略加論述：

戲曲藝術的生存土壤，應該說是主要在農村。這是因爲，在傳統社會裡，農民一年四季的時間，勞作於田間者居多，只是到了秋收冬藏之時，才有餘暇稍作休息。但一生辛勞的淳樸百姓，早已習慣了忙碌的生活，一旦閒下來，這段時間如何打發，倒成了問題。所以，鬥雞、鬥羊、鬥鵪鶉、跳繩、踢毽子等民間娛樂活動則應運而生。而觀賞戲曲演出，無疑是最佳的選擇。這是春節前後農村各類娛樂活動集中出現的主要原因。與城市生活相比，有著很大的不同。城市居民一般沒有土地，靠某種手藝或小商品經營以謀生計，而一旦接受某事，便須不間斷地去操持，否則，舉家生活來源則成了問題。除非家中甚爲富裕，才可能有閒暇去作文化消費。就此而論，戲曲演出的接受群體，遠不如農村隊伍龐大、時間集中。

而農村，又由於農民特殊的生活方式、生存樣態，戲曲活動又必須在農閒時舉行，「自收穫畢，各鄉村皆演劇報賽」〔註150〕。如同人云：「土伶皆農隙學之」〔註151〕，「每屆秋熟，則載木偶泥像，敲鑼吹角，旗幟臺閣，備極工巧，遊行城郭，擁道塞途，以爲戲樂」〔註152〕，「夜使優伶演劇，簫歌達旦。」〔註153〕歲時社祭，夏冬兩季，「鄉鎮多香火會，扮社鼓演劇」〔註154〕。上元節，張花燈，架鼇山，「鼓吹雜戲，火樹銀花」〔註155〕，「金鼓與散樂、社火

〔註149〕 孔尚任：《平陽府志》卷二九「風俗」，徐振貴主編：《孔尚任全集輯校注評》第四冊，齊魯書社，2004 年，第 2489 頁。

〔註150〕 張營堠：《（嘉慶）武義縣志》卷三，清宣統二年石印本。

〔註151〕 童範儼：《（同治）臨川縣志》卷一二上，清同治九年刻本。

〔註152〕 童範儼：《（同治）臨川縣志》卷五二之二，清同治九年刻本。

〔註153〕 童範儼：《（同治）臨川縣志》卷五二之二，清同治九年刻本。

〔註154〕 李煥揚：《（光緒）直隸絳州志》卷二，清光緒五年刻本。

〔註155〕 李煥揚：《（光緒）直隸絳州志》卷二，清光緒五年刻本。

層見疊出」〔註156〕，「吹簫擊鼓，優伶奏技。而各社各有社火，或騎或步，或為仙佛，或為鬼神，魚龍虎豹，喧呼歌叫，如蜡祭之狂」〔註157〕。元城縣燈節，「肆市通衢，張燈結綵，放花炬，演扮雜劇，擊社鼓歡唱以為樂」〔註158〕。平定州，元宵節前後三日，「燈火輝煌，鼓樂喧闐。里人扮演雜劇相戲。坊肆里巷士庶之家與街市舖面各家門前，累砌炭火焚之，名曰『塔火』」〔註159〕。神池縣，「軍民各扮秧歌、道情、龍燈等戲，歡歌行遊，通霄不寐」〔註160〕。黑龍江，「城中張燈五夜，村落婦女來觀劇者，車聲徹夜不絕」〔註161〕。在上虞，「街市懸燈，各社廟賽神，以鼓樂劇戲為供」〔註162〕。在武義，「各家懸燈於門，街衢或接竹為棚，掛燈其上，笙歌喧闐徹旦。各坊作龍燈，長數十丈，多紮花燈為人物、亭臺數百盞，迎於街市，以賽神鬥勝。自初十夜起至二十夜止」〔註163〕。瀏陽縣，「鄉村以布數丈繪龍鱗，織竹被之，剪紙製龍首尾形，綴而合舞，曰龍燈。為魚蝦形，曰魚燈。或製獅首，綴布，令童子被之，曰獅子燈。或剪盆花形，曰化燈。晴日緣村喧舞，雜以金鼓，主人然爆竹、剪紅帛迎之為樂。又有服優場男女衣飾，暮夜沿門歌舞者，曰花鼓燈」〔註164〕。登州府，「街市及各巷口皆結棚，懸綵燈。各廟張燈，或為鼇山、獅象、龍魚，謂之燈會。好事者作燈謎榜於通衢，群聚觀之，謂之打獨腳虎；又有煙火會，銀花火樹，雜以爆竹，砰訇徧遠邇；或豎木作高架，縛各種煙火於上，謂之架花，皆巧立名目以競勝。子弟陳百戲，演雜劇，鳴簫鼓，謂之秧歌，喧闐徹夜」〔註165〕。廣州府，燈綵繁多，目不暇接，「其鼇山用綵楮為人物故事，運機能動，有絕妙逼真者。鼇山燈出郡城及三山村，機巧殆甚，至能演戲」〔註166〕。在興義，自正月初十，城中就有「龍燈、花燈及唱燈之戲。元宵城中觀燈遨遊，漏下三、四鼓不絕」〔註167〕。清康熙間人陳豫朋在

〔註156〕　賴昌期：《（光緒）平定州志》卷一〇，清光緒八年刻本。
〔註157〕　賴昌期：《（光緒）平定州志》卷一〇，清光緒八年刻本。
〔註158〕　吳大鏞：《（同治）元城縣志》卷一，清同治十一年刊本。
〔註159〕　賴昌期：《（光緒）平定州志》卷五，清光緒八年刻本。
〔註160〕　崔長清：《（光緒）神池縣志》卷九，清鈔本。
〔註161〕　西清：《（嘉慶）黑龍江外記》卷六，清光緒廣雅書局刻本。
〔註162〕　唐煦春：《（光緒）上虞縣志》卷三八，清光緒十七年刊本。
〔註163〕　張營堠：《（嘉慶）武義縣志》卷三，清宣統二年石印本。
〔註164〕　王汝惺：《（同治）瀏陽縣志》卷八，清同治十二年刻本。
〔註165〕　方汝翼：《（光緒）增修登州府志》卷六，清光緒刻本。
〔註166〕　戴肇辰：《（光緒）廣州府志》卷一五，清光緒五年刊本。
〔註167〕　郘漢勳：《（咸豐）興義府志》卷四〇，清咸豐四年刻本。

《午亭村燈火》一詩中寫道：「鄉儕尤多傀儡忙，村詞野調乖宮商。聆徧前街與僻巷，園亭暫對村優場」〔註168〕，恰反映出這一鬧元宵之盛況。

（一）各類伎藝的表演情狀

尤其值得一提的是，這類群體性的娛樂活動中具有典型特色的伎藝表演：一是鐵花之戲。據清人賴昌期《（同治）陽城縣志》記載：

> 邑中元夕有鐵花之戲。召工冶鐵如水，豫取木竅其首，注鐵汁
> 其內，使有力者舉而擊之，鐵汁乘擊勢自竅外激可至數丈，然必向
> 林木間。其汁激注樹上，光鋩飛射，如火如電，金銀照灼，最爲奇
> 觀。惟澤州諸縣有之，他處不聞此戲。〔註169〕

是一種近似於焰火的伎藝。不過，焰火是利用火藥的點燃爆出火花，此則是用鐵汁灌入預先鑿有洞穴的木料，靠擊打之力，使火花四濺，形成絢爛多彩之奇觀。此術今已不可見，這一記載十分珍貴。

二是「橋燈」製作。《（同治）嵊縣志》載曰：「鄉社人擎一版，版聯二燈，竅兩端而貫接之，長數十丈，前後裝龍頭、龍尾，可盤可走，謂之『龍燈』，又謂之『橋燈』。今橋燈惟金、處等郡尚爲之。」〔註170〕而《（同治）景寧縣志》也有相似記載，謂：

> 龍燈之製有二：有滾龍，縛竹爲首，身足連之以布，舞於庭
> 前；有橋燈，長板一片，架燈三盞爲一橋，端軸聯接，負之以行，
> 周巡坊隅，多者八九十橋。遠望見燈不見人，一線天矯，燦燦如龍。
> 〔註171〕

由此看來，「橋燈」、「板燈」，乃一物而異名。據說，在浙江，「橋燈」之表演，春節慶祝活動中尚可一見，其它地方則不見了蹤蹟。《（道光）續修桐城縣志》，也記載有龍燈製作與表演，曰：

> 製爲龍燈，長數丈，篾紮，中空，或紗、或紙糊其外，或繪鱗
> 甲，或繪人物雜劇於上，每人持一節，街市旋舞。又有船燈、車燈、
> 馬兒燈、採茶燈、麟鳳燈、獸燈、魚燈，金鼓喧鬧，看燈者爭放，
> 火花飛爆，謂之燈節。〔註172〕

〔註168〕 朱樟：《（雍正）澤州府志》卷四八，清雍正十三年刻本。
〔註169〕 賴昌期：《（同治）陽城縣志》卷一八，清同治十三年刊本。
〔註170〕 嚴思忠：《（同治）嵊縣志》卷二〇，清同治九年刻本。
〔註171〕 周傑：《（同治）景寧縣志》卷一二，清同治十二年刻本。
〔註172〕 廖大聞：《（道光）續修桐城縣志》卷三，清道光七年修十四年刻本。

仍可見燈火之盛。元宵燈節時，人們還會「畫龍獅諸燈，長可八九丈，分作十節、八節，點放燈光按節，而持其柄以盡飛舞之態。如龍燈，則前有一盞白圓燈作戲珠狀。獅燈，則前有一盞大紅燈作弄球狀。華彩鮮明，輕便婉轉，所至人家門首，無不爭放爆竹以作送迎」〔註173〕。當今所表演的「二龍戲珠」、「獅子滾繡球」，實則是從古代承繼而來。在動作的複雜性方面，並有所豐富、發展。

三是龍舟的製作與競賽。《（同治）益陽縣志》卷二引邑人周代炳《龍舟記》，曾詳細記述了湖南益陽一帶龍舟的製作與競渡場景，曰：

> 湖湘競渡之俗，莫盛於益。每麥秋，沿江無賴，水陸索費，行旅苦之。龍舟長十丈許，巨木為脊，以竹絚絡首尾，澆以沸湯絞之。木雖堅，亦翹如張弓，內設橫木如齒，可容百數十人。外傅薄板，飾以彩繪，鱗爪、首尾畢具。旗別以色。艙中坐者，橈四尺，立者橈七尺，兩兩相間。前坐二人，名分水橈，以趫捷善博者充。艄一人，名柁瓦橈，擇老成諳水者充之。設鉦一、鼓一、銃一、長竿一，闌械俱備。旁置別舸三間，藏驍健以備助。在關王夾者曰「關王船」，黃泥湖者曰「扁担船」，在粟公港者曰「紫山船」，在于家洲者曰「玉皇船」，各以旗辨其地。自五月朔至端午日，每日嘯侶江干，裹紅巾，排列登舟。舟始行，鉦鼓徐應，坐者緩橈而進，立者豎橈而歌，整以暇也。迨兩三舟相近，鼓乃急，立橈分水，橈俱下，竿搖水激，呼聲雷動，江水為沸。舟行迅疾，雖楊么水輪不及也。數舟爭進，須臾漸分勝負。捷者更捩舵，繞出其舟，放銃三。兩岸觀者，各為喝采，而揶揄其負者。負者忿而思逞，稍讓則已，否則豕突羊狠，不覆不止。嘉慶戊寅年，以闌致溺者撈屍七十有三。膚將腐矣，猶怒目舉橈作闌狀，可笑也。市樓有女，方簁米，目注龍舟，以手助勢，而米已撥去無餘。又舟婦方乳兒，聞龍舟鼓緊，抱亦緊，兒啼急，猶曰：「莫哭莫哭，看爾爺爺贏船。」比覺，兒已氣絕懷中矣。是日沿江演劇，觀者如堵。綵船畫檝，簫管間奏。酒饌豐飫，婦女亦盛飾相炫耀，往來雜沓。〔註174〕

當今，各地每當端午節，雖大都有龍舟競渡，一些旅遊景點，也時常舉行此

〔註173〕　陳淑均：《（咸豐）續修噶瑪蘭廳志》卷五，清咸豐二年續修刻本。
〔註174〕　姚念楊：《（同治）益陽縣志》卷二，清同治十三年刻本。

類活動，以招徠遊客，但舟之規模較以往則小許多，製作之複雜性，也遠遜古時。

而廣東番禺的宣和龍舟，製造工藝更爲複雜，不僅舟之兩旁有蕩槳者，而舟的兩層臺閣上，還有許多服飾裝扮、手中所持物各異，且能做出種種表演的不同人物，並裝配有能操縱舟上偶人行爲舉止的機關，可謂一絕。《（同治）番禺縣志》記載道：

> 番禺大洲有宣和龍舟遺製，船長十餘丈，廣僅八尺，龍首尾刻畫，奮迅如生。盪槳兒列坐兩旁，皆錫盔朱甲，中施錦幔，上建五丈檣五，檣上有臺閣二重，中有五輪閣一重，下有平臺一重。每重有雜劇五十餘種，童子凡八十餘人，所扮者菩薩、天仙、大將軍、文人、女伎之屬，所服者冠裳、介胄、羽衣、衲帔、巾幗、襦襪之屬，所執者刀槊、麾蓋、旌旗、書策、佩帨之屬。凡格鬥、挑招、奔奏、坐立、偃仰之狀，與夫揚袂、蹙裳、喜懼悲恚之情，不一而足，咸皆有聲有色，盡態極妍，觀者疑爲樂部長積歲練習，不知錦幔之中，操機之士之所爲也。每一舉費金錢千計。〔註175〕

這種龍舟，乃世所僅見。此條乃採自屈大均《廣東新語》（卷一八），文字稍有出入。

四是「攙垛」（又名「兒郎架」）。《（光緒）宜陽縣志》引清人張恕《宜陽縣竹枝詞》之九謂：「聞聲驀地齊翹首，雲擁飛仙閣上來」，句後注曰：「擇姣好小兒，衣以綵服，扮演故事。鑿几設機，擎小兒於上，舁之遊戲，俗名攙垛。」〔註176〕河南宜陽有此戲。同時，《（同治）臨川縣志》也曾記載：「里中每歲迎賽神會，各家多有將十歲以下幼孩裝扮綵臺，名爲兒郎架。」〔註177〕二者當爲同一種伎藝。不過，由於流傳地域不同，故名稱各異。在山西一帶，此類伎藝，今尙偶一爲之。

五是緣竿之戲。此實是一種雜技表演。東漢張衡的《西京賦》就有相關記載。《（康熙）錢塘縣志》載曰：「有爲緣竿之戲者，竿高數十尺，徒手直上，據竿頂左右盤旋，以腹貼竿，投空擲下，捷若猿猱。聚觀者神驚目眩，而爲此技者如蝶拍鴉翻，蹖蹖然自若也。」〔註178〕至今，雜技舞臺仍有此

〔註175〕 李福泰：《（同治）番禺縣志》卷六，清同治十年刊本。
〔註176〕 謝應起：《（光緒）宜陽縣志》卷一四，清光緒七年刊本。
〔註177〕 童範儼：《（同治）臨川縣志》卷五四，清同治九年刻本。
〔註178〕 魏嵎：《（康熙）錢塘縣志》卷七，清康熙刊本。

等表演。

　　六是猴戲。《（康熙）平和縣志》謂：「猴，一名狙公。性躁，食物必滿貯兩頰。土人加以冠帶教之，能作百劇。」〔註179〕清人馬步青《義猴行》云：「猴能戲，猴有義。猴戲猴之常，猴義人所異。人傍猴戲作生涯，猴隨人分到人家。猴忽幻作人態度，衣曳錦繡帽烏紗，人歌猴舞猴得栗。」〔註180〕筆者幼年在鄉間常觀猴戲，猴子在其主人的指令下，能披官袍、戴烏紗，會騎犬、作揖等多種動作，表演如詩中所寫。近年之猴戲，已非往日之規模，僅僅是耍猴而已。

　　七是說平話。《（道光）廈門志》記載，「又有說平話者，綠陰樹下，古佛寺前，稱說漢唐以來遺事。眾人環聽，斂錢為饋，可使愚頑不識字者為興感之用。間有說豔書及《水滸衍義》者。」〔註181〕又，《（同治）徐州府志》引袁枚《直隸總督兵部尚書李敏達公家傳》曰：浙江巡撫李衛，雖不大識字，但足喜聽藝人講說平話，曾「召優俳人李麻子說漢唐雜事，遇忠賢屈抑、僉壬肆志，輒嗚咽憤罵，拔劍擊撞」〔註182〕。平話這一伎藝，不僅為下層百姓所歡迎，也得到達官貴人的追捧。平話，在晚清流傳至福建沿海一帶，且成了尋常百姓「綠陰樹下，古佛寺前」〔註183〕最常欣賞的一門伎藝，此事很少見文獻敘及。或稱：福州評話「流行於福州方言地區與建陽、三明、莆田、寧德等地，臺灣與東南亞華僑集居地區也有演出。相傳由柳敬亭弟子居輔成南下傳授。」〔註184〕然福州評話是一曲種，「有說有唱。唱詞多為七字句，八字句，基本腔調有序頭（相當於開篇）、吟句、沂牌三種」〔註185〕。而柳敬亭則主要靠說，有文獻可證。吳偉業《柳敬亭傳》引雲間莫後光語曰：「聞子說者，危坐變色，毛髮盡悚，舌撟然不能下」〔註186〕，又敘述曰：「屬與吳人張燕築、沈公憲俱，張、沈以歌，生以談。」〔註187〕與福州評話大

〔註179〕　王相：《（康熙）平和縣志》卷一〇，清光緒重刊本。
〔註180〕　朱偓：《（嘉慶）郴州總志》卷四二，清嘉慶二十五年刻本。
〔註181〕　周凱：《（道光）廈門志》卷一五，清道光十九年刊本。
〔註182〕　吳世熊：《（同治）徐州府志》卷二二上之下，清同治十三年刻本。
〔註183〕　周凱：《（道光）廈門志》卷一五，清道光十九年刊本。
〔註184〕　李桂玉、陳春生等作，張傳興等整理：《福州評話》，范伯群、金名主編：《中國近代文學大系 1840～1919・俗文學集二》，上海書店，1993 年，第 555 頁。
〔註185〕　李桂玉、陳春生等作，張傳興等整理：《福州評話》，范伯群、金名主編：《中國近代文學大系 1840～1919・俗文學集二》，上海書店，1993 年，第 555 頁。
〔註186〕　吳偉業：《吳梅村全集》下冊，上海古籍出版社，1990 年，第 1055 頁。
〔註187〕　吳偉業：《吳梅村全集》下冊，上海古籍出版社，1990 年，第 1056 頁。

有不同。而且，方志稱，「有說平話者」〔註188〕，亦強調「說」，非「說唱」。就此而言，方志所載說平話者，當與柳敬亭風格相類，而與所謂「福州評話」，或並非一事。

八是「跳腳舞」。此乃彝族的一種民間歌舞。據《（咸豐）興義府志》記載，「將焚之前，姻黨群至，咸執火以來，至則棄火，而聚其餘炬於一處，相與攜手吹蘆笙，歌唱達旦，謂之『跳腳』也。」〔註189〕眾人手牽著手，圍著火堆，在蘆笙的伴奏下邊唱邊跳，氣氛熱烈歡快。

九是山歌小調。「里巷歌謠，父老轉相傳述，樵牧賡和，皆有自然音節」〔註190〕。但因其俚俗，往往得不到應有的重視。而《（同治）武寧縣志》卻有著較為詳細的記載，稱：

> 農民插禾，聯鄰里為伍，最相狎暱。日午飲田間，或品其工拙疾徐而戲答之，以為歡笑。每擊鼓發歌，遞相唱和，聲徹四野，悠然可聽。至若御桔橰，口歌足踏，音韻與轆轤相應，低昂宛轉，尤足動人。然往往多男女相感之辭，以解其憂勤辛苦，若或不能自已者，亦田家風味也。〔註191〕

這裡所載述的乃兩種表演形式，一是田間休息時，擊鼓發歌，遞相唱和；一是踏龍骨水車時，隨著轆轤轉動而歌唱。其實，還有一種唱法，即農民於夏秋前後，勞作田間，「老少負荷，數十為群。每群擇能謳者一人為長，高聲朗唱，眾人和之。晝夜絡繹，笑語相隨」〔註192〕。是一人領唱，眾人相和，別有一番情趣。廣東人更愛唱歌，「凡有吉慶，必唱歌為樂」〔註193〕。「其歌也，辭不必全雅，平仄不必全叶，以俚言土音襯貼之，唱一句或延半刻，曼節長聲，自回自復，不肯一往而盡。辭必極麗，情必極至，使人喜悅悲酸，不能已已」〔註194〕。「其歌之長調者，名曰《摸魚歌》。或婦人歲時聚會，則使瞽師唱之」〔註195〕，「其短調蹋歌者，不用弦索，往往引物連類，委曲譬喻，如《子夜》、《竹枝》體，天機所觸，自然合韻。兒童所唱以嬉，則曰山歌，亦

〔註188〕　周凱：《（道光）廈門志》卷一五，清道光十九年刊本。
〔註189〕　鄔漢勳：《（咸豐）興義府志》卷四一，清咸豐四年刻本。
〔註190〕　何慶朝：《（同治）武寧縣志》卷八，清同治九年刻本。
〔註191〕　何慶朝：《（同治）武寧縣志》卷八，清同治九年刻本。
〔註192〕　何慶朝：《（同治）武寧縣志》卷八，清同治九年刻本。
〔註193〕　李福泰：《（同治）番禺縣志》卷六，清同治十年刊本。
〔註194〕　李福泰：《（同治）番禺縣志》卷六，清同治十年刊本。
〔註195〕　李福泰：《（同治）番禺縣志》卷六，清同治十年刊本。

曰歌仔，似詩餘，音調雖細碎，亦多妍麗之句」〔註196〕。試舉幾例：

> 有曰：「中間日出四邊雨，記得有情人在心。」曰：「一樹石榴
> 全著雨，誰憐粒粒淚珠紅。」曰：「燈心點著兩頭火，為娘操盡幾多
> 心。」曰：「妹相思，不作風流到幾時？只見風吹花落地，那見風吹
> 花上枝。」《蜘蛛曲》曰：「天旱蜘蛛結夜網，想情只在暗中絲。」
> 又曰：「蜘蛛結網三江口，水推不斷是真絲。」〔註197〕

甚至還有唱歌比賽，猶如當今之「青歌賽」、「中國好聲音」等。據演唱水準
評定高下，決定名次，名次高者有獎勵。有的方志，還記載下賽歌過程與場
面，謂：

> 試歌，主人具禮幣聘善歌者為主試，正、副二人，鼓樂導引，
> 盛宴之，送歌臺。臺高數尺，主試登臺垂簾坐。獻歌者投卷，自署
> 姓名、歌某曲。卷齊，以次註明於冊。臺下聚看者如堵墻。敘先後
> 唱名，梯而上坐。簾外歌，簾內懸大鈔金。主試者對所納卷諦聽之，
> 歌至某句某字佳，密圈點之。誤則抹，抹則落其卷而金鳴，歌者詘
> 然赧而下。其所取者，榜而覆之，此初場也。自是而二場，而三場，
> 較課至極精，乃加總評分甲乙。然擅高技者，初場輒不至，以濫竽
> 者多不足為儕伍也。二、三場始納卷，一鳴而萬暗，直奪狀頭，往
> 往如此。場畢榜定，花酒鼓樂送之歸。賀者盈門，賓客雲集。大啟
> 筵席，召梨園。〔註198〕

整個比賽，其嚴肅程度不亞於入禮闈、考功名。正因為喜歡唱歌者多，才
成了鄉間百姓共同參與的娛樂活動。「兒女子歲時聚會，每以歌唱相娛樂」
〔註199〕。所以，才會有當場比試以決高低之舉。其它地方，也是如此。如
江西雩都，「人插茉莉，唱《採蓮》之曲」〔註200〕。臺灣彰化的青年男女，
每當九、十月份收穫完畢，飲酒歌舞，「酒酣，當場度曲，男女無定數，耦
而跳躍，曲喃喃不可曉，無詼諧關目。每一度，齊咻一聲，以鳴金為起止」
〔註201〕。噶瑪蘭廳百姓的跳躍盤旋，飲酒歌舞，「歌無常曲，就現在景作曼

〔註196〕　李福泰：《(同治) 番禺縣志》卷六，清同治十年刊本。
〔註197〕　李福泰：《(同治) 番禺縣志》卷六，清同治十年刊本。
〔註198〕　李福泰：《(同治) 番禺縣志》卷六，清同治十年刊本。
〔註199〕　李書吉：《(嘉慶) 澄海縣志》卷六，清嘉慶二十年刊本。
〔註200〕　顏壽芝：《(同治) 雩都縣志》卷五，清同治十三年刻本。
〔註201〕　周璽：《(道光) 彰化縣志》卷九，清道光十六年刊本。

聲，一人歌，群拍手而和」〔註 202〕，也是即興而歌，當場度曲，即景而起興，信口而歌唱。而鬧燈則唱《龍燈歌》，女孩子則往往「挈花籃唱《十二月採茶歌》」〔註 203〕，如所謂「二月採茶茶發芽，姊妹雙雙去採茶。大姊採多妹採少，不論多少早還家」〔註 204〕，也唱《紡棉歌》。江南吳歌，以輕清柔緩、婉轉悅耳著稱，有古曲《江南曲》、《子夜歌》之遺風。

當時的普通百姓，在勞作時歌唱生活、歌唱勞動、憧憬未來、祝願親朋，有著健康爽朗的基調，故逐漸受到文人的重視。人稱：

> 吳江之山歌，其辭語、音節，尤爲獨擅。其唱法則高揭其音而以悠緩收之，清而不靡；其聲近商，不失清商本調；其體皆贈答之辭，或自問自答，不失相和本格；其詞多男女燕私離別之事，不失房中本義；其旁引曲喻，假物借聲之法，淳樸纖巧，無所不全，不失古樂府之本體，實能令聽者移情。〔註 205〕

而在文人的視野中，廣州一帶的民歌，「夫男於田插秧，婦子饁餉，撾鼓踏歌相勸慰」〔註 206〕，「一唱三歎，無非兒女之辭、情性之感也，然天機所觸，襯以土音俚言，彌覺委曲婉轉。信口所出，莫不有自然相叶之韻焉。千古風雅，不以僻處海濱而有間，斯固采風者所不廢也」〔註 207〕。充分肯定了山歌小調的價值與意義。其觀念較之以往，則進步許多。

還應值得一提的是，上文所引《摸魚歌》，內容大致來自屈大均《廣東新語》卷一二《粵歌》，文字稍有出入。據譚正璧考證，「木魚」一詞，最早見於明末詩人鄺露（1604～1650）的五言排律長詩《婆猴戲韻學宮體詩》中的「琵琶彈木魚，錦瑟傳香蟻」一聯。〔註 208〕故而，一般研究者認爲：

> 木魚，也叫「摸魚」、「木魚歌」、「沐浴歌」，流行於廣東粵語地區。是寶卷與當地民歌結合的產物，也有認爲即彈詞的變種。早期佛教徒傳唱佛教故事。清乾隆、嘉慶年間，當地凡詩贊體的說唱，

〔註 202〕 陳淑均：《（咸豐）續修噶瑪蘭廳志》卷五下，清咸豐二年續修刻本。
〔註 203〕 萬發元：《（光緒）永明縣志》卷一一，清光緒三十三年刻本。
〔註 204〕 萬發元：《（光緒）永明縣志》卷一一，清光緒三十三年刻本。
〔註 205〕 陳莫纓：《（乾隆）吳江縣志》卷三九，清乾隆修民國年間石印本。
〔註 206〕 李書吉：《（嘉慶）澄海縣志》卷六，清嘉慶二十年刊本。
〔註 207〕 李書吉：《（嘉慶）澄海縣志》卷六，清嘉慶二十年刊本。
〔註 208〕 譚正璧：《釋「木魚歌」》，譚正璧著，譚壎、譚篪編：《譚正璧學術著作集》第 9 冊，上海古籍出版社，2012 年，第 24 頁。

通稱「木魚」。〔註209〕

如此一來，《摸魚歌》究竟源自何處，木魚在其中起何種作用，倒成了應予思考的問題。清初王士禎《帶經堂集》所收《廣州竹枝六首》，第一首即謂：「潮來濠畔接江波，魚藻門邊淨綺羅。兩岸畫欄紅照水，蜑船齊唱木魚歌。」〔註210〕很顯然，在清初，木魚歌的流行與蜑民有關。而蜑民往往「編篷水滸」〔註211〕、「以漁釣爲業」〔註212〕、「浮家泛宅」〔註213〕、「捕魚血食，不事耕種」〔註214〕。由此而推論，《木魚歌》，最初之名當爲「摸魚歌」，這與蜑民的生活方式有很大關係。它是由民間小調發展而來，主要用於抒情。到後來，敘事功能強化，改唱長篇故事，且加進了敲擊木魚之類的伴奏，名稱也隨之而改變。況且，「摸」與「木」，音相近，是很容易被李代桃僵的。大概可以這樣認爲，這類民歌的源頭，很可能是蜑民們所唱的歌或廣東一帶沿海百姓的歌。發展到後來，有的仍保持其原始面貌，「不用弦索」〔註215〕、「引物連類，委曲譬喻」〔註216〕，如《子夜》、《竹枝》之體，是爲短調踏歌。有的則發展爲演述長篇故事，兼用弦樂伴奏，敲擊木魚以節制之。如此解釋，則比較接近方志對《摸魚歌》的表述。當然，事實究竟如何，還有待資料的進一步發現去驗證。

十是「跳端公」。本爲苗族習俗，乃是一種驅禳儀式。端公，乃男巫。《（咸豐）興義府志》引《田居蠶室錄》云：

今民間或疾或祟，招巫驅禳，必以夜。至其所奉之神，製二鬼頭：一赤面長鬚，一女面，謂是伏羲、女媧。臨事，各以一竹承其頸，竹上、下兩篾圈，衣以衣，倚於案左右，下承以大椀。其右設一小棹，上供神曰「五猖」，亦有小像。巫黨椎鑼擊鼓於此。巫或男裝，或女裝。男者衣紅裙，戴觀音七佛冠，以次登壇歌舞，右執者曰神帶，左執牛角，或吹、或歌、或舞，抑揚拜跪以娛神。曼聲徐

〔註209〕 何惠群、龍舟珠等：《廣東木魚歌與南音》，范伯群、金名主編：《中國近代文學大系 1840～1919・俗文學集二》，上海書店，1993年，第687頁。
〔註210〕 王士禎：《帶經堂集》卷五七「蠶尾續詩三」，清康熙五十年程哲七略書堂刻本。
〔註211〕 田汝成：《炎徼紀聞》卷四，清指海本。
〔註212〕 田汝成：《炎徼紀聞》卷四，清指海本。
〔註213〕 鄺露：《赤雅》卷上，清知不足齋叢書本。
〔註214〕 鄺露：《赤雅》卷上，清知不足齋叢書本。
〔註215〕 李福泰：《（同治）番禺縣志》卷六，清同治十年刊本。
〔註216〕 李福泰：《（同治）番禺縣志》卷六，清同治十年刊本。

> 引，若戀若慕，電旋風轉，裙口舒圓，散燒紙錢，盤而灰去，聽神
> 絃者如堵墙也。至夜深，大巫舞袖揮訣，小巫戴鬼面，隨扮土地神
> 者導引，受令而入、受令而出，曰「放五猖」。大巫乃踏閾，吹角作
> 鬼嘯，側聽之，謂時必有應者，不應，仍吹而嘯，時擲筊，筊得，
> 謂捉得生魂也。時陰氣撲人，香寒燭瘦，角聲所及之處，其小兒每
> 不令睡，恐其夢中應也。〔註217〕

後來之「端公戲」，即在此基礎上發展而來。

十一是秧歌。在各類伎藝的搬演中，秧歌的表演較爲頻繁，且大致有這樣幾種形式：

首先是純粹的歌唱。如浙江慈溪，在元宵節前，「每夕兒童黏五色燈唱歌，謂之『鬧秧歌』」〔註218〕。或是打著彩色燈籠而歌唱。在山東惠民，「八方寺窪，向爲積水之區。北人不解種稻，一經水潦，視若石田，邑令沈世銓親製水車，教民栽種。每當綠雲遍野，畫鼓連村，謳歌聲與桔槔相應」〔註219〕。地方官沈世銓（江蘇陽湖人），從南方引進水車製造、水稻栽插技術，提高了本地百姓的農業生產收入，百姓邊唱秧歌邊勞作，頗接近於秧歌演唱的原始狀態，此爲「北泊秧歌」。在廣東潮州，「農者春時，數十輩插秧田中，命一人撾鼓，每鼓一巡，群歌競作，連日不絕，名曰『秧歌』」〔註220〕。仍保留有秧歌演唱的固有特色。

其次是邊走邊演唱。在龍山縣，「元宵前數日，城鄉多剪紙爲燈，或魚、或鳥獸、或龍、或獅，揀十歲以下童子扮演採茶秧歌」〔註221〕。是飾作採茶女子，邊扭動身軀邊遊走演唱。在吉林，《（光緒）吉林通志》引《柳邊紀略》謂：

> 上元夜，好事者輒扮秧歌。秧歌者以童子扮三、四婦女，又三、
> 四人扮參軍，各持尺許兩圓木戛擊相對舞。而扮一持傘燈賣膏藥者
> 前，道旁以鑼鼓和之。舞畢乃歌，歌畢更舞，達旦乃已。〔註222〕

是以鑼鼓伴奏，且以木棒敲擊以節奏舞步，雖說沒有多少情節內容，但已有人物裝扮，是另外一種更爲火爆的演出形式。

〔註217〕 鄒漢勳：《（咸豐）興義府志》卷四一，清咸豐四年刻本。
〔註218〕 楊泰亨：《（光緒）慈溪縣志》卷五五，清光緒二十五年刻本。
〔註219〕 沈世銓：《（光緒）惠民縣志》卷末，清光緒二十五年柳堂校補刻本。
〔註220〕 周碩勳：《（乾隆）潮州府志》卷一二，清光緒十九年重刊本。
〔註221〕 繳繼祖：《（嘉慶）龍山縣志》卷七，清嘉慶二十三年刻本。
〔註222〕 長順：《（光緒）吉林通志》卷二七，清光緒十七年刻本。

　　再次是將不同伎藝的混雜演出統稱「秧歌」。如登州,「子弟陳百戲,演雜劇,鳴簫鼓,謂之秧歌」〔註 223〕,即是一例。秧歌舞,至今仍在民間流行,但只有鑼鼓伴奏,大多只舞不唱。

　　十二是節節高。本編所收《(康熙) 龍門縣志》記載:

　　　　上元節,公擬一人作燈官,地方官給以箚付,擇日到任。儀從擬□長,各鋪户具賀貲以爲工役費。街房燈火,不遵命者,扑罰無敢違。自十四至十六三日夜爲度。縣城及各堡多建燈厰,并立木竿,曲折環繞,擎燈三百六十一盞,名九曲黄河燈。男女中夜串遊,名爲去百病。又隨處演戲、辦社火、唱秧歌及節節高等戲以爲樂。〔註 224〕

拙編《清代散見戲曲史料彙編 (詩詞卷·二編)》上冊「前言」雖亦論及「節節高」,但終因資料的匱乏而語焉不詳。〔註 225〕筆者近日翻閱清人劉廷璣的《在園雜志》,於卷三「小曲」條忽見有此記載,中曰:

　　　　又有節節高一種。節節高本曲牌名,取接接高之意。自宋時有之。《武林舊事》所載元宵節乘肩小女是也。今則小童立大人肩上,唱各種小曲,做連像,所馱之人以下應上,當旋即旋,當轉即轉,時其緩急而節湊之,想亦當時鷓鴣、柘枝之類也。〔註 226〕

睹此,始明白,「節節高」原來是一種小兒立大人肩上,上下配合,作種種表演與歌唱的藝術形式。這一發現,真令我喜出望外。此資料的發現,完善並補充了本人此前在這一問題上的看法,有助於戲曲研究的深入。

　　十三是雲車之戲。在江蘇武進,俗以五月初一爲天地生日,以雲車之戲相賀。《(乾隆) 武進縣志》謂:「其制,煅鐵爲朵雲,下承鐵桿,高可仞,跗雙植如弗,縛有力者胸背間,上坐兩小兒扮故事,重可二百斤許。負之趨,旋舞如意,雖都盧尋橦未足擬也。」〔註 227〕又引董文驥《常州風俗序》云:「五月,有雲車之戲,力士負鐵莖,長可仞,莖上鏤鐵如雲,置三嬰兒,優孟衣冠,負之疾行。或圈豚行,雖拉脅絶筋不顧。」〔註 228〕此戲,僅在電

〔註 223〕　方汝翼:《(光緒) 增修登州府志》卷六,清光緒刻本。
〔註 224〕　章焞:《(康熙) 龍門縣志》卷五,清康熙刻本。
〔註 225〕　參看趙興勤、趙韡編:《清代散見戲曲史料彙編 (詩詞卷·二編)》上冊「前言」,臺灣花木蘭文化出版社,2015 年,第 31 頁。
〔註 226〕　劉廷璣:《在園雜志》,中華書局,2005 年,第 95 頁。
〔註 227〕　王祖肅:《(乾隆) 武進縣志》卷一,清乾隆刻本。
〔註 228〕　王祖肅:《(乾隆) 武進縣志》卷一二,清乾隆刻本。

影上偶一見之，能演此伎者已甚少。

十四是採茶歌。採茶歌的演出，同樣比較多。據說，採茶歌是由廣東傳來。清人謝肇楨《採茶歌》寫道：

採茶歌，嘔啞嘈雜滅平和。土音流傳自東粵，村童裝扮作妖娥。週歷鄉閭導淫液，迴眸一盼巧笑瑳。紈綺子弟爭打采，指盃謔浪肆摩挲。可憐鐵石燕江口，蜑氓生計下煤窩。滿面煙灰十指黑，出看採茶也入魔。辛苦得錢歡樂洒，囊空歸去學得阿妹一聲喝。〔註229〕

可見，當時已很盛行。演唱者多爲裝扮成「妖娥」的村童，且也是邊走邊演唱，故有「週歷鄉閭」之說。因演出很精彩，故吸引得紈綺子弟禁不住裝模作樣地模仿其舉止。其最初，可能與茶園採茶女勞作之時的歌唱有關，後來逐漸流行於其它地方，成了年節時常演出的一種藝術形式。據《（同治）上海縣志》，花朝日，「出燈用十番鑼鼓。又有紙紮花枝、花籃，擊細腰鼓，扮採茶女，雜遝而歌」〔註230〕。其表演與前相類。宜昌府，元宵之時，「有少年輩飾婦女妝作採茶狀，歌唱作態，金鼓喧嘩」〔註231〕，亦是其例。在永明縣，「飾兒童，往來富家巨室，挈花籃唱《十二月採茶歌》，音節綿麗，頗有古《竹枝》遺調」〔註232〕，表演則文雅許多。在不斷演出的過程中，所演唱內容，由原來的「姊妹雙雙去採茶」〔註233〕，逐漸蛻變爲以演唱男女風情爲主，故屢次遭禁。但這類表演仍很流行。後世之採茶戲，就是在古代採茶歌的基礎上發展而成的。

十五是花鼓戲。花鼓戲同樣很活躍，主要是以家庭爲基本單位，男女搭配演唱，由男子「攜帶婦女，出沒鄉鄙」〔註234〕，「執板臨風，慣擊細腰之鼓」〔註235〕，「演習俚歌」〔註236〕，「或在茶肆，或在野間，開場聚眾」〔註237〕，所唱曲調多爲《楊柳花》曲，甚至巡迴演出至浙江嘉善的三店鎮〔註238〕、

〔註229〕 游法珠：《（道光）信豐縣志續編》卷一五，清同治六年補刻本。
〔註230〕 應寶時：《（同治）上海縣志》卷一，清同治十一年刊本。
〔註231〕 聶光鑾：《（同治）宜昌府志》卷一一，清同治刊本。
〔註232〕 萬發元：《（光緒）永明縣志》卷一一，清光緒三十三年刻本。
〔註233〕 萬發元：《（光緒）永明縣志》卷一一，清光緒三十三年刻本。
〔註234〕 博潤：《（光緒）松江府續志》卷五，清光緒九年刊本。
〔註235〕 汪祖綬：《（光緒）青浦縣志》卷一四，清光緒四年刊本。
〔註236〕 梁蒲貴：《（光緒）寶山縣志》卷一四，清光緒八年刻本。
〔註237〕 金福曾：《（光緒）南匯縣志》卷二〇，民國十六年重印本。
〔註238〕 參看許瑤光：《（光緒）嘉興府志》卷四二，清光緒五年刊本。

嘉興的斜塘〔註 239〕一帶。在當地產生很大影響，以致官府出面，派兵驅逐。然而，這類藝人，憑藉自己的出色演技，使這一伎藝逐漸豐富、完善，形成歌舞小戲。所謂「演龍燈暨花鼓雜劇」〔註 240〕，「族眾將迎演小劇號為花鼓者，門外豎木架臺矣」〔註 241〕，就真實地反映出這一現實。而且，這一新興小劇，在清嘉慶初已流傳至臺灣，有文獻記載道：「優童皆留頂髮，妝扮生旦，演唱夜戲。臺上爭丟目采，郡人多以錢銀玩物拋之為快，名曰『花鼓戲』。」〔註 242〕足見其影響之大。

　　十六是影戲。在當時，各種戲曲的流播範圍很廣。影戲，主要「用以酬神賽願」〔註 243〕，「村中自為禱祈者，多用影戲」〔註 244〕。在潮州，「夜尚影戲，價廉工省而人樂從，通宵聚觀，至曉方散」〔註 245〕。

　　仕戲曲方面，崑山腔，雖委婉曲折，但因文字過雅，節奏太慢，至乾隆之時，已不大為人們所歡迎。「若唱崑腔，人人厭聽，輒散去」〔註 246〕。而剛剛興起的地方聲腔，卻深受欣賞群體的歡迎。在漢州（今四川廣漢），秦腔、崑腔、高腔並存，「至報賽演劇，大約西人用秦腔，南人用崑腔，楚人十著多曳聲曰高腔」〔註 247〕，則各取所好，相互間的競爭可以想見。川劇的形成與演化，或可借此得窺端倪。康熙間，已「鼓撼高唱四平腔」〔註 248〕。四平腔，明人顧起元《客座贅語》（卷九）已敘及，謂：「大會則用南戲，其始止二腔，一為弋陽，一為海鹽。弋陽則錯用鄉語，四方士客喜閱之；海鹽多官語，兩京人用之。後則又有四平，乃稍變弋陽而令人可通者。」〔註 249〕故而，一般認為，四平腔形成於明萬曆中葉，萬曆間逐漸流行起來。清初，劉廷璣《在園雜志》（卷三）也稱：「近今且變弋陽腔為四平腔、京腔、衛腔，

〔註 239〕　參看江峰青：《（光緒）重修嘉善縣志》卷三五，清光緒十八年刊本。
〔註 240〕　聶光鑾：《（同治）宜昌府志》卷一一，清同治刊本。
〔註 241〕　吳敏樹：《骨瞽傳》，姚詩德：《（光緒）巴陵縣志》卷三七，清光緒十七年岳州府四縣本。
〔註 242〕　鄭大樞：《風物吟》之二，謝金鑾：《（嘉慶）續修臺灣縣志》卷八，清嘉慶十二年刻配道光三十年刻本。
〔註 243〕　孫家鐸：《（同治）高安縣志》卷二，清同治十年刻本。
〔註 244〕　陶奕曾：《（乾隆）合水縣志》下卷，清乾隆二十六年鈔本。
〔註 245〕　周碩勳：《（乾隆）潮州府志》卷一二，清光緒十九年重刊本。
〔註 246〕　周碩勳：《（乾隆）潮州府志》卷一二，清光緒十九年重刊本。
〔註 247〕　劉長庚：《（嘉慶）漢州志》卷一五，清嘉慶十七年刊本。
〔註 248〕　李人鏡：《（同治）南城縣志》卷一〇，清同治十二年刻本。
〔註 249〕　顧起元：《客座贅語》，中華書局，1987 年，第 303 頁。

甚且等而下之，爲梆子腔、亂彈腔、巫娘腔、瑣哪腔、囉囉腔矣。」〔註250〕
臺灣黃茂生《迎神竹枝詞》謂：「神輿繞境鬧紛紛，鑼鼓多多徹夜喧。第一
惱人清夢處，大吹大擂四平崑。」〔註251〕看來，四平腔是用鑼鼓伴奏，且
聲音特響。黃氏之詩與方志所載是相吻合的，爲我們考察四平腔的場上演出
特點以及流播情況，提供了重要資料。〔註252〕

　　早在清代康熙年間，河南上蔡一帶與黃河兩岸的其它地域一樣，「自秋成
以後，冬月以至新春三、四月間，無處不以唱戲爲事」〔註253〕、「會場之中，
高臺扮戲，雜劇備陳」〔註254〕、「男女雜遝，舉國若狂」〔註255〕，所演戲劇，
主要是清戲、囉戲。所謂「清戲」，就是由青陽腔演化而來的一個劇種。清人
李調元在《劇話》中稱：

> 「弋腔」始弋陽，即今「高腔」，所唱皆南曲。又謂「秧腔」，
> 「秧」即「弋」之轉聲。京謂「京腔」，粵俗謂之「高腔」，楚、蜀
> 之間謂之「清戲」。向無曲譜，只沿土俗，以一人唱而眾和之，亦有
> 緊板、慢板。〔註256〕

「囉囉腔」，劉廷璣《在園雜志》已述及。清乾隆間李斗《揚州畫舫錄》（卷
五），也敘及京腔、秦腔、弋陽腔、梆子腔、囉囉腔、二簧調等亂彈類劇種。
一般認爲，該劇種在乾隆時的揚州甚爲盛行，其實早在清初，已在河南南部
一帶流行，且引起官方的重視，甚至山西上黨囉囉，也受其影響很大。

　　「梆子腔」，《（同治）番禺縣志》引《鄺齋雜記》曰：「布席於地，金鼓
管弦，雜遝並奏，唱皆梆子腔，聽者不知爲一人也。」〔註257〕《鄺齋雜記》
乃清人陳曇撰。陳曇（1784～1851），字仲卿，乃廣東番禺人，官澄海訓導。
《國朝詩人徵略（二編）》有其小傳。他生活於清中葉的乾隆、嘉慶年間。
這條記載至少可以說明，在嘉慶年間，梆子腔已遠播廣東番禺。當然，這裡

〔註250〕 劉廷璣：《在園雜志》，中華書局，2005年，第89～90頁。
〔註251〕 齊森華等主編：《中國曲學大辭典》，浙江教育出版社，1997年，第57頁。
〔註252〕 參看齊森華等主編：《中國曲學大辭典》，浙江教育出版社，1997年，第57
　　　　 ～58頁。
〔註253〕 楊廷望：《（康熙）上蔡縣志》卷一，清康熙二十九年刊本。
〔註254〕 楊廷望：《（康熙）上蔡縣志》卷一，清康熙二十九年刊本。
〔註255〕 楊廷望：《（康熙）上蔡縣志》卷一，清康熙二十九年刊本。
〔註256〕 中國戲曲研究院編：《中國古典戲曲論著集成》第八冊，中國戲劇出版社，
　　　　 1959年，第46頁。
〔註257〕 李福泰：《（同治）番禺縣志》卷五三，清同治十年刊本。

的梆子，是指秦腔。李調元的《劇話》謂秦腔：

> 始於陝西，以梆爲板，月琴應之，亦有緊、慢，俗呼「梆子腔」，蜀謂之「亂彈」。金陵許苞承云：「事不皆有徵，人不盡可考。有時以鄙俚俗情，入當場科白，一上氍毹，即堪捧腹。此殆如冬烘相對，正襟捉肘，正爾昏昏思睡，忽得一詼諧訕笑之人，爲我羯鼓解穢，快當何如！此外集所不容已也。」其論亦確。按：《詩》有正風、變風，史有正史、霸史，吾以爲曲之有「弋陽」、「梆子」，即曲中之「變曲」、「霸曲」也。〔註258〕

不僅介紹了本劇種的來源，就連演唱特色以及伴奏形式都作了交代。梆子腔的影響可想而知。

　　而臺灣一帶的戲曲表演，主要是唱「南腔」。曾任戶部員外郎的伊福訥（字兼五、肩吾，號抑堂、白山，雍正八年進士），曾在《即事偶成二律》（之二）中謂：「劇演南腔聲調澀，星移北斗女牛眞。」〔註259〕伊福訥是鑲紅旗滿洲人，當然聽不慣「南腔」。但是，「南腔」究竟是何種曲調？這仍然能從方志中找到有關答案。《（嘉慶）續修臺灣縣志》收有清人郁永河所作《臺海竹枝詞八首》，該組詩第七首謂：「肩披鬖髮耳垂璫，粉面朱唇似女郎。（原注：梨園子弟垂髫穴耳，傅粉施朱，儼然女子。）媽祖宮前鑼鼓鬧，咮嚦唱出下南腔。（原注：閩以漳、泉二郡爲下南。下南腔，亦閩中聲律之一種也。）〔註260〕「下南腔」，其實是閩中較爲流行的一種聲腔。福建東南沿海一帶（古稱「下南」），屬民與臺灣人民交往密切，商貿往來頻繁，故戲曲聲腔亦隨著商貿船隻來到臺灣，並爲當地所歡迎。而《（光緒）澎湖廳志稿》所收清人陳廷憲《澎湖雜詠二十首》之十九謂：「鉦鼓喧嘩鬧九衢，一條草薦當氍毹。舳艫亦到江南地，曾聽鈞天廣樂無。（原注：聲曲皆泉腔。）」〔註261〕稱澎湖一帶所唱聲腔爲泉州調。當地百姓，鑼鼓一敲打，地上鋪上草席，權作舞臺，戲就唱了起來。據說，「臺灣演劇，多尚官音，而澎湖僅有土音。」〔註262〕這裡所說的官音，即當時閩

〔註258〕　中國戲曲研究院編：《中國古典戲曲論著集成》第八冊，中國戲劇出版社，1959年，第47頁。
〔註259〕　范咸：《（乾隆）重修臺灣府志》卷二五，清乾隆十二年刻本。
〔註260〕　謝金鑾：《（嘉慶）續修臺灣縣志》卷八，清嘉慶十二年刻配道光三十年刻本。
〔註261〕　林豪：《（光緒）澎湖廳志稿》卷一五，清抄本。
〔註262〕　林豪：《（光緒）澎湖廳志稿》卷八，清抄本。

南流行語；而土音，才是澎湖地方語言。因這類土音「男婦觀聽易曉」〔註263〕，
很容易爲普通百姓所接受，「不覺悲喜交集有泣下者」〔註264〕，「而興起其善
善惡惡之良，使忠愛孝弟之心油然而生，未始非化民成俗之一助」〔註265〕，
足見戲曲感人之深，以至連當道大僚李光地（字晉卿，號厚庵，福建安溪人），也
竟然爲鄙俗不堪的土戲說起好話來。上面引文中的「泉腔」，即「下南腔」。
劉念茲《南戲新證》也曾指出：「『泉腔』與『潮腔』即今之梨園戲和潮劇等。
泉腔、潮腔當時被通稱爲下南腔。下南包括泉州、潮州等地（宋代泉、潮兩州
歸福建管轄）。」〔註266〕

作爲南戲主要聲腔之一的弋陽腔，大概在清康熙之時就傳入澤州（今山
西晉城）。曾任定襄教諭的樊度中，曾在《東嶽廟賽神曲五首》（之五）中寫道：
「臺上弋陽唱晚晴，臺前百戲鬧童嬰。博郎鼓子琉璃笛，山路東風處處聲。」
〔註267〕而今，此地的上黨梆子（又稱上黨宮調、東路梆子）最爲流行。此劇唱
腔雄豪奔放、高亢激越、粗獷活潑，「除梆子腔調外，也吸收了羅羅腔、崑
腔、賺戲、皮黃的曲調，但互不溶化而同時存在」〔註268〕，「具有著極強的
相容性和豐富多彩的風貌」〔註269〕。在粗獷、高亢方面，吸收了弋陽腔的
某些因素，也是很可能的。人稱：「江以西弋陽，其節以鼓。其調喧」〔註270〕，
然「句調長短，聲音高下，可以隨心入腔。」〔註271〕李聲振《百戲竹枝詞》
也說：「弋陽腔，俗名高腔，視崑調甚高也。金鼓喧闐，一唱數和。」〔註272〕
且「沿土俗」，「錯用鄉語」。如上載述，均說明弋陽腔不僅聲調高亢、氣勢
粗豪，還能入鄉隨俗，雜用方言，「隨心入腔」，具有很強的包容性。而上黨

〔註263〕 林豪：《（光緒）澎湖廳志稿》卷八，清抄本。

〔註264〕 林豪：《（光緒）澎湖廳志稿》卷八，清抄本。

〔註265〕 林豪：《（光緒）澎湖廳志稿》卷八，清抄本。

〔註266〕 劉念茲：《南戲新證》，中華書局，1986年，第56頁。

〔註267〕 朱樟：《（雍正）澤州府志》卷四八，清雍正十三年刻本。

〔註268〕 上海藝術研究所、中國戲劇家協會上海分會編：《中國戲曲曲藝詞典》，上海
辭書出版社，1981年，第181頁。

〔註269〕 薛麥喜主編：《黃河文化叢書·藝術卷》，山西人民出版社，2001年，第81
頁。

〔註270〕 湯顯祖：《宜黃縣戲神清源師廟記》，湯顯祖著、徐朔方箋校：《湯顯祖全集》
第二冊，北京古籍出版社，1999年，第1189頁。

〔註271〕 凌濛初：《譚曲雜箚》，中國戲曲研究院編：《中國古典戲曲論著集成》第四
冊，中國戲劇出版社，1959年，第254頁。

〔註272〕 楊米人等著、路工編選：《清代北京竹枝詞（十三種）》，北京出版社，1962
年，第149頁。

梆子，相容多劇種聲腔，又與弋陽腔甚爲相近。湯顯祖謂：「至嘉靖而弋陽調絕」〔註 273〕，因視野所限，未必準確。至清初，它仍以「弋陽腔」的名目，流播於澤州，倒是一事實。它所傳播的地域，不僅僅限於江西、兩京、湖南、閩、廣，而是橫跨太行，出現在澤州的賽神活動中。這一發現，對於研究戲曲聲腔的發展、流變很有助益。

就戲曲的生存環境而言，它往往附麗於秋冬節令的祭祀活動、需要造勢的大的慶祝場面而存在。從漢代的平樂觀演出，到隋大業二年（606），「總追四方散樂，大集東都」〔註 274〕的百戲上演盛況，再到唐代的大酺、宋代的節令競伎……每一次的演出，都是各類伎藝競相登場、各顯絕技的大比拼。也正是在這種較爲開放的演出態勢中，初始之時稚嫩的戲曲藝術，從相關伎藝的表演中不時地汲取藝術營養，逐漸地豐富並完善自身，使她由一弱小的藝術幼苗，終於成長爲一棵枝繁葉茂的參天大樹。在戲曲研究過程中，倘若忽略了對相關藝術生存情狀的觀照，就無法詮解戲曲的生成與發展。筆者在《中國早期戲曲生成史論》（北京大學出版社 2015 年版）一書中，就曾一再申明這一觀點。這是本人在對清代戲曲表演情狀作全面論述時，同樣論及歌舞、雜耍之類伎藝表演的主要原因。

（二）戲曲演出場所之記載

各類伎藝的表演情狀既是如此，那麼，戲曲演出場所又當如何？方志對此同樣有清晰表述。戲曲團體的作場，大致有這樣幾種情況：

首先，是各神廟前的戲臺（或戲樓）。這一點，方志中載述得最多。在古代，無處不有神，有神必有廟，有廟就有會，有會必演戲。據《（乾隆）湯陰縣志》記載，「然有會必須有戲，非戲則會不鬧，會不鬧則趨之者寡，而貿易亦因之而少甚矣。戲固不可少也。」〔註 275〕廟會戲，主要是受地方鄉紳委派而演出。有時會有好幾個班社，同時在同一地點演戲。在金山的五了港，八、九月間，「鎮海侯廟迎神演劇，戲臺至五、六座之多」〔註 276〕。

〔註 273〕 湯顯祖：《宜黃縣戲神清源師廟記》，湯顯祖著、徐朔方箋校：《湯顯祖全集》第二冊，北京古籍出版社，1999 年，第 1189 頁。

〔註 274〕 《隋書·音樂志》，《二十五史》第五冊，上海古籍出版社、上海書店，1986年，第 3298 頁。

〔註 275〕 楊世達：《會記》，殷時學校注：《乾隆·湯陰縣志》（內部印刷），湯陰縣志總編室，2003 年，第 332 頁。

〔註 276〕 龔寶琦：《（光緒）金山縣志》卷一七，清光緒四年刊本。

還有的因廟與廟相去不遠，同時演戲，「兩廟相誇，惟恐不若」〔註 277〕。競爭之激烈，可以想見。

其次，是搭臺演戲。寶山的鄉間，就往往是「曠野搭臺」〔註 278〕演戲。蘇州一帶，也是「於田間空曠之地，高搭戲臺，哄動遠近」〔註 279〕。這種情況，一般是地方好事者爲豐富鄉間生活而請戲班演戲，或者是戲班爲謀生而主動要求出演。

再次，是演戲於茶坊。茶坊，往往是有閒者打發時光的所在，也是文人談詩論文之地，如揚州的惜餘春茶坊，即「老輩藉爲論文之地」〔註 280〕。品茗賞曲，是舊時文人生活之常態，故茶坊演戲就成了戲曲藝人表演伎藝的最佳選擇。有的茶坊、戲園合而爲一，茶坊主借演戲以聚集人氣，而藝人則借茶坊之地而演出，優勢互補，各取所需。如嘉慶年間，建於揚州東大門的陽春茶社，其實就是戲園。

還有，就是在船上或水面演劇。《(同治) 湖州府志》卷三三引《南潯志》曰：「大者曰沙飛船，船頂可架戲樓演劇，謂之『樓船』。每年五月二十日官祭弁山黃龍洞顯利侯廟，例雇此船，往山下演劇。鎮人婚禮迎娶必用之，曰『迎船』。」〔註 281〕又如，《(光緒) 丹徒縣志》卷五六收有清人何絜《江上觀競渡記》，就曾記載五月間丹徒鄉間舟上藝人的種種表演：

> 舟尾各繫綵帛，懸一童，衣錦衣朱袴，演鞦韆盤舞。舟首演元
> （玄）壇神，傅黑面騎虎者一。冠束髮，金冠，披紅戰服，束金帶，
> 執戟演呂溫侯者三。烏紗巾，黑袍，持劍演鍾馗神者一。金甲冑，
> 演大將狀者二。龍袍玉帶，演吳王夫差。採蓮划舟人，皆演爲內官
> 狀者一。又演南極老人，乘鹿揮玉塵尾者亦有三。舟上立層樓飛閣，
> 丹楹碧檻，掩映雲霞。二童演善才，參大士，演漁、樵相對。傳奇
> 中荒唐不經故實，更番迭演。〔註 282〕

另外還有即地設戲場、鋪草席作舞臺者。村落較小，看戲者少，則用不著築臺，往往如此。

〔註 277〕 呂正音：《(乾隆) 湘潭縣志》卷一三，清乾隆二十一年刻本。
〔註 278〕 梁蒲貴：《(光緒) 寶山縣志》卷一四，清光緒八年刻本。
〔註 279〕 《湯文正公撫吳告諭》，馮桂芬：《(同治) 蘇州府志》卷三，清光緒九年刊本。
〔註 280〕 徐謙芳：《揚州風土記略》，江蘇古籍出版社，2002 年，第 28 頁。
〔註 281〕 宗源瀚：《(同治) 湖州府志》卷三三，清同治十三年刊本。
〔註 282〕 何紹章：《(光緒) 丹徒縣志》卷五六，清光緒五年刊本。

　　當時演戲，還有一個很大的特點，那就是與促進商品貿易、拉動鄉村經濟有著密切的關係。演劇祀神，招徠四方客商，「雖城市鄉鎮，頗有商賈，而舟車莫通，懋遷恒少，蠅營於粟布絲鐵，亦寥寥數家」〔註283〕。百姓若想及時購得所需商品尤其是外地所生產者，誠非易事。而圍繞春祈秋報所舉行的各種祭神廟會，恰為各地貨物的互通有無提供了一個寬闊的平臺。正所謂「貿遷有無，以會為市，趁墟之人，雲集鶩至，車載斗量，塡城溢郭。五洲異物，多裘夏葛。其時優伶演劇，陳百戲之鞮鞻，緣橦、舞絙、吞刀、吐火，鐵板銅琶與人聲相沸雜，如此者，各有日月」〔註284〕。在阜平，「設棚宴會，招商貿易，數日乃已」〔註285〕。在神池，「城隍廟、龍王廟各獻女戲三天，商賈雲集，少長咸至。男女看戲者，車以百輛計」〔註286〕。在平陽，「鄉鎮立香火會，扮社火，演雜劇，招集販鬻，人甚便之」〔註287〕。在江陰，「有司官迎春東郊，綵亭、鼓吹，裝演戲劇故事」〔註288〕，「申港季子墓集場，商賈輻湊，買農具者悉赴」〔註289〕。在登州，「結綵演劇，商賈販鬻白貨，遊人如織」〔註290〕。在濟寧，「百物聚處，客商往來，南北通衢，不分晝夜」〔註291〕。在汾西，「汾邑地處山僻，商賈不通，市物匪易。每歲三、八兩月，城中會期，鄰封霍、趙、洪等處有鋪來縣貿易花布貨物，邑素稱便」〔註292〕。在蘇州，每當節令，「翻茶賭酒，肴饌倍於常價，而人願之者，樂其便也。雖遊者不無煩費，而貧民之賴以養生者亦眾焉」〔註293〕。在玉環，城隍廟前，「鄰境商販駢集，百貨雜陳，農家器具及家常什物、終年所需用者多取給於此。廟中召優人演劇，市肆皆懸鐙。四鄉男女，此往彼來，絡繹如織。凡七日而罷」〔註294〕。這類賽會，與其說是娛神，倒不如說給商人貿易、百姓購置所需提供了契機，「遠近香客雲集，商賈因以為市」

〔註283〕　賴昌期：《（同治）陽城縣志》卷五，清同治十三年刊本。
〔註284〕　周秉彝：《（光緒）臨漳縣志》卷一五，清光緒三十年刻本。
〔註285〕　勞輔芝：《（同治）阜平縣志》卷二，清同治十三年刻本。
〔註286〕　崔長清：《（光緒）神池縣志》卷九，清鈔本。
〔註287〕　章廷珪：《（雍正）平陽府志》卷二九，清乾隆元年刻本。
〔註288〕　盧思誠：《（光緒）江陰縣志》卷九，清光緒四年刻本。
〔註289〕　盧思誠：《（光緒）江陰縣志》卷九，清光緒四年刻本。
〔註290〕　方汝翼：《（光緒）增修登州府志》卷六，清光緒刻本。
〔註291〕　徐宗幹：《（道光）濟寧直隸州志》卷三之五，清咸豐九年刻本。
〔註292〕　曹憲：《（光緒）汾西縣志》卷七，清光緒七年刻本。
〔註293〕　許治：《（乾隆）元和縣志》卷一〇，清乾隆二十六年刻本。
〔註294〕　杜冠英：《（光緒）玉環廳志》卷四，清光緒六年刻本。

〔註 295〕，「各項貨物沿街作市」〔註 296〕，且「市易牛馬並莊農器具」〔註 297〕。

在以農業耕作爲主要生產方式的古代，每年有許多大小不一的節日，但每個節日，大多與人們生活密切相關的農業生產有關。這是因爲，「在四時農事平靜而緩慢循環輪回中，歲時節慶是穿插其中調節人們心理狀態的有效方式，仿佛是樂曲慢板中的華麗樂章一樣，無論是年首的祈祝迎新還是歲末的慶賀豐年，人們懷著一種不無誇張的激情和歡娛歡慶節日，其目的不外乎借歲時吉慶放鬆身心、調整情緒、聯絡親朋，從事日常勞作中無暇顧及的人際交往」〔註 298〕。而一旦逢到節日，便四方雲集，人頭攢動，歌舞表演，應有盡有，仿佛到了狂歡節，內在情緒得以盡情釋放，也爲商家經營帶來契機。商人趁機賺了大錢，百姓不出遠門也能買到外地貨物，的確是兩全其美。這一文化搭臺、經濟唱戲的運作模式，在當今的商業經營中仍隱約可見。

（三）戲曲班社的運作方式

戲曲班社的演出，當然是需要成本的。他們是如何將精心排練的藝術成果推向文化消費市場的？其運作方式也有案可稽。就本編所收文獻而論，大致分爲這樣幾種：

首先是由熱心人士出面，「醵錢演劇」〔註 299〕，「按戶斂錢，登臺演曲」〔註 300〕，這是祭神演戲活動中最常見之舉。即所謂「醵金演劇，以答神麻」〔註 301〕。其次是農民爲了豐富閒暇之時的生活，主動湊錢演戲。「鄉村則祈報紛繁，措資尚攤於各戶」〔註 302〕。如繁昌縣，「八月社，農民醵錢迎神，召伶人演劇，謂之『蓼花社』，蓋取禾稼既登、報賽稱慶之意」〔註 303〕。而且，付錢多少，根據家庭實際情況而定，「其費用率里巷爲伍，度人家有無差派，好事者主其算」〔註 304〕，以致出現萬人湊分以演劇的情況。三是讓富有經濟實力的商賈、富豪輪流出資以演戲。在晚清，商人的地位得到很大提升，有了

〔註 295〕 李賢書：《（道光）東阿縣志》卷二，清道光九年刊本民國二十三年鉛印本。

〔註 296〕 程兼善：《（光緒）於潛縣志》卷九，民國二年石印本。

〔註 297〕 李祖年：《（光緒）文登縣志》卷一下，清光緒二十三年修民國二十二年鉛印本。

〔註 298〕 仲富蘭：《中國民俗文化學導論》，浙江人民出版社，1998 年，第 408 頁。

〔註 299〕 梁啓讓：《（嘉慶）蕪湖縣志》卷一，清嘉慶十二年重修民國二年重印本。

〔註 300〕 汪祖綬：《（光緒）青浦縣志》卷一四，清光緒四年刊本。

〔註 301〕 彭君穀：《（同治）新會縣續志》卷一〇，清同治九年刻本。

〔註 302〕 賴昌期：《（同治）陽城縣志》卷五，清同治十三年刊本。

〔註 303〕 曹德贊：《（道光）繁昌縣志》卷二，清道光六年增修民國二十六年鉛字重印本。

〔註 304〕 李亨特：《（乾隆）紹興府志》卷一八，清乾隆五十七年刊本。

財富的積累，也就有了號召力，以至影響到當時的社會風氣，即所謂「今俗賤士而貴商，文學之士，反不得齊於商賈。民質之開敏者，挾貲財以奔走四方。欲其俯首入塾序，輒指爲非笑」〔註305〕。緣此之故，社會上的許多帶有公益性質的社會活動，便有商人出錢出力，出面張羅。「誦經演劇，商販醵金以辦」〔註306〕。如臺灣噶瑪蘭廳，「漳屬七邑、開蘭十八姓，加以泉、粵二籍及各經紀商民，日演一檯，輪流接月」〔註307〕。遂昌，主持者與「市肆諸人均各遞日演劇」〔註308〕。四是建立一定數量的演出基金，投資商業經營，靠盈利所得支撐演出。或「置田演戲」〔註309〕，有的是由富戶捐出一定數量的土地，一般不少於十畝，田地所產，供演戲之用。有的靠抽租金以供演戲所用。如景甯，「士民於正月元宵設花供祭，又於五月十六演劇祝壽，俱各有會，合置香燈租。開後一土名田洋橫路卜，租貳石；一敬山薑衢坑，租捌石；一基嶺根坑邊，租玖石。此和現作木廟迎燈之費」〔註310〕。還有就是「直有山租、祀田租，息頗厚。歲收其入，以爲迎神演劇之貲」〔註311〕。另外一種方式是籌措演出基金，如山東登州，於「道光二十七年，知府、諸鎮督同蓬萊知縣文增倡捐，得錢千緡，發商生息。每逢鄉試，以息錢分給諸生，始猶演劇飲餞」〔註312〕。當今的地方戲等文化遺產保護，從中或可悟出一些具體操作方法。當然，戲曲的眞正出路，在於戲曲藝人自身的刻苦努力，以精湛的技藝，博得接受群體的喜愛；以積極樂觀的態度，去精心培育戲曲文化市場；以藝術精品，留住婆娑鄉愁。戲曲必須回歸民間，應時而變。在人民群眾中汲取營養、完善自身，而不是靠他人之施捨。

三、本編所載散見戲曲史料的文獻價值

本編所載散見戲曲史料的文獻價值，可以從三個方面來表述：

第一，是對相關劇目的收錄

據粗略統計，本編所收方志史料，凡涉及古代戲曲劇目五六十種。主要

〔註305〕　龍汝霖：《（同治）高平縣志》建置第二，清同治六年刻本。
〔註306〕　西清：《（嘉慶）黑龍江外記》卷二，清光緒廣雅書局刻本。
〔註307〕　陳淑均：《（咸豐）續修噶瑪蘭廳志》卷五，清咸豐二年續修刻本。
〔註308〕　胡壽海：《（光緒）遂昌縣志》卷四，清光緒二十二年刊本。
〔註309〕　嚴思忠：《（同治）嵊縣志》卷七，清同治九年刻本。
〔註310〕　周傑：《（同治）景甯縣志》卷四，清同治十二年刻本。
〔註311〕　周傑：《（同治）景甯縣志》卷四，清同治十二年刻本。
〔註312〕　方汝翼：《（光緒）增修登州府志》卷八，清光緒刻本。

有《存孤記》、《鐵冠圖》、《萬金記》、《一捧雪》、《躍鯉記》、《玉蓮華》、《萬里緣》、《蕉扇記》、《鶴歸來》、《長生殿》、《湘湖記》、《牡丹亭》、《鳴鳳記》、《西廂記》、《胭脂記》、《水滸記》、《尋親記》、《桂宮秋》、《唐明皇遊月宮》、《雪夜訪普》、《曇花記》、《韓湘子升仙記》、《九世同居》、《天山雪》、《荔鏡記》、《洛陽橋》、《昊天塔》、《奇烈記》、《綠牡丹》、《霜磨劍》、《琵琶記》、《桃花扇》、《鴛鴦記》、《孔雀記》、《目連救母》、《黃亮國傳奇》、《白兔記》、《綵樓記》、《梅影樓》、《蓮花報》、《賜福》、《單刀會》、《西遊記》、《臺城記》、《東郭記》、《戲鳳》、《蘇秦金印記》、《雙鴛祠》、《江祭記》、《一文錢》、《芙蓉亭》、《梁太傅傳奇》、《歲寒松》、《蜀鵑啼》等。

所收劇目，不僅有《牡丹亭》、《琵琶記》、《長生殿》、《桃花扇》等爲世所稱的名著，還涉及不少人們很少論及的劇作，如《天山雪》、《奇烈記》、《孔雀記》、《梅影樓》等，近幾年始有人略略述及。而《存孤記》、《梁太傅傳奇》、《桂宮秋》、《玉蓮華》、《鴛鴦傳奇》、《霜磨劍》、《黃亮國傳奇》、《蓮花報》、《臺城記》等，則論者極少。這裡，不妨逐條論列如下：

● 《存孤記》：

莊一拂《古典戲曲存目彙考》（以下簡稱《莊目》）卷九「下編傳奇一・明代作品上」，收有同名劇作，乃明人陸弼所作，敘東漢王成受李固之女文姬之託救護其弟李變事。〔註313〕同書卷八「中編雜劇五・清代作品」，於許鴻磐名下著錄有《孝女存孤》，敘孝女張淑貞撫姪之事。〔註314〕而《（光緒）絳縣志》所載《存孤記》，乃敘乾隆時能吏陳夢說之事，略謂：

> 陳夢說，初名夢月，字象臣，號曉巖，陳村里人，生於垣曲劉張村。十歲隨父返里讀書，能知大義。工詩古文詞，見者咸許爲大器。二十二歲補縣學生，中乾隆丙辰恩科舉人，戊辰科進士，補刑部主事，遷員外郎郎中，兼辦河南、安徽司，並提牢聽。遇事勤愼明允，長於折獄，王大臣稱爲賢員。後轉禮部郎中。暹羅入貢，奉旨伴送貢使入粵海，六閱月而覆命。著《入粵紀事》一書。次年補浙江甯紹台道，得同鄉官伙助而後到任，其爲京官之廉可知矣。在

〔註313〕 莊一拂編著：《古典戲曲存目彙考》中冊，上海古籍出版社，1982年，第870頁。

〔註314〕 莊一拂編著：《古典戲曲存目彙考》中冊，上海古籍出版社，1982年，第771～772頁。

任革陋規、察奸吏、惠黎民，凡有修塘、修城、修船大工役，大疑
獄，上憲皆委辦。決之而法外施仁，如梅監生歐官一案，曲宥其少
子，台人德之，演劇爲《存孤記》以傳其事。〔註315〕

該劇之作者及劇作之存佚皆不詳。

● 《梁太傅傳奇》：

《莊目》卷六「中編雜劇三・明代作品」，僅收有明馮惟敏所作《梁狀元
不伏老》一劇。〔註316〕而《（道光）東陽縣志》卷二五著錄有王乾章所作《梁
太傅傳奇》。同書卷二七敘錄王乾章事蹟曰：

> 弱冠遊庠，家貧未偶，媒者以浦江鄭氏爲字。既聘，而女病□，
> 四肢俱□。女之父欲辭婚，王不可。娶三年而病不起，執王手泣告
> 曰：「君二年來，再生父母也。所恨者不能爲君舉一子。雖然，必有
> 以報君。」自此夜常入夢，笑語如常。有吉，則喜而相告。以此，鄉、
> 會中式，章皆預知。忽一夕，語章曰：「吾報君厚德，相隨四十餘年。
> 其數已同，自此與君永訣，不復相見矣。」語次，聲□交下。章亦
> 泣，謂曰：「吾無他言，吾壽幾何？願以告我。」鄭□：「報父子狀
> 元，此其時矣。」章大喜，時子嘉毫已領鄉薦，孫亦能讀書，賴悟
> 過人。因將宋梁太素事，自爲傳奇，按部拍板，令優人習之。曲既
> 成，大會親朋，演劇，至報「父子狀元」，不覺掀髯鼓掌，一笑而逝。
> 〔註317〕

王乾章其人，《莊目》亦未收。

● 《桂宮秋》：

《莊目》未予著錄。

《（嘉慶）餘杭縣志》引章楹撰《蘪碧別志》曰：

> 亡友俞勝侶舉社課於綠野亭中，會者二十三人，而虹川獨厚
> 予，自是日益暱，而毀譽遇合亦時相近。邑有吳生者，能爲戲劇，
> 嘗譜《桂宮秋》四折，寫虹川及余相厚善之意，亦一佳話也。〔註318〕

〔註315〕　胡延：《（光緒）絳縣志》卷一九，清光緒二十五年刻本。
〔註316〕　莊一拂編著：《古典戲曲存目彙考》上冊，上海古籍出版社，1982年，第430
　　　　　～431頁。
〔註317〕　党金衡：《（道光）東陽縣志》卷二七，民國三年東陽商務石印公司石印本。
〔註318〕　張吉安：《（嘉慶）餘杭縣志》卷二七，民國八年重刊本。

據此，知該劇爲當地吳姓某生所作，敘章楹與鮑庭堅（字虞皋，號虹川、懷謝山房）相交甚厚之事。

●《玉蓮華》：

《莊目》未予著錄。

《（同治）續纂江寧府志》收有此劇，謂：

> （道光年旌）何長發聘妻高氏女。父文華，爲縣役。何之父亦茶備。女小字玉蓮，年十五，未嫁，婿病疫死，義不再適，投繯以殉。兩家合葬養虎巷。邑人金鰲爲作墓誌，並製《玉蓮華》傳奇以表章之。〔註319〕

由此可知劇作本事及作者。

●《鴛鴦傳奇》：

《莊目》卷三「上編戲文三・明初及闕名作品」，收有同名劇作，是據明徐渭《南詞敘錄》著錄〔註320〕，非本劇也。

據《（道光）休寧縣志》，當地有《鴛鴦傳奇》，略謂：

> 程再繼妻汪氏。藏溪女，名美，幼許聘汊口再繼。其妹許聘榆村程華，俱在室。妹夭，父嫌繼貧，貪華富，欲以美改適華。美以死誓，父不能奪，再繼白於官，得遂初盟。繼早卒，美苦志撫子成立。初美逼於父命，欲自盡，忽有鴛鴦飛集於閣，里人異而聚觀之，得救不死。時有《鴛鴦傳奇》。守節三十七年，壽七十有二。〔註321〕

劇情由此可知。

●《霜磨劍》：

《莊目》未予著錄。

《（光緒）上虞縣志》載該劇及其本事曰：

> 張自偉，字德宏，年十二嘗割股療母。順治乙酉入邑庠。庚寅，山寇王思二索餉，擒其父鳴鳳去，自偉追至孤嶺。將加刃，自偉奮臂負父歸，賊猝割父首去。自偉徧覓不得，大慟幾絕，夜夢神以南池告，《家傳》。隨往，果得，始獲殮。誓報父仇，踰年

〔註319〕 蔣啓勳：《（同治）續纂江寧府志》卷一四之一四上「江寧」，清光緒六年刊本。

〔註320〕 莊一拂編著：《古典戲曲存目彙考》上冊，上海古籍出版社，1982年，第134頁。

〔註321〕 何應松：《（道光）休寧縣志》卷一六，清道光三年刻本。

賊赴縣投誠，自偉遇之，舉利刃刺賊中喉死。《浙江通志》。守道
沈上其事於朝，詔旌其門。康熙十三年入孝子祠。傳奇者譜《霜
磨劍》行世。〔註322〕

該劇之內容，由此可知。

● 《黃亮國傳奇》：

《莊目》未予著錄。

《（光緒）漳州府志》謂：

> 黃亮國，字輝秋，號鏡潭，原名步蟾，長泰人。嘉慶辛酉拔
> 貢，光祿寺署正，揀發山西，歷任遼、黑、絳、平定、保德、霍、
> 解、沁等州牧，代理河東兵備道，兼山、陝、河南三省塩法道。
> 爲政廉恕明敏，凡有興革，無不捐俸毀家以便民。其在絳也，聞
> 喜有蠹役強縱，既受聘，女訟興，其令誤坐本夫罪。亮國廉得其
> 情，寘役於法，州人譜爲傳奇。其在解也，有兄弟爭產搆訟，使
> 其跪三義廟，卒相與媿悔。亮國居鄉，慷慨好施，友于尤篤。著
> 有詩文草數卷，藏於家。子存錫，邑諸生，工楷法，喜吟詠，惜
> 享年不永。〔註323〕

據此，可知黃亮國生平梗概。

● 《蓮花報》：

《莊目》未予著錄。

《（道光）濟南府志》載有本劇，謂：

> 余肇松，字茂嘉，其父自會稽遷歷城。康熙五十四年，肇松由
> 監生援例官太倉州知州，逐奸胥，獲巨盜，政聲大著。開覺寺僧結
> 豪右淫良家婦女，鄉民無敢忤者。肇松佯不問，一日誘至署，杖殺
> 之。士民歡呼，好事爲作《蓮花報》傳奇，流播江南北。二年以疾
> 歸。〔註324〕

據此可知，時有《蓮花報》傳奇流播。

● 《臺城記》：

《莊目》未予著錄。

〔註322〕　唐煦春：《（光緒）上虞縣志》卷一一，清光緒十七年刊本。
〔註323〕　李維鈺：《（光緒）漳州府志》卷三三，清光緒三年刻本。
〔註324〕　王贈芳：《（道光）濟南府志》卷五三，清道光二十年刻本。

　　《（同治）鄞縣志》收錄乾隆三十年二月府衙告示敘及此劇，謂：「本府訪得各屬鄉村演唱《目蓮》、《西遊》、《臺城》等戲，名曰『大戲』。三日、五日，始得終場。」〔註325〕據史載，梁武帝蕭衍篤信佛法，大通元年（527）三月，「初，上作同泰寺，又開大通門以對之，取其反語相協，上晨夕幸寺，皆出入是門。辛未，上幸寺捨身」〔註326〕。中大通元年（529）九月，「上幸同泰寺，設四部無遮大會。上釋御服，持法衣，行清淨大捨，以便省爲房，素床瓦器，乘小車，私人執役。甲子，升講堂法座，爲四部大眾開《涅槃經》題。癸卯，群臣以錢一億萬祈白三寶，奉贖皇帝菩薩，僧眾默許。乙巳，百辟詣寺東門，奉表請還臨宸極，三請，乃許」〔註327〕。中大通五年（533）正月，「上幸同泰寺，講《般若經》，七日而罷，會者數萬人」〔註328〕。中大同元年（546）三月，「上幸同泰寺，捨身如大通故事」〔註329〕。貴爲天子，在位四十餘年，三次捨身入佛寺爲浮屠，並先後爲群臣花鉅款贖歸，的確荒唐得很。侯景之亂，京師被圍，他困居臺城，飲食斷絕，加之憂憤過度，竟餓死。上述《目蓮》、《西遊》，均與佛教故事有關，故劇當敘梁武帝蕭衍事。

　　以上略舉數例，皆可補相關曲目之不足。

　　它如《唐明皇遊月宮》、《雪夜訪普》、《牡丹亭》、《曇花記》、《西遊記》、《鳴鳳記》、《尋親記》、《目連救母》、《荔鏡記》、《天官賜福》諸劇的演出流播情況，均有載述。此外，《萬里緣》「打差」一齣之來由、《蕉扇記》、《湘湖記》、《綠牡丹》、《萬金記》等之本事、《鶴歸來》之創作經過、清初蘇州織造李煦之子李佛「好串戲，延名師以教習梨園，演《長生殿》傳奇，衣裝費至數萬」〔註330〕之載述，都爲戲曲史的多方位研究，提供了極爲珍貴的材料。

第二，是對戲班、曲家、伶人的載述

　　這裡所說的戲班，包括官紳、富豪的家庭戲班與戲曲藝人自願組合的戲

〔註325〕　唐榮邦：《（同治）鄞縣志》卷七，清同治十二年刊本。
〔註326〕　司馬光：《資治通鑒》卷一五一「梁紀七」，中州古籍出版社，1994 年，第1356 頁。
〔註327〕　司馬光：《資治通鑒》卷一五三「梁紀九」，中州古籍出版社，1994 年，第1370 頁。
〔註328〕　司馬光：《資治通鑒》卷一五六「梁紀十二」，中州古籍出版社，1994 年，第1389 頁。
〔註329〕　司馬光：《資治通鑒》卷一六〇「梁紀十六」，中州古籍出版社，1994 年，第1425 頁。
〔註330〕　《顧丹五筆記》，馮桂芬：《（同治）蘇州府志》卷一四八，清光緒九年刊本。

班兩種。就家班來說，有明代的嚴嵩家班、馮家禎家班、宋坤家班、馮夔家班，清代的介休梁氏家班、廣東鹽商李氏家班、廣東四會李能剛家班、四川羅江李調元家班等。明代人宋坤，「家饒於貲，治一畫舫，容六七十人，養白馬其中，喂以酒漿，聲輒噴玉。集女樂一部，豔麗絕世，所至載以自隨。花晨月夕，輒爲文酒之會，而奏女樂以娛賓」〔註331〕。清代的梁氏家班，乃詹事府少詹事梁錫嶼祖父之戲班。錫嶼幼年時，祖父擔心其學業，遂「叱散家伶」〔註332〕。而鹽商李氏家班，主要活動於清嘉慶末年，曾「延吳中曲師教之。舞態歌喉，皆極一時之選。工崑曲、雜劇，關目節奏，咸依古本。咸豐初，尚有老伶能演《紅梨記》、《一文錢》諸院本」〔註333〕。

　　以上數家班，有的則較少爲論者所述及。而一般戲班，又有外江班、內江班、七子班、文獻班等。所謂外江班者，乃是在鹽商李氏家班影響下而發展起來的一些戲班。當時，番禺城中，「設有梨園會館，爲諸伶聚集之所。凡城中官讌賽神，皆係『外江班』承值」〔註334〕。佛山鎮有瓊花會館，也是優人聚集之地。外江班因非止一班，競爭激烈，「各樹一幟。逐日演戲，皆有整本。整本者，全本也。其情事聯串，足演一日之長。然曲文說白，均極鄙俚，又不考事實，不講關目，架虛梯空，全行臆造。或竊取演義小說中古人姓名，變易事蹟；或襲其事蹟，改換姓名，顛倒錯亂」〔註335〕。移花接木，改編新劇，「架虛梯空」，出以新奇，自然是爲了爭奪文化消費市場。而內江班即本地班，「由粵中曲師所教，而多在郡邑鄉落演劇者，謂之『本地班』，專工亂彈、秦腔及角抵之戲。腳色甚多，戲具衣飾極炫麗。伶人之有姿首聲技者，每年工值多至數千金。各班之高下，一年一定。即以諸伶工值多寡分其甲乙班。之著名者，東阡西陌，應接不暇。伶人終歲居巨舸中，以赴各鄉之招，不得休息。惟三伏盛暑，始一停弦管，謂之『散班』」〔註336〕。當時的戲班演出，往往一專多能，崑、亂不擋，是由其特殊的生存環境決定的。而在廣東順德一帶，又活躍有馮牧廥的文獻班，「各村賽神演劇，必延名部。大良馮牧

〔註331〕　韓佩金：《（光緒）重修奉賢縣志》卷二〇，清光緒四年刊本。
〔註332〕　蔡新：《國子監祭酒梁錫璵墓誌銘》，徐品山：《（嘉慶）介休縣志》卷一二，清嘉慶二十四年刊本。
〔註333〕　《荷廊筆記》，梁鼎芬：《（宣統）番禺縣續志》卷四四，民國二十年重印本。
〔註334〕　《荷廊筆記》，梁鼎芬：《（宣統）番禺縣續志》卷四四，民國二十年重印本。
〔註335〕　《荷廊筆記》，梁鼎芬：《（宣統）番禺縣續志》卷四四，民國二十年重印本。
〔註336〕　《荷廊筆記》，梁鼎芬：《（宣統）番禺縣續志》卷四四，民國二十年重印本。

賡有文獻班，海鄉雇之」〔註337〕，主要活躍於沿海一帶。

　　除了梨園會館外，廣東的戲園也很多。清道光年間，江南人史某曾創慶春園，此後，又有「怡園、錦園、慶豐、聽春諸園相繼而起」〔註338〕。戲曲演出之盛況可以想見。在臺灣的澎湖地區，由內地泉、廈傳入的「七子班」之演出又很活躍，最常演的劇目乃是《荔鏡傳》，每每「男婦聚觀」〔註339〕，場面熱鬧。

　　本編還收錄了明、清多名曲家的軼事、傳聞，如葉宗英、湯顯祖、屠隆、沈明臣、張岱、湯琵琶、徐彝承、莊徵麟、吳景伯、沈鳳峰、閔潮、陸兆鵬、沈鳳來、楊廷果、湯歌兒、錢謙貞、孫胤伽、陳瓚、徐濤、徐伯齡、楊鉥、王洛、蕭煒、王隼、黎炳瑞、陳發和、余治等數十人，或是著名劇作家，或精擅一藝，或以善度曲見長。如生活於明清之交的莊徵麟，「博通經史，喜填詞曲，令梨園歌之。吳門袁于令慕名造訪，誦所作，斂容握手曰：『某五十年來惟遇君一人。』」〔註340〕因擅長詞曲，竟然得到著名劇作家袁于令的稱賞，殊為難得。寧波守沈鳳峰，視演劇為雅事，「凡燕席中有戲劇，即按拍節歌，有不叶則隨句正之，終日無一俗事在心，終歲無一俗人到門」〔註341〕，可謂熟諳曲律者。陸兆鵬「洞精音律，宿伶於齒齰間微有抵牾，輒能指誤」〔註342〕。楊廷果「善鼓琴，兼工琵琶，自製一曲曰《潺湲引》。嘗抱琵琶踞虎邱生公石，轉軸撥弦，聞者以為絕調」〔註343〕。孫胤伽「善填南詞，與人言皆唐宋稗官小說及金元雜劇，語不及俗」〔註344〕。徐伯齡「工樂府。嘗雜集瓷瓦數十枚，考其音之中律者奏曲一章，俄頃而協」〔註345〕。竟能在瓷瓦上彈奏出樂章，堪稱一絕。吳景伯「精音律，善琵琶，自謂大江以南無出其右。生平有三約，遇勢利人、賈人、俗人則不彈」〔註346〕。為人頗有氣骨，且著有《琵琶譜》。會理州陳發和，「善度曲，能百餘出。所

〔註337〕　《粵屑》，郭汝誠：《（咸豐）順德縣志》卷三二，清咸豐刊本。
〔註338〕　《桐陰清語》卷八，梁鼎芬：《（宣統）番禺縣續志》卷四四，民國二十年重印本。
〔註339〕　林豪：《（光緒）澎湖廳志稿》卷八，清抄本。
〔註340〕　韓佩金：《（光緒）重修奉賢縣志》卷一一，清光緒四年刊本。
〔註341〕　楊開第：《（光緒）重修華亭縣志》卷二四，清光緒四年刊本。
〔註342〕　金福曾：《（光緒）南匯縣志》卷一五，民國十六年重印本。
〔註343〕　裴大中：《（光緒）無錫金匱縣志》卷二六，清光緒七年刊本。
〔註344〕　高士鵾：《（康熙）常熟縣志》卷二〇，清康熙二十六年刻本。
〔註345〕　清・魏峴：《（康熙）錢塘縣志》卷二二，清康熙刊本。
〔註346〕　翁美祜：《（光緒）浦城縣志》卷二七，清光緒二十六年刊本。

至之處，笛一，茗盌一，月夜啜苦茗，高歌以自適」〔註 347〕。這類人物，除少數名家外，大多爲史書所不載，在文人圈因聲名不彰，也難以進入著名文士的視野，故一般文獻也不收錄。若非方志記載其事蹟，恐早已湮沒無聞。

尤其值得注意的是，一些伶人的事蹟，也能在方志中覓得一、二。如五代時優人申漸高、元代的曹咬住、明清之交伶人楚玉、錦舍、菱生、絲老，由吳地而流落寧夏的伶人周福官、林秉義等。尤其是番禺伶人鑼鼓三，本姓譚，目瞽，伎藝爲一道士所傳授，「其技能合鼓吹一部，而一人兼之」〔註 348〕。「三每出，有招作技者，布席於地，金鼓管弦，雜遝並奏，唱皆梆子腔，聽者不知爲一人也」〔註 349〕。還有的伶人，憑藉自己的滑稽善辯，譏刺了弊政，扳倒了酷吏。如申漸高，《（嘉慶）揚州府志》引《南唐書》曰：

> 在吳爲樂工，吳多內難，伶人不得志，漸高嘗吹三孔笛，賣藥
> 於廣陵市。昇元初，按籍編括，漸高以善音律爲部長。時關司斂率
> 尤繁，商人苦之。屬近旬亢旱，一日宴於北苑，烈祖謂侍臣曰：「畿
> 甸雨，都城不雨，何也？得非獄市之間違天意歟？」漸高乘談諧進
> 曰：「雨懼抽稅，不敢入京。」烈祖大笑，急下令除一切額外稅。信
> 宿之間，膏澤告足，當時以爲優旃漆城、優孟葬馬無以過也。〔註 350〕

事見《南唐書》卷二五。

又據《（光緒）重修嘉善縣志》記載，優人扮戲諷諫，殺酷吏林宏龍：

> （明）林宏龍，溪人，令嘉善。性嚴酷，作生革鞭，斃人不可
> 勝計。小吏周顯發其奸，假他事殺其家十八人，雖孕婦、幼女、館
> 客皆不免。顯別弟訟冤於監司，獄久不決。會中官與藩臬宴，一優
> 扮雪獅子出，一優曰：「獅則美矣，怕烈日，必無日地可跳。」因問
> 何地，曰：「惟嘉善可耳！」眾詰其故，曰：「嘉善林知縣打殺一家
> 十八人而不償命，非有天無日地乎？」時問官亦在坐，相顧竦然。
> 罷宴，迄論宏收繫，磔於市。〔註 351〕

此優伶雖不知名，但他與申漸高一樣，都繼承了古代滑稽戲的表演風格，用隱語、反話、諷刺、暗喻來表達特定的思想內容，帶有很強的現實指向性。

〔註 347〕　鄧仁垣：《（同治）會理州志》卷六，清同治九年刊本。
〔註 348〕　李福泰：《（同治）番禺縣志》卷五三，清同治十年刊本。
〔註 349〕　李福泰：《（同治）番禺縣志》卷五三，清同治十年刊本。
〔註 350〕　阿史當阿：《（嘉慶）揚州府志》卷七一，清嘉慶十五年刊本。
〔註 351〕　江峰青：《（光緒）重修嘉善縣志》卷三五，清光緒十八年刊本。

有人稱，滑稽戲至明以後幾近絕跡，恐未必然。

第三，是對方言、俗語、隱語、江湖市語的收錄

既是方志，所收錄的內容，當然應帶有濃厚的地方特色。而其間最大的不同，當是風土人情、節令習俗、語言習慣，所以，前輩學者在文學研究中，非常注意方言、俗語的蒐訪與詮釋。漢代揚雄就著有《方言》一書。清代文史大家趙翼的《陔餘叢考》，就收有不少有關方言、習俗方面的內容。清人翟灝《風俗編》，不僅收錄有方言俗語，就連「市語」及「江湖切要」也酌情採錄。著名戲曲史家錢南揚，曾編撰有《市語彙鈔》一文，從江湖方言、梨園市語等中搜集到相當數量的極具行業特色的語言，並稱：「江湖各行各業，爲保守其內部秘密，往往流行一種特有之語言，非局外人所能瞭解。」〔註352〕而古代戲曲作品中，此類語言恰「多不勝舉」〔註353〕。所以，搞清楚這類獨特語言的眞實含義，對瞭解作品文本很有助益。而本編所收方志，恰有不少與此相關之內容。不妨列舉如下：

舍（社）會：迎神賽會，「推一人爲會首，畢力經營，百戲羅列。巨室以金珠翠鈿裝飾孩稚，或坐臺閣，或乘俊騎，以耀市人之觀，名曰『捨會』」〔註354〕。

呆木大：俗謂不慧者爲呆木大。大讀作駄，去聲。《輟耕錄》院本名目有此。〔註355〕

扯淡、掃興、出神：《遊覽志餘》：杭人有諢本語而巧爲俏語者，如胡說曰扯淡，有謀未成曰掃興，無言默坐曰出神。自宋時梨園市語之遺，未之改也。〔註356〕

跳槽：《丹鉛錄》：元人傳奇以魏明帝爲跳槽。俗語本此。〔註357〕

牽郎郎拽弟弟：張懋建《石癡別錄》：兒童衣裾相牽，每高唱云云。初意其戲詞，後見《詢芻錄》，乃知爲多男子祝辭。〔註358〕

〔註352〕 錢南揚：《漢上宧文存》，中華書局，2009年，第108頁。
〔註353〕 錢南揚：《漢上宧文存》，中華書局，2009年，第109頁。
〔註354〕 馮桂芬：《（同治）蘇州府志》卷三，清光緒九年刊本。
〔註355〕 于萬川：《（光緒）鎮海縣志》卷三九，清光緒五年刻本。
〔註356〕 于萬川：《（光緒）鎮海縣志》卷三九，清光緒五年刻本。
〔註357〕 于萬川：《（光緒）鎮海縣志》卷三九，清光緒五年刻本。
〔註358〕 于萬川：《（光緒）鎮海縣志》卷三九，清光緒五年刻本。

作獺：《敬止錄》：不惜器物曰作獺。南唐張崇帥盧州貪縱，伶人戲爲人死，被冥府判云：「焦湖百里，一任作獺。」〔註359〕

堂戲：九月十二日，兩城秋賽，迎城隍神，農復留傭刈晚禾。冬至前後，各鄉村祠廟鼓樂演劇，名曰「堂戲」。〔註360〕（編者案：此與一般所稱將戲班請至家中演戲叫唱堂會，有著明顯不同。）

社夥（火）：九月間，城坊「興祠廟神像，遊行街市。導以兵仗綵亭、金鼓雜劇，各相競賽，觀者塞路，謂之『社夥』」〔註361〕。

跳灶王：臘月，勾頭戴幞頭，赤鬚持劍，沿門毆鬼，謂之「跳竈王」。〔註362〕

柯（科）班：「邑子弟工度曲者聚而演劇，謂之『柯班』」〔註363〕。即所謂「惟遊歲競演小戲，農月不止。村兒教習成班，宛同優子」〔註364〕者。

賽會：祭神、迎神時，「盛陳旗鼓，扮故事，謂之賽會」〔註365〕。

則劇：「遊戲曰『則劇』，雜劇也。訛『雜』爲『則』也」〔註366〕。（編者案：編者在《中國早期戲曲生成史論》〔註367〕一書中，曾提出此觀點，今在古籍中尋得例證，更堅定我之推斷。）

春臺：元旦，人們「往來賀歲，接期，各邨先後迎神演劇，謂之『春臺』」〔註368〕。（編者案：春臺，一般理解爲登高遠眺之處。與此處所說，有很大不同。）

報賽：「農務既畢，秋乃賽神，攤錢設醮演戲，謂之報賽」〔註369〕。

〔註359〕 于萬川：《（光緒）鎮海縣志》卷三九，清光緒五年刻本。
〔註360〕 周炳麟：《（光緒）餘姚縣志》卷五，清光緒二十五年刻本。
〔註361〕 楊泰亨：《（光緒）慈溪縣志》卷五五，清光緒二十五年刻本。
〔註362〕 楊泰亨：《（光緒）慈溪縣志》卷五五，清光緒二十五年刻本。
〔註363〕 梁啓讓：《（嘉慶）蕪湖縣志》卷一，清嘉慶十二年重修民國二年重印本。
〔註364〕 姚詩德：《（光緒）巴陵縣志》卷五二，清光緒十七年岳州府四縣本。
〔註365〕 胡文銓：《（乾隆）廣德直隸州志》卷一二，清乾隆五十九年刊本。
〔註366〕 李福泰：《（同治）番禺縣志》卷五四，清同治十年刊本。
〔註367〕 趙興勤：《中國早期戲曲生成史論》，北京大學出版社，2015年。
〔註368〕 鈕方圖：《（咸豐）鄧川州志》卷四，清咸豐四年刊本。
〔註369〕 朱偓：《（嘉慶）郴州總志》卷二一，清嘉慶二十五年刻本。

《（宣統）高要縣志》引地方隱語曰：

> 金陵隱語：火藥改爲紅粉。礮子改爲元。馬遺矢爲調化，溺爲潤泉。百姓爲外小。以崽呼孩，以疏附稱文報，以升天稱死亡。大礮以爲洋莊。心爲草。眞草，好心也；反草，變心也。起程爲裝身。飲費爲科炭。廣東隱語：脅人取財物曰打單。擄人勒贖曰拉參。攻城曰跳圍。賊首曰紅棍、曰老媽。同黨曰義伯、曰義兄。拜旗曰做戲。擄長官曰拉公仔。放火曰發花。金銀曰瓜子。食飯曰□沙。放礮曰吠犬狗。飲茶曰飲青。連錢曰穿心。牛曰大菜。豬曰毛瓜。人曰馬小。刀曰衫仔。大刀曰綯紗。鞋曰躂街。蟒袍曰袈裟。番攤曰咕堆。鷄曰七。鴨曰六。湯曰太平。船曰屐。煙曰雲霞。朋友曰龜公、契弟。殺曰洗。穢褻蕪雜，皆戲文中之新名詞也。〔註370〕

而《（光緒）香山縣志》所引，則曰：「主文字者曰『白紙扇』，奔走者曰『草鞋』，各頭目曰『紅棍』。拜會曰『登壇』，演戲入會曰『出世』」〔註371〕。

其它尚有「度厄」、「節水」、「剝鬼皮」、「照盧耗」、「發春」、「普度」、「殺蟲」、「發案」、「頭壓」、「尾壓」、「神煉」、「看歌堂」、「殘燈」、「犁耙會」、「出會」等詞語，含義各不相同，此不一一贅述。這類詞語，一般辭書不收，給文本閱讀帶來諸多不便。而方志將這類俗語、市語、隱語採入，不僅方便了對小說、戲曲之類作品的理解，即使對語言的研究也當很有幫助。

筆者在梳理本編所收方志史料時，著眼點主要在清代，而對清代以前的曲家及戲曲現象，關注相對較少。如《（同治）臨川縣志》所收清人李紱所撰《清風門考》一文，竭力稱道湯顯祖等爲當世之「偉人」，謂：「元、明以來，撫之人文若草廬、道園、介庵、明水、若士、大士諸先生，亦皆偉人。然以視晏、王、曾、陸，不無多讓」〔註372〕，並爲其「未躋通顯，皆未能盡其耳目聰明之用」〔註373〕而歎慨，將湯顯祖與吳澄（號草廬）、虞集（號道園）、章袞（號介庵）、陳際泰（字大士）諸鄉賢並稱，還以晏殊、王安石、曾鞏、陸九淵等宋代撫州籍大家相比擬，足見評價之高。這一資料，一般人很少提及，即使《湯顯祖全集》附錄，也未採入，本文也未就此多作論述，未免遺

〔註370〕 馬呈圖：《（宣統）高要縣志》卷二六，民國二十七年重刊本。
〔註371〕 田明曜：《（光緒）香山縣志》卷二二，清光緒刻本。
〔註372〕 童範儼：《（同治）臨川縣志》卷一四，清同治九年刻本。
〔註373〕 童範儼：《（同治）臨川縣志》卷一四，清同治九年刻本。

憾。由此可知，相當多的豐富文獻，還有待讀者諸君細細梳理，此不過略作
提示而已。

說　明

一、《清代散見戲曲史料彙編》（以下簡稱《彙編》），旨在對散見於各類清代古籍中的戲曲史料進行較爲全面的鉤檔、整理和出版，以利學界翻檢。

二、《彙編》作爲一項宏大的學術工程，已被編者列入計劃的有《詩詞卷》、《方志卷》、《筆記卷》、《小說卷》、《詩話卷》、《尺牘卷》、《日記卷》、《文告卷》、《圖像卷》等。至於清代戲曲序跋，因已有多人整理、研究，資料已搜集得較爲完備，爲避免重複勞動，不再納入《彙編》序列。

三、本書作爲《彙編》之一種，主要輯錄清代方志中散見的戲曲以及相關史料。因清代方志數量之巨，以一己之力，實非一朝一夕所能窮盡。故首先出版《方志卷·初編》，《二編》、《三編》乃至《四編》則有俟來日。《初編》70 餘萬字，涉及方志 320 餘種。《二編》以後每編所收文字，大致40～60 萬字。

四、《方志卷·初編》所收爲歷代戲曲作家（含戲曲理論家、戲曲音樂家）傳記資料之外的散見史料，曲家傳記資料擬統一收入《二編》和《三編》。《四編》以後各編所收內容，暫定同《初編》。

五、由於容量有限，本書所輯方志並未囊括內蒙古、遼寧、海南、重慶、西藏、青海、新疆等地，有待後續各編逐步完善。

六、本書所輯方志，時間以清代爲限，但亦包含民國重刊、重印本。

七、本書所輯方志，大致按照地域和刊刻時間兩個要素進行排列。同一地域內，則以府志、州志、縣志的邏輯順序進行排列。一些無法與目前行政區劃進行對應的方志，則據其內容妥善入編。如《（乾隆）江南通志》記江蘇詳於安徽，則入「江蘇」。

八、本書所輯方志，兼及與戲曲發展相關的其它伎藝，如唱曲、說書、雜耍、影戲、雜技、幻術等內容，力圖全面反映戲曲活動之文化場域以及生成、發展之全貌。

九、本書所輯方志，一般依據古籍輯錄。

十、本書所輯方志，原文缺損或漫漶無法辨認者，以「□」符號加以標識。明顯錯訛處直接改正，異體字、通假字酌情改爲正字，一般不作說明。

十一、本書所輯方志，明顯扞格不通或有脫（衍）字者，則參校它書予以補入或改正；無它書可據者，則以「□」表示闕文，或於文中以括號標明正字、或於文後加案語予以說明。

十二、本書所輯方志，凡注釋、案語等，字體皆小一號。

十三、本書所輯方志，均詳細注明出處，以省讀者翻檢、對勘之勞。書後另附《主要參考文獻》。

二〇一四年一月

北　京

（康熙）良鄉縣志

【正月結綵演劇】歲正月元旦，祀神祀先。換新衣，謁官師，拜尊長，親識往來交拜。候陰晴，觀日色，以占年歲豐歉。預治餚蔬，三日內不煮生、不煎炒。迎喜神、貴神。立春前一日，迎於東郊。觀土牛，飲春宴，結綵演劇，與民同樂。（清·李慶祖：《（康熙）良鄉縣志》卷一，清康熙十二年修康熙鈔本）

天　津

（光緒）重修天津府志

【地方督撫豫備綵棚戲臺迎聖駕】（乾隆）五十二年十一月諭軍機大臣等：朕明春臨幸天津，巡視海淀。向來直隸、淀河一帶豫備綵棚、戲臺，並設有採蓮船隻等件，徒滋糜費，殊屬無謂。著傳諭劉峩，此次臨幸天津，經過地方，於此等無益之費，概不必豫備。至天津商人等情殷愛戴，於朕臨幸處所向或偶有點綴，雖不便概行禁止，但不可過事浮靡，致多繁費。（清·沈家本：《（光緒）重修天津府志》卷一，清光緒二十五年刻本）

【地方督撫備龍舟及戲劇雜伎迎聖駕】（乾隆）五十九年三月諭：朕此次臨莅津淀，原爲當令時巡省方問俗，並非爲遊玩適情。屢經降旨，諭令該督等毋許於沿途備辦排當、點綴等件，以致無益妄費。乃本日駐蹕楊芬港地方，該督尙備有龍舟及戲劇雜伎，踵事增華，徒滋糜費，殊非仰體朕問民疾苦、黜華崇實之意，本應將該督等治以應得之罪，但念伊等職司地方，因朕翠華臨幸，藉以抒忱效悃，亦屬出於愛戴之心，姑從寬免其究處。（清·沈家本：《（光緒）重修天津府志》卷一，清光緒二十五年刻本）

【津門皇會】三月二十三日，天后誕辰，預演百會，俗呼爲皇會。十六日，曰送駕；十八日，曰接駕。二十、二十二兩日，輦駕出巡，先之以雜劇填塞街巷，連宵達旦，遊人如狂，極太平之景象。《縣志》。天津皇會之盛，致遠近閧傳。數百里內乘船來者，鱗集河下，滋事百端。官府嘗出示預禁，以

故大會數年一出。即每年從簡舉行，商民集費，男女肆遊，亦屬漫無禁制。又四月城隍會，雖校（編者案：似應爲較）皇會稍殺，所費亦屬不貲。邑人沈峻有《津門迎神歌》，附以備考。（清・沈家本：《（光緒）重修天津府志》卷二十六，清光緒二十五年刻本）

【津門迎神歌】清・沈峻《津門迎神歌》：鳴鉦考鼓建旗纛，尋橦擲盞或交撲。魚龍曼衍百戲陳，更奏開元大酺曲。笙簫箏笛絃琵琶，靡音雜遝聽者譁。老幼負販競馳逐，忙殺津門十萬家。向夕燈會如匹練，燭天照地目爲炫。香煙結處擁福神，儀從繽紛圍雉扇。白晝出巡夜進宮，獻花齊跪歡兒童。慈容愉悅默不語，譬彼造化忘神功。別有香船泊河滸，攜男挈女求聖母。焚楮那惜典釵環，願賜平安保童豎。我聞聖母奠海疆，載在祀典銘旗常。初封天妃嗣稱后，自明迄今恒降康。津門近海魚鹽利，商舶糧艘應時至。維神拯救免淪胥，策勳不朽宜正位。在昔緹縈與曹娥，皆因救父死靡他。雖云純孝澤未遠，孰若仁愛昭山河。復有恬波稱小聖，立廟瀛壖裡祀敬。未聞報賽舉國狂，始信驅虞關性命。伊余扶杖隨奔波，歡喜爰作《迎神歌》。康衢擊壤知帝力，闤里猶記鄉人儺。（清・沈家本：《（光緒）重修天津府志》卷二十六，清光緒二十五年刻本）

　　編者案：同書卷四十三載有沈峻小傳，謂：「沈峻，字存圃。乾隆甲午副榜，由教習仕廣東吳川知縣。有武弁邀功，誣十七人洋盜，峻雪之，以獲咎大吏，被劾遣戍。去日，士民泣送。旋得釋，歸里授徒。著《欣遇齋詩集》十六卷行世。子兆澐，入詞林。時尚健，卒年七十五。」

【鹽山口號】清・黃貞麟《鹽山口號》六十韻：作吏自述苦，余每笑其愚。述之雖娓娓，聽者徒揶揄。余今來鹽山，乃信言非迂。平原百餘里，一望盡荒蕪。衰柳殘蒲間，惟見貍與狐。村落數晨星，頹垣若平塗。男婦皆操作，出入無完襦。行行近城郭，野老爲前驅。睥睨多殘缺，往來成通衢。城中鮮民居，衹有東南區。土屋似穴處，斥鹵遍閭閻。敝廬十餘間，宛如荒刹孤。即此縣衙署，使君莫踟蹰。堂宇舊傾斜，大半少門樞。短牆可排闥，四壁走鼪鼯。牆外見汙池，翩翩飛雁鳧。胥吏索俸錢，買米充庖廚。今日蹢小市，明日乏午餔。粗糲可以飽，何敢望豐腴？中宵狂風起，紛紛落鷫鸘。月色照榻上，夜無鈴柝夫。中外悄然靜，高槐聞嗁烏。心悸不能寐，倉皇胥吏呼。荒城太寥闊，盜竊向有無？胥隸復使君，此事誠可虞。渤海佩刀劍，從

未盡根株。今又臨旗屯，處處憂萑苻。公然攫白晝，不必問穿窬。再詰何以故，境內多逃逋。既受賊役累，又爲逃人誣。輕亦蕩家產，重則株妻孥。東臨大海濱，往時設網罟。捕魚作生計，亦可辦稅租。年來海防嚴，功令禁船桴。寸木不許入，犯之法必誅。衣食無所藉，私販聚鹽徒。窮極且健訟，鋌而走險途。長吏既傳舍，殘黎脂膏枯。撫字望使君，幸極爲生扶。聞言步庭除，一歎一長吁。補救縱無術，不敢憚勤劬。日旰未退食，矢心食茹荼。但能完正賦，忍復科錙銖。息訟類鄉老，惟慮逮無辜。防禦清保甲，口爲之卒瘏。恩恩趨上谷，爲繪《窮民圖》。再拜啓撫君，前言備陳敷。剴切幾痛哭，撫軍慨以俞。旗屯肆虐害，其患在切膚。即日拜章奏，必不緩須臾。餘者假便宜，當與俗吏殊。辭歸過滄河，市井饒屠沽。長隄驅駿馬，攜妓美且都。壯士持弓矢，優人抱笙竽。甫自畫船來，高樓呼醍醐。紅袖侑清歌，樗蒲雜呼盧。日日逞鮮肥，夜夜足歡娛。借問伊何人，上役及屯奴。聽之長太息，憂心如轆轤。若輩既如彼，鹽民安得蘇。（清·沈家本：《（光緒）重修天津府志》卷四十，清光緒二十五年刻本）

　　編者案：同書卷四十載有黃貞麟小傳，謂：「黃貞麟，字方振，山東即墨進士。康熙九年知鹽山縣，剛正嚴明，無所瞻顧，刊碑革弊，修學禮士，皆毅然爲之。陞户部主事，士民立碑以誌遺愛。」

　　另，清·林溥《（同治）即墨縣志》（清同治十一年刊本）卷十亦收錄此詩。

【教衆欲待演劇起事】戴儒宗，字翹青，號醇夫。幼以孝聞。入其戚孟縣李氏之幕，遇河暴決，水突入城。主人公出幕僚，皆行。儒宗曰：「去將內訌。且水暴漲，少緩自消耳。」卒如所料。嘉慶初，例授府知事，借補河南汝州吏目，署許州州判，鹿邑丞，西華典史。西華有教匪數百人，欲待演劇時起事，邑民鳴於縣，令即欲請兵。儒宗曰：「先發制之可以戢，請兵將成巨案矣！」於是親率丁壯往捕之，爲開陳利害，果獻其首惡，餘悉解散。

（清·沈家本：《（光緒）重修天津府志》卷四十四，清光緒二十五年刻本）

河　北

（乾隆）束鹿縣志

【評話伴宿演劇侑喪】北人冠禮，不行宴會慶賀，無甚繁文□古、兇兩禮中□惟婚喪爲重。第俗尚繁縟，每有因諸禮未備、年長未嫁、財用不裕、停柩未葬者。余蒞任後，諄諄勸化，并出示通禁，諭以婚姻貴於及時，喪事但稱家有無。近日俗知從厚，士女無摽梅之歎，而死者俱以入土爲安矣。又素豐之家，有死未含殮，門外招瞽人說評話，名爲伴宿。柩將引紼，堂前開戲臺以演劇，名爲侑喪。其窮鄉僻壤，更有將出柩，壓符磚於棺上，名爲鎮柩。如一間房莊，至有因此而釀成命案者。余皆隨時化導，并嚴行禁止，風始移易云。（清·李文耀：《（乾隆）束鹿縣志》卷五，清乾隆二十七年刻本）

【城隍廟戲樓】清·王天慶《重建城隍廟碑記（節錄）》：國家設吏安民，有一邑即置一宰。宰置而邑之聽覩屬之，建衙起署，必從其堂廈而錫以寧宇，匪謂風雨之是蔽，凡以肅體統而大臨蒞也。……中接儀門三間，每歲重五爲嵩降之節，即於門內搭棚以演梨園，而逼塞不文殊甚，迺因舊基添建戲樓於上，以爲報賽之所。（清·李文耀：《（乾隆）束鹿縣志》卷十二，清乾隆二十七年刻本）

【文昌宮城隍廟每歲演劇】清·王天慶《三莊建立公館碑記》：爲政之道，貴遡流以窮源，在興利而去弊。余涖束數載，凡閭閻疾苦、民生休戚，悉心訪察，不憚諮詢，期與吾民去一便受一利。間有難於盡除者，必幾經籌畫而後見諸施行。如城中南北公館二處，爲憲節經臨、同官來往而設。此不

過偶爾停驂，非久爲駐節之所。在城紳士，皆簪纓世第，夏屋渠渠，豈於公祖父母信宿居停遂有吝惜乎？何至數十年來爲一公館名色，派累多金，貽數莊百姓世世之憂。房主享不美之利，官常受派累之名。經臨者若知此隱，雖露宿風餐，亦弗恤也。如云優免莊民雜派，則當今功令嚴密，久鮮累民之事。余履任以來，並無差票沿村呼擾，我士民所共聞見。即不免者猶免，而奚擾之爲？惟是束鹿乃保屬劇邑，上憲、同官來往頗多，因與紳士議，將每年派累南北公館之裴辛莊、小馮莊、孤馬營莊，自戊午年起至庚申年止，共得莊銀四百二十兩，就文昌宮西偏購置民房二座，計三十間，益以廉俸，咸與更新。前臨清渠，植藕千莖，頗類蓮池書院，爰作義學，俾師徒講讀其內。偶遇星軺經臨，仍爲下榻之所。從此三莊無派累之苦，即大小差徭，永行邀免。但屋宇雖新，而一切應用器具蔑如，且風雨飄搖，難免殘缺。三莊咸樂，歲修置備。今公館之費既可永免，而文昌宮、城隍廟每歲演劇，祭供需費三十金，匀之三莊，並廟地三十畝，仍令李紳濟衆董理其事。較從前五十兩所費少而苦樂均矣。時將革除派累，議建始末，且陳列憲，深蒙嘉許。後之君子，其勿忘始事之用心焉，則幸甚！爲勒諸石，以垂永久。（清·李文耀：《（乾隆）束鹿縣志》卷十二，清乾隆二十七年刻本）

（光緒）樂亭縣志

【藥王廟戲樓】 藥王廟，舊稱三皇廟，一在城東隅，康熙間重建；一在閆鎮東南隅，光緒二年重修。邑人史夢蘭《重修藥王廟碑記》云：藥王廟，舊稱三皇廟。……我朝順治三年定每年春二月、冬十一月上甲日致祭。俗以四月二十八日爲藥王生辰，賽會祈禱。其說蓋亦本於佛書。樂亭治南十八里閆鎮東南隅，舊有藥王廟一座，創始於明萬曆二十五年，至我朝康熙二十年復建戲樓於其前，每歲四月二十八日作會演劇。四方百貨雲集，有無懋遷，至今稱極盛焉。歲久，廟貌傾隤，戲樓亦欹側，不可枝梧，過者傷之。今上初元，本鎮張君發願重修，虔心募化，於是鳩工庀材，凡正殿、山門、繚垣，次第補葺髹堊，數閱月而工竣。而戲樓尤革故鼎新，視舊爲固。（清·游智開：《（光緒）樂亭縣志》卷六，清光緒三年刊本）

【大臣子弟觀劇群飲】 甯曾綸，字理堂。道光庚子進士，授工部主事。咸豐四年陞員外，擢郎中，尋授山西道監察御史。奏言：世祿之家，鮮克有禮。雖有雋才，多歸敗德。臣近見內外大臣子弟率多俊秀聰明。其在詩書世

家，固不乏義方之訓，乃繩尺稍懈，習染漸深，始則觀劇群飲，繼則挾妓狎優，甚至聚賭跑車，日流邪僻，雖曰引誘有徒，實以陶成無術。況在大臣子弟有差使者居多，數年之後或薦擢顯要，或簡授地方，儻積習未除，驟膺重寄，以蕩檢踰閑之人而望其表率屬員，肩任繁劇，勢必不能。若待劣跡昭彰，爲人摘發，其不至終身淪棄者幾。（清·游智開：《（光緒）樂亭縣志》卷九，清光緒三年刊本）

【張燈邸第陳百戲】王好問，字裕卿，別號西塘。生有異兆，弱冠抱當世志。舉於鄉，即卻餽金。登嘉靖庚戌進士，授太常博士。時分宜當國，韜晦自守。久之擢御史，以風節自持。行法都城，搏擊無所避。會元夕，一巨璫張燈邸第陳百戲，都人士女聚觀，有蹂躪死者。璫倿好問勿以聞，竟按其事奏劾，豪貴歛手。（清·游智開：《（光緒）樂亭縣志》卷九，清光緒三年刊本）

（光緒）唐山縣志

【正月演劇】正月元旦，昧爽起，祭天地，拜祖先，宗族親友更相慶賀。五日埽堂宇，委土戶外，謂之「送窮」。先立春一日，有司鼓樂，迎春東郊。呈雜伎，士女縱觀，小兒競相嬉戲。人日占晴雨。十五夜元宵，仍祀天地祖先，然鐙、放花炮爲樂。徹夜笙歌，男女遊觀，曰「走百病」。（清·蘇玉：《（光緒）唐山縣志》卷一，清光緒七年刻本）

【張玘宗終世不視優戲】張玘宗，幼孤，事母以孝聞。家雖貧，蔬水承歡，必愉色柔聲，以娛親意。母卒，哭泣幾絕。終世不茹葷酒、不視優戲，並戒殺生，惡言不出諸口。壽六十九而卒。鄉稱盛德。（清·蘇玉：《（光緒）唐山縣志》卷十，清光緒七年刻本）

【宣務山祭賽演劇】（順德府知府）陳法《重修唐山縣學記（節錄）》：凡治，莫不敝於俗而變。俗存乎其人，因循而不知變，與以不變爲順俗而干譽者，皆怠於治而廢其職者也。噫！宜其敝也。雍正八年，予守順德諸邑，中惟廣宗與唐山最爲瘠薄，其士皆謹節而尚義，其民皆愿慤而畏犯法，所謂瘠土之民非耶？乃廣宗則通邑，無一淫祠，而唐山則浮屠、老子之宮遍村舍，男女朔、望奔走膜拜，歲時祭賽，無虛月焉。非其性然也。邑西北隅有宣務山，每歲夏初，四方之人雲集謁禱，風遂濡染，一邑靡然。愚民捐貲，崇殿

閣，飾金碧，演劇張供，窮日夜相徵逐，由是逋賦多至二萬金，民日益窮，淫祠日益增，而聖人之宮鞠爲茂草矣。（清・蘇玉：《（光緒）唐山縣志》卷十一，清光緒七年刻本）

【城隍廟戲樓】（邑拔貢）賈天球《增重修城隍廟記（節錄）》：竊以聰明正直而爲神，是以靈也。……自明成化二十二年知縣孔公改建於茲，載在碑記者，前人之重修數矣。論土木之工，未有若今茲之大者。惟是董事諸人齊心戮力，不辭勞，不侈費，詳爲籌畫，務臻妥善。因工費繁鉅，獨力難成，遂徧募四境，以廣檀施，用是鳩工庀材，極力興工，計唯正殿較爲完善、可以小補外，內由寢宮、碑樓、兩廊以迄三皇、廣生二殿，外由照壁、正門、便門以迄三官、土地二祠併廟前戲樓、周圍垣牆，易故以新，咸備以固。黝堊丹漆，彩色爛然。（清・蘇玉：《（光緒）唐山縣志》卷十一，清光緒七年刻本）

（同治）元城縣志

【殷富之家喪事演劇】喪禮：士族或遵朱子家禮，停柩中堂，朝夕哭奠。庶民初喪，男女群走，哭於城隍廟或土地神祠，謂之「押紙」。三日焚冥資於廟，謂之「送盤纏」，取七日來復之義。至七日則祭，至七七而止。葬時，前期行堂祭禮，士大夫家則有題主、祠土，而用誌表者亦少。四鄉殷富之家，好作佛事，甚至演劇，作百戲，遠近聚觀，若觀勝會，殊屬惡俗。（清・吳大鏞：《（同治）元城縣志》卷一，清同治十一年刊本）

【燈節演扮雜劇以爲樂】上元日號燈節。肆市通衢，張燈結綵，放花炬，演扮雜劇，擊社鼓歡唱以爲樂。家家作糯米團食之，名曰元宵。（清・吳大鏞：《（同治）元城縣志》卷一，清同治十一年刊本）

【五月十三日張綵設劇祭武廟】五月十三日祭武廟。無城市委巷，皆張綵設劇，窮晝達旦，不減元夕。間值沴旱，必以是日爲雨徵。（清・吳大鏞：《（同治）元城縣志》卷一，清同治十一年刊本）

【演劇酬神】國朝高玉堂，元城縣杏現地方馬陵村人也。家貧如洗，天性至孝。道光二十七年，歲凶，饑饉無以餬口，因棄家，用板輿推父母覓食永清縣，不幸父亡母瞽，不得已賣輿爲貲，負母回家，孝養尤至。又求親友

資助，遷父柩回里安葬，號呼數日，聞者感歎。遇歲有水災，或用木支持、或用土杜塞，利人濟渡；遇淺水即用手捧土而填之，免人病涉。同治九年春大旱，不能布種。伊聞向有黑龍洞取水一法，得水即雨。因告知四鄉，願竭誠前往。行至黑龍洞，被髮跪香，意念眞切。出洞三十里，沛然下雨，計得雨八寸有奇。演劇酬神，四鄉送與牌匾，大名道亦給匾獎勵，至今人稱誦焉。

（清・吳大鏞：《（同治）元城縣志》卷五，清同治十一年刊本）

　　【梨園雜劇曰陳於庭】清・竇日嚴《節孝（節錄）》：陳門竇氏，節孝雙全，其父敘州府知府。敬松老人於康熙丁酉孟春之吉爲作小傳。

　　女子職在蘋藻，酒食是議，有何懿行可書彤管？不必有傳也。……吾女生於宦族，歸於名門，又當太平之世，身無意外之遭，更何須傳？獨是賦命不辰，一生坎坷，極人世未有之奇窮奇苦、抑鬱無聊之境，皆一身而備嘗之，又以其性稍聰慧，幼習篇章，雖萬萬不逮古名媛，而時出雋語，能解人頤，不甘與草木同朽，故輯爲一帙。忍痛須臾，爲作小傳焉。女行三，生於康熙丁巳歲，年十二母卒，依吾膝下，吾撫之不啻一男也。十七歸於陳氏子。……未幾而姑又亡，女復仰而大痛曰：「嗟乎，天之困我何如此其甚也？十二而母亡，二十而婿死，今姑又見背矣。柔腸有幾，能堪□寸寸斷耶？」予又勸之曰：「爾家兩代無親產，所賴綿爾世系者，止此嗣子耳。嗣子在，汝不得辭其責矣。」女泣而從命，遂就本生舅姑以居焉。舅豪俠士也，好賓客，善結納，所交皆當世顯貴人。□此車馬盈門，飲食□□，梨園雜劇，曰陳於庭。後稍不給，女即出簪珥以助之；更不給，雖步搖絛脫、衿襦綻衽，皆鬻以佐用。數年之後，陳氏之產告匱，即女之囊篋亦告匱，至於今惟土室三楹、破榻一具而已。（清・吳大鏞：《（同治）元城縣志》卷六，清同治十一年刊本）

（光緒）臨漳縣志

　　【崔士順木刻作樂圖】崔士順，博陵人。宦遊鄴郡，官至黃門侍郎。順作大船浮水，上爲激輪於堂，層層各異；下層刻木爲七人，相對列坐，一人彈琵琶，一人擊羯鼓，一人彈箜篌，一人搊箏，一人振銅鈸，一人拍板，一人弄盤，衣之以錦繡，進退俯仰，莫不中節。又作木僧七人，衣以繪綵。堂西南角一僧執香盒，東南一僧執香爐。僧伸手授香於行道僧，僧乃舒手置香爐中，遂至佛前作禮始行。周而復始，與人無異。奇巧機妙，古未前聞。《舊

志》。（清・周秉彝：《（光緒）臨漳縣志》卷九，清光緒三十年刻本）

【演劇之需派費規約】褒榮尤足傳之史筆，炳曜鴻文，而爲臨民所永仰也。於時，臨漳正辦善後事宜，葺雉堞，新各壇宇，爰趨子來，爭先赴廟工，丹楹刻桷，鳥革翬飛。逮庚午秋，工告成，邑民來與會者不下二萬眾。文光因倡議以每年九月九日興會半月，五年繕整廟宇一次，其一切獻牲、演劇、修葺之需，均按沿河四十莊派費，載在規約，庶幾歲修有例而廟貌常新。（清・周秉彝：《（光緒）臨漳縣志》卷十三，清光緒三十年刻本）

【以會爲市陳百戲之鞲韝】若夫貿遷有無，以會爲市，趁墟之人，雲集麕至，車載斗量，塡城溢郭。五洲異物，多裘夏葛。其時優伶演劇，陳百戲之鞲韝，緣橦、舞絙、吞刀、吐火，鐵板銅琶與人聲相沸雜，如此者，各有日月。時有遊人佩囊懸鶉，亦有女輩作葉子戲，而無鬭雞走狗、喝雉呼盧之博，亦以見樸誠之未鑿。（清・周秉彝：《（光緒）臨漳縣志》卷十五，清光緒三十年刻本）

（光緒）保定府志

【世俗多稱洛陽橋之勝】西溝河橋在新城縣城西南。跨西溝河。康熙二十年重修。同上。按：西溝河即斗門河下遊，詳見「河道」。王方穀《重修西溝河橋記》：世俗多稱洛陽橋之勝概，至演爲傳奇，被之歌舞，閭閻閭閻，無不知之。（清・李培祜：《（光緒）保定府志》卷二十，清光緒十二年刻本）

【四月二十八日三皇廟期演劇拜祀】（四月）二十八日，三皇廟期演劇拜祀。（清・李培祜：《（光緒）保定府志》卷二十六，清光緒十二年刻本）

【三月十五日眞君誕辰演劇酬神】劉河間廟，在府城東上閘，祀金劉完素。……三月十五日爲眞君誕辰，俗尚廟會演劇酬神。信女善男，爭相祈禱，香火之盛，繚繞雲煙。蓋其精誠感應，數百年後猶若有靈爽式憑者。宜其俎豆馨香，永遠勿替也。（清・李培祜：《（光緒）保定府志》卷三十六，清光緒十二年刻本）

【寶泉寺演劇場】清・梁肯堂《重修寶泉寺碑記略（節錄）》：郡南郭天水橋東長隄之上，有寺曰寶泉。右毗財神，左通小聖祠，迤邐槐柳濃綠中。背城堞，面河水，爲舟載必經之地，遊憩者時絡繹。余爲令時，以公事至省，亦嘗過焉。寺不碑，不詳所始。門額石刻載前明萬曆壬辰已爲重修，蓋其由

來久矣。小聖有職於河，嘗募商運者葺之，祠尙完好，財神廟後建尙固，惟寺則欹朽剝落，漸將不支。乾隆甲辰，住持僧普瑞謀重修，遂以二月持疏募城鄉，而好善者更爲分疏募各邑。至三月杪，根折而重建之。旋募旋修，殿之前出以廣廈，殿之脇益以曲房，佛之像異彩以金，兩寮益大士像爲配殿。而以牆隅隙地構寮，復闢穿堂後楹爲演劇之場，虛兩墀容餘福之座，凡所以妥神致人者較前大備。……乾隆五十年五月。（清・李培祜：《（光緒）保定府志》卷七十七，清光緒十二年刻本）

【孟良焦瓚播之優伶雜劇致婦人孺子皆能道之】 世傳孟良、焦瓚，楊六郎神將，戰功最多，猶岳忠武王貴、牛皋也。演爲野史，播之優伶雜劇、村鼓盲絃，雖婦人孺子皆能道之。邑東北有孟良營村，相傳爲孟良屯兵處。延昭守三關，或偶營於此，顧於當時事無所考矣。姚奠湖作《雄縣志》，於守將錄焦瓚，《新城縣志》。（清・李培祜：《（光緒）保定府志》卷七十九，清光緒十二年刻本）

（同治）阜平縣志

【喪嫁集優伶演劇】 婚禮：二姓議婚畢，行聘禮。親迎三日，廟見。無家廟則拜於墓。三年之喪，集優伶、延僧道，梵唄、笙歌，相間遞作，或因喪嫁娶，名曰「承服」。（清・勞輔芝：《（同治）阜平縣志》卷二，清同治十三年刻本）

【春祈秋報演劇祀神】 春祈秋報，里社先後不一。大都宰牲、醮酒、演劇祀神。設棚宴會，招商貿易，數日乃已。（清・勞輔芝：《（同治）阜平縣志》卷二，清同治十三年刻本）

【城隍廟戲樓】 城隍廟，在城內縣署西。初建於金，蓋茅屋數間耳。明天順四年，知縣趙忠始易以甓瓦。廟中鐵碑石碣，歷記修於前明者五、本朝修者六。寢宮、兩廊、馬殿、抱廈、鐘鼓樓、戲樓，遞增遞備。同治十年，邑吏民復醵貲彩繪牆壁。十二年，又購置儀仗，光怪華整，蔚然壯觀。（清・勞輔芝：《（同治）阜平縣志》卷四，清同治十三年刻本）

（光緒）定興縣志

【秋後報賽每招優人演劇】 鄉村建廟祀神，各以其時。如春日祀土神、穀神，立夏祀龍神、雹神，四月八日祀佛祖，五月五日祀火神是也。鄉眾醵

錢致祭，各有常儀。惟秋後報賽，每招優人演劇，觀者甚眾。家家備酒肴款親友，酬酢歡洽，饒有古風。過此則各安生理，不敢浪費金錢也。（清‧張主敬：《（光緒）定興縣志》卷十三，清光緒十六年刊本）

（乾隆）口北三廳志

【伶人碩德閭製白翎雀曲】《靜志居詩話》：陳雲嶠云：「白翎雀生於烏桓朔漠之地，雌雄和鳴，自得其樂。世祖因命伶人碩德閭製曲以名之。」楊廉夫云：「白翎雀能制猛獸，尤善擒駕鵝。廉夫有二詩詠之，張思廉、王子充、張光弼皆有作。」（清‧金志節：《（乾隆）口北三廳志》卷五，清乾隆二十三年刊本）

【白翎雀歌】明‧張昱《白翎雀歌》：烏桓城下白翎雀，雄鳴雌隨求飲啄。有時決起天上飛，告訴生來毛羽弱。西河伶人火倪赤，能以絲聲代禽臆。象牙指撥十三弦，宛轉繁音哀且急。女真處子舞進觴，團衫罌帶分兩旁。玉纖羅袖柘枝體，要與雀聲相低昂。朝彈暮彈白翎雀，貴人聽之以為樂。變化春光指顧間，萬蕊千花動弦索。只今蕭條河水邊，宮庭毀落沙依然。傷哉不聞白翎雀，但見落日生寒煙。（清‧金志節：《（乾隆）口北三廳志》卷十四，清乾隆二十三年刊本）

【赤陵姐琵琶歌】清‧徐蘭《赤陵姐琵琶歌》：邐沙檀上紅紋蹙，龜茲國唱無愁曲。尤物皆乘氣運生，天教色藝空金屋。千年大漠藏龍蛇，化為女子顏如花。生長赤陵呼作姐，能將蕃曲譜琵琶。琵琶宮調八十一，別有新聲緩挑出。韻並風生樂萬方，國王喀爾喀一見加諸膝。其王分地跨興和，山名。西與山戎厄魯特接壤多。間起侵凌緣互市，終修和好悔操戈。鼓聲坎坎冰天裂，豔粧正踏山頭雪。一枝春色照黃沙，兩國兵端從此結。虎奪龍爭秋復春，朝為楚腰暮為秦。掌上青娥偏解舞，原頭戰骨幾生塵。皇皇天子修文德，頻遣行人頒玉敕。蠢茲獫狁噶爾丹惡浮天，為一婦人滅一國。旌旗出沒黑山陬，風雨憑陵青海頭。塵起百靈爭訴帝，霜高屬國盡防秋。維時五月三日暮，至尊駐蹕香泉戍。寇騎倉皇走大荒，龍驤浩蕩來西路。羽林年少為余言，親見關氏陣前仆。噶爾丹之妻名阿弩嘎吞。四寸文綦么鳳飛，週身細鎧秋金鍍。芙蓉十隊化寒煙，剩有殘英泣斷弦。鬢點雪霜亡普贊，命餘鋒鏑出祁連。理藩院裏秋槐老，階墀猶把琵琶抱。宛似蝦蟇陵下人，潯陽江上傷潦倒。聽彈一

曲別郎官，弦上傳來意萬般。未死若憐胡地隔，得歸翻戀漢恩寬。曲終上馬風蕭索，風吹淚逐哀弦落。何須淚逐哀弦落，禾黍油油滿沙漠。君不見傾城傾國代有人，若個老歸生處樂。況爾歸時國有君，太平無復強侵弱。（清·金志節：《（乾隆）口北三廳志》卷十四，清乾隆二十三年刊本）

編者案：清·沈濤《瑟榭叢談》（清道光刻本）卷上謂：「厄魯特，本元阿魯台部。國初時有噶爾丹者，自立為汗，侵掠其鄰喀爾喀部。聖祖親統六師討平之，先殲其妻阿弩嘎吞於陣，後迺生擒喀爾丹，朔漠遂定，為皇朝開邊用武之始。而兩部搆釁之由，實因爭一琵琶女子。雖女戎召禍，自古為然，亦豈非天假之以成聖世武功之盛哉？乾隆間徐芝仙蘭《赤陵姐琵琶歌》詳述其事。」可參看。

（乾隆）任邱縣志

【菊部鳴葭移玉饌】（乾隆庚辰進士）李珠林《駕幸五臺祝釐詩十二首（之二）》：天家仁孝邁皇初，萬乘巡方侍起居。菊部鳴葭移玉饌，椒宮結佩奉金輿。花迎輦道條風暢，雨霽經塗化日舒。最幸頻年逢聖壽，九重春色動林間。（清·劉統：《（乾隆）任邱縣志》卷首，清乾隆二十七年刊本）

【迎春陳諸歌部雜戲】迎春：先期造土牛、芒神於大門外，立春前一日，知縣□僚屬具儀衛，農夫執耒耜前導，迎春於東郊。□勾芒神位，行一跪三叩禮。是日燕，陳諸歌部雜戲，遂迎神至土牛所。明日依立春時，先於神前行一跪三叩禮。獻爵，讀祝。復行一跪三叩禮。遂擊鼓，長官以綵仗鞭牛三，農夫繼鞭出土牛。（清·劉統：《（乾隆）任邱縣志》卷四，清乾隆二十七年刊本）

【高成齡嚴示賽會】高成齡，字笙三，號古愚。祖鴻焜，庠生。父隆，廩生。成齡生三歲而孤，母朱氏力貧守志。成齡六七歲即能佐母尸饔以事大父。稍長，知讀書，務為艱苦，以自刻勵。丙子舉於鄉，戊子授雲南永平令，飭吏胥、平訟獄、薄稅課、謹出納、裁雜派、減塩佃、汰驛費、嚴土堡、修學署、建書院，剔蠹釐奸，振頹疏滯，不期年而政成，甲於滇省。初，前令顧虧空倉穀庫銀若干石，兩郡守簿司皆其戚黨，以甘語紿成齡，令受代，成齡固不肯。簿司憲甚，屬人嚇之曰：「即不應，且得奇禍。」成齡曰：「某初到官，並無諸不法狀，不過奪我官耳。某本一老教書，即奪官，行將整理舊生活耳，不足為禍，焉得奇劉？無如何，竟代顧填補？」學使者按臨本郡，檄永邑輸銀若干兩葺衙署，然非故事。成齡抗牘，力陳猓民窮困，不能供億，

及守土者赤貧不堪賠累狀。使者怒，橄屢下，牘亦屢上，竟罷。總戎段以屬官禮接見牧令，成齡獨不屈。段深謝之。郡守演劇宴賓，座有營弁囑鴇靚作諺浪無賴語弄某令，群令怡然，成齡獨拂袖出。守立杖優謝罪。初之減塩價也，價減而課虧，成齡實出俸以償。郡守面嘲口：「以利餌名，無乃矯甚？」成齡曰：「虛譽歸己即實利在民，矯之為名薄惡耳，烏足辭？」其鯁直類如此。尋以卓異，陞江西贛州府同知。治贛五年，摘奸發伏，明斷如神。為粵人林春緝盜一案，尤為曲折變幻，如俗所傳包龍圖故事。江省民俗習悍，素稱難治。龍泉民何懼躍者，因催租，聚眾毆役。遣兵逮之，又拒捕，勢甚熾。成齡奉橄馳單騎往，眾露刃以迎。及見成齡，皆投戈羅拜泥首丐命，以其魁抵法，餘皆散遣。不月餘，而正供悉完。又袁州以賑不如法，激成民變，至罷市。中丞白公璜以袁篆付成齡鎮撫。既至，四境帖然。尋陞瑞州府知府。瑞俗好賽會，男女雜逐，了無限界，往往致生事端。成齡嚴示禁之。又多不舉女，生輒溺之。出示諭以天良，賴以全活者甚眾。又溺於形家言，父母死無善地輒不葬，甚至茶毗遺骸，裹以枡櫚，目曰「棕包」，負以擇地，遇他氏佳城即竊瘞之，每因以搆訟。成齡遇此深創之，且曉以地利不如天理，惡風漸息。治瑞之明年，士民悅服，於治前豎二旌，大署曰：「三邑福星，萬家生佛。」一時傳為盛事。是時高安朱公軾方撫兩浙，與成齡雖未一面，而成齡實為本郡守，故稔其治狀甚悉。已而內陞都憲，奏成齡為天下治行第一。（清・劉統：《（乾隆）任邱縣志》卷九，清乾隆二十七年刊本）

【得菜王者演劇以賀】千畝秋菘繞舍香，秋風秋露趁新嘗。忽聞鐃鼓喧闐甚，知有人家賽菜王。地多種菘，每秋必有一株重二三十□者，謂之「菜王」，得者演劇以賀。（清・劉統：《（乾隆）任邱縣志》卷十一，清乾隆二十七年刊本）

（光緒）東光縣志

【元宵張燈演雜劇】元宵，張燈演雜劇。十四夜起，十六夜止。餽食元宵。四鄉遊觀，曰「走百病」。按：吳高增有《元宵放花燈演龍虎戲》詩，中云：「歌聲瀏亮燈前過，火樹叢中舞婆娑。忽然幻出神鬼秘，白虎蒼龍鳴觸地。洪崖玉女比肩遊，直傲西京角觝戲。」又周必大有《元宵食浮圓子》詩。（清・周植瀛：《（光緒）東光縣志》卷二，清光緒十四刻本）

【關帝廟戲樓】關帝廟，在縣治西南。創建無考。康熙四十二年邑人馬孔任

重建。殿後又建春秋樓。嘉慶十八年，馬澤漢等稟請入官，邑令侯宗秩重修，改山門爲戲樓，未竟厥事。邑令葉馥繼之，有《記》。咸豐十一年，邑令劉樸重修，復改戲樓爲山門。同治十三年，邑令陶治安補葺。光緒五年，邑令趙文粹重修。（清·周植瀛：《（光緒）東光縣志》卷五，清光緒十四刻本）

【城隍廟戲樓】城隍廟，在縣治西南。……廟制大殿南向三間，正廈三間，兩旁東西向各六間爲十二司，前過廳三間，東西穿廊各三間，又前東西向看臺各三間，又前爲山門，上爲戲樓，東西並列兩門，大殿後爲便殿三間，殿東有寢宮，西有穿廊，最後爲禪院。……丙申秋，歲得中稔，爰延李、侯二君暨李君峻聲、邢君可瞻、馬君惟恒、趙君雲翔等董司其事，少尉侯士鋒實贊勷之。廟中正殿、寢宮、兩廡及廟右土地祠仍其舊，另於廟門之上添蓋戲樓三楹，以便奉酬神貺。第工費浩繁，估需三千餘金。（清·周植瀛：《（光緒）東光縣志》卷五，清光緒十四刻本）

編者案·原文作「少尉侯士鋒」，據同書卷六政作「侯士鋒」。侯士鋒，江西長寧監生，道光十五年（1835）四月任典史。

【接佛寺兩壁範琉璃爲人作演劇狀】城北接佛寺兩壁範琉璃爲人作演劇狀，共若干齣，蓋已久矣。後有戲至江南，云係東光班，演武戲，殺人頭，眞落地。觀者大駭。有北上者路經東光，詢及此事，皆不知。見接佛寺琉璃人像酷似，曰：「即是此矣！」眾知琉璃人爲祟，將寺壁各琉璃人頭悉毀去，後亦無他異。《採訪冊》。（清·周植瀛：《（光緒）東光縣志》卷十二，清光緒十四刻本）

（康熙）文安縣志

【集市演劇】集市：城市以月之二、四、六、八、十日，匝月而遍五衢。後以戒嚴，移諸東、西兩關。其在鄉，則狼虎廟市以一、七日，居者雖百餘家，緣係南北通衢，頗稱輻輳。近因撥補蕭條矣。迤東柳河市以三、八日，係舊縣治，轂擊肩摩，商販雜遝，人多市習，且多市虎。迤西圍河市以五、十日，鄰保定，惟穀、綿、蝦、菜，不備酒脯。迤北蘇橋瀕河市以五、十日，水陸交衝，貨物雲屯，然多柴艭、魚舠、蘆蓆、版片，惟四月中旬津海之謁秦越人祠者，簫鼓樓船，絡繹不絕，至則維舟河岸，演劇放燈，順流而東。勝芳市以四、九日，居民萬餘，舳艫動以千計，然多魚藕蓆柴，不備五穀。西南八里石溝市以五、十日，左氏莊市以二、七日，堂頭市以一、六

日。雖居水鄉，遠不及勝芳、孫氏。在城南市以五、十日。界任丘，惟五穀、蔬、綿。岳村在孫氏東，近大城，市以二、七日，居者不足百家。復經圈佔，未舖而罷。嗟乎！邑之列三輔，如著面黑子，不過九牛一毛耳。城市不備絲枲，懸黃刺繡，下里奇觀，而閭左之需，不東走津門，則北走燕京，矧其列在郊甸，疃不三戶，人不百盈，二月賣絲，五月糶穀，剜肉醫瘡，朝不謀夕，顧安得徵貴徵賤而熙攘厚利者乎？（清‧崔啓元：《（康熙）文安縣志》卷一，清康熙十二年刻本）

山　西

（光緒）補修徐溝縣志

【捻軍擄優人演戲】賈太禎，集義村人。其父商於河南歸德府之十字河，遂家焉。少好武，有胆略，重信義，地方推重。咸豐三年，捻匪擾豫，當事者令各鄉團練名連莊會，無事則安業，有事則荷戈，眾舉禎為會首。固始知縣祝公坦，陝西名進士也，知禎勇敢，每賊至，必令隨剿，屢立戰功，為當事所阨，不得上聞。方捻匪之掠歸德也，擄優人演戲，縱酒張筵，禎匹馬提刀，從十餘騎直入其巢，徑至筵前斬賊頭目數人，左右衝突，橫刀鞍上，任馬所行，逢人即斫。及賊張皇集眾，已不知所往矣。其勇略如此。（清·王勛祥：《（光緒）補修徐溝縣志》卷四，清光緒七年刻本）

【二月初三日祀文昌帝君演劇】二月初三日，祀文昌帝君，演劇獻牲，讀書者均詣行禮。（清·王勛祥：《（光緒）補修徐溝縣志》卷五，清光緒七年刻本）

【文昌閣戲樓基地】文昌閣基址並香火地畝碑。……東一段南北畛長伍拾參步貳尺，闊壹拾步零肆尺。戲樓基地貳分陸釐貳毫，東西長玖步，南北闊柒步。（清·王勛祥：《（光緒）補修徐溝縣志》卷五，清光緒七年刻本）

【喬松年劾庚長當清江防堵時演戲讌客】《太子少保河道總督喬勤恪公傳（節錄）》：公名松年，字鶴儕，邑之郝村人。道光甲午科順天鄉試中式舉人，乙未聯捷進士，以主事用分工部。……五月復劾庚長當清江防堵時演戲讌客，迨聞賊警，倉皇退守，有負委任。命侍郎文俊覆按得實，褫庚長職

逮問。（清・王勛祥：《（光緒）補修徐溝縣志》卷六，清光緒七年刻本）

（乾隆）大同府志

【演劇酬神】其祭祀：凡廟祀先祖時節，獻新之禮，士大夫家多行之，庶民或闕略焉。然頗恪於外祀，演劇獻牲，酬神許願，所在皆有。尤虔奉龍神，每祈禱雨澤，輒令女巫樂戶歌舞侑享，愚民奔走若狂，歲以爲常。雖屢次曉諭各屬，申慢神瀆祀之禁，而窮鄉僻壤猶有仍沿故俗者。（清・吳輔宏：《（乾隆）大同府志》卷七，清乾隆四十七年重校刻本）

【大同節序與戲劇】其節序：立春前二日，優人樂戶各扮故事，鄉民携田具唱農歌演春於東郊。

元旦疊熾炭於門如浮圖狀，名曰「旺火」。五日，剪綵紙爲人，小兒擁抱戲通衢曰送窮，有攬而去者曰得富。八日爲諸星降，僧道諷經祭星。元夕前三日起，城市張燈結綵，疊旺火。郡城四大街尤盛。各鄉村扮燈官吏，秧歌雜耍，入城遊戲。十六日郊遊，云除百病。是夜設祭送先祖，婦女多哭泣者。清明夜亦如之。二十日爲小添倉，二十五日爲大添倉，添買米、麵、柴、炭等物。然燈於貯所，曰「照虛耗」。

二月二日，各村疃社醵錢獻牲，謂之「扶龍頭」。提壺沒井水注之，曰「引青龍」。

三月三日，造醋胚。清明樹鞦韆戲。是月，多賽龍神廟爲春祈。八月秋報亦如之。

四月八日，爲佛誕，赴北嶽進香。

六月六日，東郭外茱園開，郡人爭携壺榼往，謂之「踏青」。是日及初伏日造酒、醬，躍麵，曝衣。二十三日，獻供關帝廟，擡閣花盤，窮極巧麗，觀者填塞街巷。

七月十五日，蒸麵人爲小兒獻。是月逢奎日，士大夫祭奎星於南郭外。

中秋，家陳瓜果并相饋遺。先是四鄉載西瓜入城者，日數十車，俱堆貯四大街。碧顆山積，不可枚數。至是晚，擔運一空。

九月，家蓄茱蔬禦冬。

十月朔日，剪紙焚化，爲送寒衣。或於墓、或於門外，婦女夜哭如清明。十五日，文士多具酒肴，至夜半觀月，如中秋節。

十二月八日，作臘醋藏冰。是月多嫁娶。

至如元旦、冬至賀年節，清明、十月朔掃塋墓，端午飲雄黃酒、佩辟兵符，七夕乞巧，中秋賞月，重九登高，除夕守歲之類，與各處略同。（清·吳輔宏：《（乾隆）大同府志》卷七，清乾隆四十七年重校刻本）

【張伎樂百戲酬神】元·姚拜延普華《雷公山感應碑記（節錄）》：至正二十一年，歲次辛丑，春澤沾濡，豆麥遍野，將欲秀實，值久不雨，民心憂疑，總兵官中書暨有司職事咸以祈禱爲事，雨將作而後散者累日。大同分中書左右司官言曰：「得雨以爲民也。」……十七日丁卯，陳祝幣，具三牲，行三獻之禮。張伎樂百戲，謝拜祠下。既而命某敘其事勒諸石。（清·吳輔宏：《（乾隆）大同府志》卷二十七，清乾隆四十七年重校刻本）

（光緒）渾源州續志

【栗大王廟演劇】《栗大王廟碑（節錄）》：栗大王者，東河總督、前河南布政使渾源栗公也。《記》曰：其有功德於民者，歿則祭於社，曰「賢良」，曰「昭忠」，曰「名宦」。凡所以隆廟祀者，栗公舉得而祀之。廟之大王之稱，胡爲乎來哉？來自小民也。大王，河神也。在國曰河神，在民曰大王。河神龍屬，蓋自金龍四大工始。……故事，霜降後奏慶安瀾，例祀河神。大內發藏香如數。擇吉，具儀仗鼓吹、八座如河上，請某某大王入廟。遂有小金蛇長十五六寸昂首水面，以盤承之，供於神座演劇，輒復昂首如有聽睹，說者謂此龍也。（清·賀澍恩：《（光緒）渾源州續志》卷六，清光緒七年刻本）

編者案：此處所言「栗大王」，即栗毓美（1778～1840）。栗氏字含輝，號箕山，又號樸園，山西渾源州人。嘉慶辛酉（六年，1801）拔貢，由知縣洊陞河道總督。同書卷六有傳。

（康熙）靈邱縣志

【重建城隍廟賽樓】清·岳宏譽《重建城隍廟和聽樓引（節錄）》：邑有城神，所以理一邑之幽而察其淑慝，司其休咎，以降福於民者也。是以邑有大事則告之，祈年禱災則祠之。民之於神也，無褻祀、無曠祭；而神之於民也，誠必應、感必通，所謂明德以薦，馨香而神其饗之。斯上下有嘉德，無違心也。予宰是邑，每朔望必恭必敬摳拜於廟，必默禱於神。……壬戌以後，歲序頗和。癸亥、甲子，皆稔時雨應，則民無大戾，眾心欣悅。感皇恩之浩

蕩，亦以念明神之德不衰，因思靈邑土俗各廟宇有賽樓，每逢誕節召優演劇，以和神聽，不失上古報賽遺意，獨城隍廟賽樓缺焉未備，毋乃輿情實有憾乎？詢之邑人，僉謂廟前丈許地原係舊日樓基，不知毀於何年，老人猶有及見者，亟宜修舉。無異議。邑謀既同，爰相度焉。鳩工庀材，必資眾力，予以錢十緡，倡眾其勉之。（清・宋起鳳：《（康熙）靈邱縣志》卷四，清康熙二十三年刻本）

【村謳雜劇】清・岳宏譽《靈邱縣東關外重修菩薩殿碑記（節錄）》：雲中居晉省邊鄙，而靈邱尤屬彈丸小邑。諸事簡樸，規模狹隘，無甚殿宇寺院爲一邑巨觀。其傑然於邑治東偏者，僅大雲寺一刹，頗稱幽邃。……時遇仲春之十九日，邊榆初放，塞杏方含，山容乍舒，河流解凍，城郭掩映，人民熙悅，群往殿稱祝焉。村謳雜劇，香煙杳靄，士民繹絡趨赴，亦勝事也。（清・宋起鳳：《（康熙）靈邱縣志》卷四，清康熙二十三年刻本）

（光緒）左雲縣志

【扮雜劇迎春】立春：前一日爲迎春，官司預塑芒神春牛，備春花彩仗，邑侯率僚屬，農夫執耕，具陳鼓吹，扮雜劇迎春於南門外之東郊。次日春至，眾官集縣衙行禮，擊鼓鞭牛。（清・李翼聖：《（光緒）左雲縣志》卷一，民國間石印本）

【五月二十八日城隍誕辰演戲】（五月）二十八日，俗傳爲城隍誕辰，鄉人隨會者置牲醴菓品演戲建醮。（清・李翼聖：《（光緒）左雲縣志》卷一，民國間石印本）

【六月演戲酬神】六月朔日，享祀龍神。初六日，曝衣，南門外龍神廟演戲，多有婦女踏青於此。十八日，享祀蜡神。二十四日，俗傳爲關帝誕辰，邑人建齋設醮，或演戲酬神。（清・李翼聖：《（光緒）左雲縣志》卷一，民國間石印本）

【六月初一獻戲賽神】北澗清遊。北門外龍王祠有清泉滋潤，廣及數畝。每當六月初一日，社首獻戲賽神，邑中士女踏青，群提榼載壺，觀劇採青，肩摩轂擊。其下清波碧草，映帶瀠洄，如有蘭亭修禊之勝。（清・李翼聖：《（光緒）左雲縣志》卷一，民國間石印本）

【改建風雨八蜡廟樂樓碑記】清·侯凱《改建風雨八蜡廟樂樓碑記》
（乾隆五十三年）：左雲之西郊，舊有風雨八蜡壇廟，春秋享祀，歲時報賽，
朝廷之祀典與民間之釐祝，用以祈有年而邀神貺者，迄今蓋並舉而不替也。
越乾隆二十三四年，饑饉荐臻，蟲災迭至，邑侯李公玳馨軫念民瘼，相度地
形，舉壇壝而改建之。遠山拱峙，近水廻抱，誠勝地也。是亦旱乾水溢變置，
社稷之意耳。嗣是而年穀屢登，蟲不為災，何莫非此改建之力歟？然廟址既
移，而樂樓遂與相左。每逢演劇賽神之會，農民有歉心焉。況焚守無人，墻
垣久頹，以妥侑神靈之地，為乞匄藏污之所，式廟者又慘目焉？延及庚子歲，
苗禾正興，蝱賊遺災，我鄉農胡君亮、崔君永清率農民環泣而禱，誠意克孚，
即蒙神庥，而有年致慶矣。惟二人不忘神德惠，願舉樂樓而更修之，又不敢
擅便，因請命於邑侯楊公開泰。公欣然曰：「此吾守土之責也，而未暇及焉。
爾能力任其事，是大有造於民生也，吾烏乎不樂？」從之，即捐俸以為倡。
一時士夫農商樂輸貲財，共勷盛舉，而對越始相宜矣。又益以門樓一架、西
廊三楹，周圍墻垣，越數月落成。於戲！是舉也，固神靈之默應，實人心之
感昭，凡此捐貲之眾，同為樂善之人，勒之石以著芳名，是為序。（清·李翼
聖：《（光緒）左雲縣志》卷四，民國間石印本）

（光緒）平定州志

【關帝廟戲樓】關帝廟在下城後街鐘樓巷，康熙四十九年、乾隆二十八
年，俱紳士捐修。三十四年，署知州姚學瑛復修，並建山門、戲樓。（清·賴昌
期：《（光緒）平定州志》卷三，清光緒八年刻本）

【馬王廟戲樓】馬王廟三間，戲樓一座，馬草塲一處。（清·賴昌期：《（光
緒）平定州志》卷三，清光緒八年刻本）

【賽神演戲無月無之】俗多淫祀，雖孤村僻野，賽神演戲無歲無之。其
邨落大者，無月無之。（清·賴昌期：《（光緒）平定州志》卷五，清光緒八年刻本）

【上會】俗重龍神，尊之曰「王」，或謂之「大王」。每當祀期，附近邨
莊扮演雜劇，十百為群，相引而至，名曰「上會」。自二月以至六月方止，其
祈雨酬神亦如之。（清·賴昌期：《（光緒）平定州志》卷五，清光緒八年刻本）

【歲時演劇】立春先一日迎勾芒神，出土牛，農商百藝扮演雜劇，隨

州尊迎於東郊。元旦不炊。除夕預治食曰隔年飯。是日雞鳴，肅衣冠，焚香，祀天地祖宗。燔柴於庭，以當爆竹。燃香燭，拜家神祖先。賀尊長親朋。五日黎明，剪紙作五窮婦送之，警以火炮，謂之「送窮」。上元前後三日祀三官，燈火輝煌，鼓樂喧闐。里人扮演雜劇相戲。坊肆里巷士庶之家與街市舖面各家門前，累砌炭火焚之，名曰「塔火」。……十月一日，祭塋如寒食，以色紙剪作冥衣焚墓前，曰「送寒衣」。起鄉賽，各村演戲報神賜也。（清・賴昌期：《（光緒）平定州志》卷五，清光緒八年刻本）

【演戲以娛尸】樓閣幡幢、引路菩薩之類，其禮既多，不備戚亦或不足焉，而其爲費則數十倍於古，甚且誦經以懺罪，演戲以娛尸，飾觀增美，則人競稱爲孝，不則爲人鄙嗤而已，亦以爲媿，用是有三五年不葬者，甚有遲至二三十年者，雖士大夫家有不免焉。（清・賴昌期：《（光緒）平定州志》卷五，清光緒八年刻本）

【喬宇諫言禁優伶侍起居】喬宇，字希大，號白巖，毅孫，鳳子。少學於楊一清，成化甲辰成進士，復從李東陽遊，爲古文詞，有名。授禮部主事，調文選，三遷至郎中。門無私謁，擢太常少卿。武宗初，上軍民困苦六事已，遷光祿卿，歷戶部左侍郎。劉瑾敗，獨無所染，拜南京禮部尚書。言視朝不勤、經筵久輟、國本未建、義子猥多、番僧處禁寺、優伶侍起居、立皇店、留邊兵、習戰鬪、土木繁興、織造不息，凡十事。（清・賴昌期：《（光緒）平定州志》卷八，清光緒八年刻本）

【李溫妻呂氏不窺鄉社演劇】李溫妻呂氏。年十九夫亡，閉戶縫紝，不與外人覿面，即鄉社演劇，未嘗偶窺。守節四十二年。（清・賴昌期：《（光緒）平定州志》卷九，清光緒八年刻本）

【靈瞻王廟社火】元・呂思誠《靈瞻王廟碑（節錄）》：蒲臺山靈瞻王廟前有巨石如帽，既崇且廣，上有池，天成，蒲生於中，雖甚旱，水未嘗竭，故蒲之叢鬱然，翠潤可愛，是以名其山云。四月四日，獻享廟上，前期一日迎神，六村之眾具儀仗引導幢幡，寶蓋旌旗，金鼓與散樂、社火層見疊出，名曰「起神」。明日牲牢，酒醴、香紙既豐且腆，則吹簫擊鼓，優伶奏技。而各社各有社火，或騎或步，或爲仙佛，或爲鬼神，魚龍虎豹，喧呼歌叫，

如蜡祭之狂。日晡復起，名曰「下神」。神至之處，日夕供祀惟謹，歲以爲常。(清·賴昌期：《(光緒) 平定州志》卷十，清光緒八年刻本)

(道光) 壺關縣志

【富室用梨園送殯】喪禮：送死多厚於奉生，頗合慎終之義。……富室用梨園送殯，今猶有沿其舊者。(清·茹金：《(道光) 壺關縣志》卷二，清道光十四年刻本)

【秋日報賽村中各演劇酬神】秋日報賽，村中各演劇酬神。大社庄兼有擡閣之戲，以華麗奇巧相角勝負。雖俗近奢靡，然於報木返始之義尚近。

(清·茹金：《(道光) 壺關縣志》卷二，清道光十四年刻本)

【楊啓關爲繼母祝壽開筵演劇】楊啓關，東關壁村人。生有至性，年少失恃，事繼母王氏得其懽心。以家貧未能多讀書，爲戚某理家務，日久嘉其敏慎，因令專督營運事宜。增畀辛金，得以漸置田產。然積累由於艱苦，家雖小康而節衣儉食，絲毫不肯妄費。嘉慶二十三年，其母年八十歲，啓關迺出橐中金演劇開筵，製錦稱觴者接踵而至，五日不絕。與斯會者，見堂上人鶴髮酡顏，終日怡怡，咸以啓關年逾六裘，能爲孺子，慕羨其無忝所生，而或不盡知爲繼母也。無何，戚某即世，啓關念代司管鑰四十餘年，寸絲粒粟，出入無所假藉，庶可共信。一旦時移勢變，恐牽連掣肘，致有末路濡染之謗，力即辭去。在家五年而卒。卒之時，年六十九，遠近呼曰「楊孝子」。子七，存者三人，四萬春，補邑諸生。(清·茹金：《(道光) 壺關縣志》卷七，清道光十四年刻本)

(雍正) 澤州府志

【澤潞里館歲昵滛祀而嬉優伶】元·宋翼《米山宣聖廟記 (節錄)》：明道先生歿幾三百年，澤潞里館歲昵滛祀而嬉優伶，才乏俗澆，識者興歎。由金源而來廟僅存者九里而已。(清·朱樟：《(雍正) 澤州府志》卷四十五，清雍正十三年刻本)

編者案：清·龍汝霖《(同治) 高平縣志》(清同治六年刻本)「藝文第八」亦收此文。

【春生之會陳百戲以賽祝】清·趙鳳詔《重修東嶽廟碑記（節錄）》：天地之道，未有不好生者也。生氣盛於春，春東位也，於卦爲震，於五行爲木，而其於德也則爲仁。仁也者，善之元、生之機也。……蓋邑中之風氣萃於茲矣。相傳，神以暮春降誕，適符春生之會。至日，傾城士女盛設香火、陳百戲以賽祝。顧歲深代久，榱題墻牖，間有傾頹。昨歲又値地震，周垣益多圮壞，入斯廟者不無風雨剝蝕之慨焉。（清·朱樟：《（雍正）澤州府志》卷四十五，清雍正十三年刻本）

【鄉儕尤多傀儡忙】清·陳豫朋《午亭村燈火（節錄）》：鄉儕尤多傀儡忙，村詞野調乖宮商。聆徧前街與僻巷，園亭暫對村優場。秋故亭乃演劇處。
（清·朱樟：《（雍正）澤州府志》卷四十八，清雍正十三年刻本）

編者案：清·賴昌期《（同治）陽城縣志》（清同治十三年刊本）卷十載有陳豫朋小傳，謂：「陳豫朋，字瀼村，康熙甲戌進士，大學士文貞次子，官翰林院編修，歷任福建鹽驛道。八歲能詩，文貞爲授杜律詩話。居官清介自守，日課詩作文，名重一時，著有詩集。」

另，趙興勤、趙韡編《清代散見戲曲史料彙編（詩詞卷·初編）》（臺灣花木蘭文化出版社，2014 年 3 月）、《清代散見戲曲史料彙編（詩詞卷·二編）》（臺灣花木蘭文化出版社，2015 年 3 月），均未收陳豫朋詩作。

【東嶽廟賽神曲五首】清·樊度中《東嶽廟賽神曲五首》：

（其一）桑柘陰陰花罷開，山坳金鼓震如雷。過河買得平安紙，都到東皇廟裏來。

（其二）南北村塢鼓更喧，擡神取水乞豐年。紛紛紅傘青旂影，纔見山邊又水邊。

（其三）高禖祠在殿西垣，簇簇行來盡女鬟。誰信神功眞浩大？一時香火似鰲山。

（其四）春風駘蕩滿春衣，亭午招尋出翠微。喚得名姬何地醉，草青青外荻簾圍。

（其五）臺上弋陽唱晚晴，臺前百戲鬧童嬰。博郎鼓子琉璃笛，山路東風處處聲。（清·朱樟：《（雍正）澤州府志》卷四十八，清雍正十三年刻本）

編者案：同書卷三十八謂：「樊度中，字公時，王稷次子。拔貢生。恬淡沖和，蕭然自得。古文詩歌，格律清嚴。午亭陳相國聘遊京師，名噪公卿間。任定

襄教諭，諸生多被裁成。告歸後避居山村，足不入城市。所著有《圍餘集》。」清・
秦丙煒《（光緒）沁水縣志》（清光緒七年刻本）卷十一亦收樊度中此組詩。

　　　另，趙興勤、趙韡編《清代散見戲曲史料彙編（詩詞卷・初編）》（臺灣花木
蘭文化出版社，2014 年 3 月）、《清代散見戲曲史料彙編（詩詞卷・二編）》（臺灣
花木蘭文化出版社，2015 年 3 月），均未收樊度中詩作。

　　【湖州出黃蘗】壽皇賜宰執宴，御前雜劇妝秀才三人。首問：「第一秀
才仙鄉何處？」曰：「上黨人。」問次，曰：「澤州人。」問三，曰：「湖州
人。」又問上黨秀才：「汝鄉出甚生藥？」曰：「某鄉出人參。」次問澤州者，
曰：「出甘草。」又問湖州者，曰：「出黃蘗。」「如何湖州出黃蘗？」「最是
黃蘗苦人。」當時皇伯秀王在湖州，湖州故有此語。壽皇即日召入，賜第奉
朝請。《貴耳錄》。（清・朱樟：《（雍正）澤州府志》卷五十二，清雍正十三年刻本）

（同治）高平縣志

　　【春祈秋報必以劇事神】十二月五日，和黍豆為粥，曰「五豆粥」。每
村必社，社有祠，春祈秋報必以劇事神。醵錢合飲，糜財惑民。（清・龍汝霖：
《（同治）高平縣志》地理第一，清同治六年刻本）

　　【節省社廟演劇之資以為束修】夫窮鄉荒僻之壤，子弟目不識詩書，
習為獷悍。悖禮犯義之事，憪然為之而不顧。昔晉富商韋藩木犍以過於朝
而曰：「雖有澤車華服，不敢與士君子齒。今俗賤士而貴商，文學之士，反
不得齊於商賈。民質之開敏者，挾貲財以奔走四方。欲其俯首入塾序，輒
指為非笑。余思以學漸易之，重與諸社長約曰：師必歲首以眾舉，防狥私
也；非舉貢生童及學行兼者不預，童必察曾三年與試者，防猥濫也；不取
諸本村而鄰村，防爭競也；窮民子弟無智愚，胥入學，不責其束修，防貧
廢也；蒙師學徒，無大故不得輒歸，防曠功也；社事及里有訟獄，蒙師不
得與聞，防褻亂也；束修或蠲畝收穀、或蠲錢取息，否則用節省社廟演劇
之資，不再起攤，防苛派也；蒙師有不稱，隨時公議易之，束脯按月以給，
防浮支也；殷實之戶，另延師長，不得與貧民同館，防偏向也；入蒙先誦
小學，誦畢乃習他經，防中輟也。」（清・龍汝霖：《（同治）高平縣志》建置第
二，清同治六年刻本）

（同治）陽城縣志

【祭祀演劇】戊午秋，邑紳衛浚都、王遹徽、盧廷棻諸人，呈請邑令王佩鈺立案崇祀，酌定於每年七月十九日侯之誕辰，紳士協同城關商民，邀集長官□僚主其祀事，演劇三日，書吏亦得趨蹌焉。（清·賴昌期：《（同治）陽城縣志》卷四，清同治十三年刊本）

【立春前一日迎芒神】立春前一日，官僚迎芒神於東郊，巫鼓導前，雜隨戲隊，殿以土牛，觀者塡市。次日鞭土牛以宣春氣，民間啖萊菔片，名曰「咬春」。（清·賴昌期：《（同治）陽城縣志》卷五，清同治十三年刊本）

【上元範土肖人物形】上元仍設脯醴，雜粟屑調粥祀神。及先，各市張燈，巷口簫鼓喧闐，沿門列爐燄，又範土肖人物形，中空吐燄，觀者夜分不斷。十六夜婦女出遊倍於前夕，謂之「遺百病」。（清·賴昌期：《（同治）陽城縣志》卷五，清同治十三年刊本）

【裁演劇之繁以培耕稼元氣】縣居深山，民貧土瘠，稼穡尤難。非肩挑負販，不足佐其耕種。雖城市鄉鎮，頗有商賈，而舟車莫通，懋遷恒少，蠅營於粟布絲鐵，亦寥寥數家。所恃冠蓋罕至，不曾結習於驕奢；靈秀特鍾，迭見騰聲於仕宦。科第雖少遜於前，士大夫性近風雅，學尚氣節。廉隅共飭，儒林絕標榜之風；國課早完，閭里少負逋之累。而且相率儉約，內重幽貞，所以男不入贅、女不招婿，婦猶知恥，老嫗亦不雜於市廛。禮尚愼終，貧富皆竭情於喪葬，尤俗美之足爲推重者。但結社祀神，狃於糜費，而又苦樂不均。鄉村則祈報紛繁，措資尙攤於各戶，城關則指名供應，倒囊偏苦於數人。前令徐璈感慨留句云：「堪歎比鄰供社事，田園鬻盡典衣裳。」非其明證耶？夫聰明正直之神，不享淫祀，而乃以俗習競尙，遂令疾苦。憑民竭其蓋藏，幾至傾家，神有不垂憐而怨恫者乎？須知事神主於誠敬，邪色淫聲之技，適以瀆神，何能邀福深、釐斯弊者。亟宜裁演劇之繁、變偏枯之習，以培耕稼元氣而挽奢侈頹風。予日望之愼，勿以魯人獵較久則難變爲口實也！（清·賴昌期：《（同治）陽城縣志》卷五，清同治十三年刊本）

【鐵花之戲】邑中元夕有鐵花之戲。召工冶鐵如水，豫取木竅其首，注鐵汁其內，使有力者舉而擊之，鐵汁乘擊勢自竅外激可至數丈，然必向林木間。其汁激注樹上，光鋩飛射，如火如雹，金銀照灼，最爲奇觀。惟澤州

諸縣有之，他處不聞此戲。（清・賴昌期：《（同治）陽城縣志》卷十八，清同治十三年刊本）

（光緒）遼州志

【春祈秋報演劇祀先嗇】春祈秋報，率多演劇祀先嗇也。（清・徐三俊：《（光緒）遼州志》卷二下，民國十八年補版重印本）

【介昌禁夜劇】介昌，旗人。秉性堅剛，爲政廉明，毀淫祠，絕史巫，禁夜劇，正本清源，四境肅然。又目擊丁粮之累，屢爲請免，雖卒不獲行，亦見恤民厚意。（清・徐三俊：《（光緒）遼州志》卷四上，民國十八年補版重印本）

【風神廟演劇臺】（州牧）吳宏猷《重修風神廟碑記（節錄）》：風神廟，創始不知何時。稽之郡《志》，舊在州治南郊，地接演武亭，今稱爲古教場者是也。後被河水衝沒，遺址無存，亭亦歸於烏有。自雍正四年，前牧王公值歲大旱，虔禱八蜡祠，弗應；又遵用《春秋繁露》祈雨之法，亦弗應。公仰視天，每見雲布雨施，輒爲狂風吹散。詢問故老有廟祠否？以前言告，公遂感悟，復禱立應。是歲大稔，因以教場迤東捐俸建廟以祀，內設風、雲、雷、雨及本境山川城隍之位。又移建八蜡祠於廟後，晉先人夫遺祠居其偏。又於廟右建河神神廟。州人分時致賽，而地實毗連一處，故至今相沿，止稱爲風神廟者，蓋省文亦從其朔也。事經百餘年之久，旁風上雨，傾圮已甚。其間有修葺，亦補苴草草，不逾時如故。余於戊戌冬攝篆此邦，謁廟之餘，見各壇宇諸多不治，心甚惻然，而庖代匆匆，設施未暇。逾二載復來牧茲土，而廟前演劇臺已告衝壞，廟亦駸駸乎有傾圮之勢。（清・徐三俊：《（光緒）遼州志》卷六上，民國十八年補版重印本）

【城隍廟戲房】（知縣）劉體恒《重修城隍廟碑記（節錄）》：……癸酉春，州牧祝老公祖謁廟。禮畢，爰晉住持而謂之曰：「興廢舉墜，守土之責。第簿書不暇，弗克躬親，董率爾州人，獨無同志者乎？」住持退而邀集紳民公商其事，有王公基洛、溫公安雅等毅然直任不辭，一時聞風樂助者不約而同，乃徵役市材，諏吉興工，棟梁之撓折者易之，瓦石之殘缺者更之，於東庫房後創建廚房院一所。又於兩曹迤南，東建官廳三楹，西建碑亭三楹，西南建耳房一所。舊時大門兩旁卑陋弗稱，則增築層臺以翼之。戲臺東創建戲房數

座。至於禪房，略爲補葺，統費肆千餘緡。（清・徐三俊：《（光緒）遼州志》卷六上，民國十八年補版重印本）

【荒年各報賽之處演劇俱停】清・王基正《遼州荒年記（節錄）》：光緒三年丁丑，春風多烈且異常，二月六日尤甚。狂颶者號，如絲無緒，靡少停息。……時米價一千七八，州城初九、十一日，搶集二次。糶粟者罷，市民赴州求食。十三日，移集西武廟，差役守門，司錢粟出入，糶粟者不准入。越數集，又遷城隍廟戲臺上，仍令役守臺，糶粟者不准登。越十數日，州南城外路劫駝麪數包。自是之後，道途之間有劫米麪者、有劫錢物者，漸至有得財殞命者，紛紛不絕。是月各報賽之處，俱停演劇。（清・徐三俊：《（光緒）遼州志》卷六上，民國十八年補版重印本）

【演戲酬神】今與神約，期於即日嚴禁獸類潛匿山谷，與民無害，演戲酬神。有因循不戢，復傷生靈，當劾神不稱其職，縱野獸殘害地方，而抗天子之命吏矣。（清・徐三俊：《（光緒）遼州志》卷八下，民國十八年補版重印本）

（嘉慶）介休縣志

【淮南太守叱散家伶】清・蔡新《國子監祭酒梁錫璵墓誌銘（節錄）》：定陽大司成梁確軒先生既沒之明年，卜葬有日，其孤徵以書狀乞余銘其墓。余自顧不文，然於先生同列久誼，弗獲辭。謹按狀：先生諱錫璵，字魯望，號確軒。……先生生長貴盛，幼即敦樸，爲其祖淮南太守所鍾愛。淮南宦成歸里，頗以賓朋聲伎自娛，先生登樓讀書，若弗聞也者。其祖爲之叱散家伶，不復再近。（清・徐品山：《（嘉慶）介休縣志》卷十二，清嘉慶二十四年刊本）

【武廟演劇臺】清・汪本直《新建武廟碑記（節錄）》：關帝祠宇徧城中，歷代崇祀號，而我國家累加忠義、神武、靈佑之封。春秋揀日致祭，如上丁釋奠禮，而又追爵三世及後裔襲官罔替，典至重也。介休縣故有武廟，卑狹不稱其制度。復偪近驛館，冠蓋絡繹。賓客之來，至有秣馬於墀、爨庖於廡者，甚不敬。歲癸卯，本直承乏此邦，拜瞻踧踖。而今大中丞蔣公方守汾郡，按部時，輒憮然以湫隘囂塵爲神羞。顧念拓廟基必先移驛館，置驛館必先擇康莊，爰規地西郊，別建邸舍若干，所闢除城外大道以通往來。驛館既成，迺即廟故址擴而充之，謀所以鼎新者，諸紳士咸踴躍從事。丁未秋，厥工遂

創，事鉅費繁。未及告成，而直以辛亥量移忻州，幸踵事徐君經營考庀，不
懈益振，越甲寅乃葳事。廟臨通衢，建東西二坊，前爲三門，中爲大殿。殿
前爲演劇臺，後爲後殿，爲春秋樓。殿左建啓聖祠暨諸像，設俎豆，無闕禮。
又於東北隅拓地建試館，以爲歲科縣童子試及季考月課之所。列舍可容八百
人，顏其處曰「澄鑒亭」。其西建財神廟。工既畢，以書來告，且曰：「是役
也，一舉而數善備焉。」（清・徐品山：《（嘉慶）介休縣志》卷十二，清嘉慶二十四
年刊本）

（光緒）榆社縣志

【慶賀演劇】慶賀：萬壽聖旦及元旦、長至節昧爽，知縣率僚屬具朝服，
詣行宮，序立丹墀下排班，班齊北向，龍牌前行，三跪九叩首。禮畢，分東
西班坐。朝畢，作樂演劇。鄉宦紳者以次叩祝，禮畢。（清・王家坊：《（光緒）
榆社縣志》卷七，清光緒七年刊本）

【鞭春演劇】鞭春：每歲立春前一日，知縣具朝服，率僚屬迎春於東郊。
詣芒神前，行二跪六叩首禮。執事者舉壺爵酌酒，授長官，酹地後，行一跪
六叩首禮畢，同各官行春酒演劇。舁芒神、土牛，鼓樂前導，眾官隨後，迎
至公署。奉芒神於儀門東，土牛在西。眾官詣芒神，前揖安神。次日，按立
春時刻鞭春。知縣具朝服，率僚屬詣芒神前，行二跪六叩首禮，初獻爵，亞
獻爵，終獻爵，叩首，興，復位。又行二跪六叩首，禮畢，至牛前揖，各執
綵鞭擊土牛三匝。禮畢，回署。（清・王家坊：《（光緒）榆社縣志》卷七，清光緒七
年刊本）

【賓興演劇】賓興：每科鄉試前，擇吉延科舉生員貢監，設宴縣堂。架
登瀛橋，結綵棚，插桂枝。諸生公服至，知縣率僚屬迎於堂檐下，行禮畢，
就席。知縣主席，僚屬席東向，諸生席西向。酒三行，演劇。諸生起揖辭行，
過登瀛橋，折桂花一枝，從儀門出，鼓樂前導。知縣率僚屬出龍門坊，送至
南門外，揖別。武場亦如之。（清・王家坊：《（光緒）榆社縣志》卷七，清光緒七年
刊本）

【迎春作樂設百戲】立春日，先期一日縣令率僚屬迎春於東郊，祀勾芒，
作樂設百戲。民間貼宜春二字於門，食春餅，士女爭出遊，觀土牛綵仗。（清・

王家坊：《（光緒）榆社縣志》卷七，清光緒七年刊本）

【鬧元宵】元宵，燃燈製火。年少作百戲狀，沿街而行，若狂者然，曰「鬧元宵」。自十三日起至十七日止。（清・王家坊：《（光緒）榆社縣志》卷七，清光緒七年刊本）

【秋冬報賽演劇】十月終，各鄉祭賽亦有演戲劇者曰謝農神，即秋冬報賽之遺意也。（清・王家坊：《（光緒）榆社縣志》卷七，清光緒七年刊本）

（光緒）壽陽縣志

【馬慶餘赴村中劇場半途而返】馬慶餘，家貧嗜學。幼時父命之刈草，慶餘懷書，於刈草暇倚崖讀之。入泮後鑽研益力，值村中演劇，家人令其往接親戚，慶餘於驢背閉目作文，驢至半途而返，彼沈思猶未覺也。乾隆丙子領鄉薦，庚子成進士，任河東運學教授，爲文沈雄典麗，有大家風。（清・馬家鼎：《（光緒）壽陽縣志》卷八，清光緒八年刊本）

【郭巍禁婦女豔妝觀劇】歲貢生郭巍，字蓮峰，孝廉麟伍之父也。自奉清苦而事母甚孝，常置數千錢於母寢，所以供施與母。年幾七十而事之，稍不及檢，輒跪請責。生平不苟言笑，望之使人生畏。就家設館，課讀甚嚴。誨諸生以立品，不徒以時藝爲業。雞鳴而起，終其身如一日。道光十二年邑薦飢，里人艱於食，率好義者捐金糴米以贍之。婦女禁豔妝觀劇，無事不得出中門。家法，治喪用相禮者，而不用樂。其品行之端，嘗爲祁文端所嘉許云。（清・馬家鼎：《（光緒）壽陽縣志》卷八，清光緒八年刊本）

【趙碩俊凡張燈演劇事絕不寓目】趙碩俊，字偉卿。性耿直而樂施，凡張燈演劇事，絕不寓目。冬時，每興工作，貧人多資以衣食。有詐爲婚喪求助者，必如願以償，絕不核其虛實。道光十二年邑大飢，出其積粟賑之，活人甚眾。二十三年修邑城，詣縣首請輸金五百，人謂其家有餘貲，至冬，乃鬻其市屋與之。邑令黃承祐表其閭，曰「義質信成」。（清・馬家鼎：《（光緒）壽陽縣志》卷八，清光緒八年刊本）

【馬履端妻王氏禁子觀劇】馬履端妻王氏，年二十四夫歿，絕粒數日，痛不欲生，賴家人多方勸慰乃止。時二子皆幼，氏勤紡績以供衣食，且嚴於

課讀，凡張燈演劇諸事，皆禁之，不使觀焉。守節四十年而卒。（清·馬家鼎：《（光緒）壽陽縣志》卷九，清光緒八年刊本）

【正月演劇】上元前後三日祀三官，燈火輝煌，鼓樂喧鬧，並扮演雜劇相戲，謂之「鬧元霄（宵）」。坊肆里巷俱於門首塑泥彌勒判官、獅子及棒槌等樣，圍石炭焚之，謂之「塔火」。士女遊觀街陌並入官署，不禁，謂之「走百病」。十六日撞鉦擊鼓，挨戶作毆逐狀，略如古人之儺，謂之「逐虛耗」，亦曰「逐瘟夜」。（清·馬家鼎：《（光緒）壽陽縣志》卷十，清光緒八年刊本）

【三月一日起鄉賽演雜劇】三月一日起鄉賽，以祈穀實雨澤。其備肴饌、演雜劇，費輒不貲。（清·馬家鼎：《（光緒）壽陽縣志》卷十，清光緒八年刊本）

（光緒）直隸絳州志

【歲時社祭演劇】歲時社祭，夏冬兩舉，亦古者報賽之遺。又鄉鎮多香火會，扮社鼓演劇，招集販鬻，人甚便之。然男女聚觀，識者鄙焉。（清·李煥揚：《（光緒）直隸絳州志》卷二，清光緒五年刻本）

【元宵鼓吹雜戲】元旦夙興燔柏柴，名興旺火。陳牲醴果羞，祀神祀先。家眾以次跪拜，然後出拜戚鄰，旬餘乃已。立春噉來服數片，名曰「齩春」。元宵張燈，架鰲山，鼓吹雜戲，火樹銀花，城市為多。十六日街巷架鞦韆，婦女牽伴遊行，名走百病。二十日家食煎餅，名「添倉」。（清·李煥揚：《（光緒）直隸絳州志》卷二，清光緒五年刻本）

【婚葬減鼓吹說】清·王復初《婚葬減鼓吹說（節錄）》：吾絳婚嫁，親迎儀仗，音樂填咽里巷。至於葬事，選伎徵歌，必極秦、豫名倡，緣竿走解，百戲叢集，競鬥奇巧，動逾旬月，所費不貲。民間互相效法，甚且逋租不顧，而以音樂不備為恥。一娶之費，稱貸數家；一葬之資，至於破產。（清·李煥揚：《（光緒）直隸絳州志》卷十七，清光緒五年刻本）

【戒扮演粉戲說】李生光《戒扮演粉戲說》：梨園子扮演傳奇，相沿久矣。然舊日所扮者，大率忠孝節義、作善積德故事，亦古者勸以九歌之遺意。或賽廟、或宴賓，和悅神人，亦不甚礙。不謂晚近世風偷薄、人心澆漓，好事者首作之俑，編成種種豔異風流戲本，梨園子謂之「粉戲」，爭尚新奇而學

之。或遇廟宇修祀之際、喜慶張筵之日，無知狂徒多令扮演，褻瀆神明，不惟不享，反取罪咎，且令少年浮浪子觀之觸起淫心、挑動邪念，傚傚妄為，敗壞風俗，莫此為甚。甚至生事惹禍，為害不淺。更有關聖帝前即扮出關聖帝者，祈福耶？作孽耶？余素不然之，奈人微言輕，其誰聽從？安得顯達隆重或老成耆碩、德望服人之君子，遇有犯前弊者，極力救正而止之也。（清·李煥揚：《（光緒）直隸絳州志》卷十七，清光緒五年刻本）

編者案：李生光，明清之際學者。同書卷十一載有其小傳，謂：「李生光，字闇章。幼端方，不與群兒伍。年十歲從閻隆宇受《尚書》。年十四父歿，家益窘，或勸改業，光曰：『惲堂上之慈而慰地下之嚴，惟此青燈殘帙耳！』後聞辛復元講道河汾，負笈就弟子列。常著《崇禎闢邪》等篇，學者多傳誦之。所著見《總目》。祀鄉賢。」同書卷十九，謂其著有《儒教辨正錄》、《喚群夢》、《友于集》、《三善集》、《西山擱筆》等書。

【守居園池】宋·梅堯臣《守居園池》：老柏礜不食，古色侵青冥。淺沼龍不入，秋水生浮萍。屋廡坊堙幾太守，壁上彪蔚遺丹青。黑石鑱辭澀如棘，今昔往來人不識。酸睛欲抉無聲形，既不可問不可聽。懸泉瀉竇晝未停，飛玉貯藍光入屏。苞潭梁島甲癸丁，蔓刺交綴垂組綆。蒼官鳳槐朋在庭，風蠱日鳥聲嚶嚀。卉葩木果粘枝條，集臺脫熱昏痾醒。樊文韓詩怪若是，徑取一二傳優伶。仍寄河東薛太守，更與斟酌無閒局。（清·李煥揚：《（光緒）直隸絳州志》卷十八，清光緒五年刻本）

編者案：詩中個別字，據梅堯臣《宛陵集》（四部叢刊景明萬曆梅氏祠堂本）卷四十九校改，不一一說明。

（同治）稷山縣志

【鄉里喪事扮劇愉尸】喪禮不作佛事，不用俳優。兼禮之家，間有行者。然鄉里或自為儉親，誦經超度，扮劇愉尸，習為固然，驟難改也。至祭祀祠堂之設，惟縉紳家有之，餘多從中庭內寢設立供奉。朔、望而外，恒致祭於生辰、忌日。至謁墓展禮，則必於寒食、七月望日、十月朔日，凡數舉焉。（清·沈鳳翔：《（同治）稷山縣志》卷一，清同治四年石印本）

【行賓興禮演劇】賓興：《府志》：《周禮·地官·大司徒》：「以鄉三物教萬民，而賓興之。」後世三年大比，行賓興禮，蓋其遺意。按今大比之年，

先試期一月，知縣擇吉具啓，延致應試諸生，屆期公堂設宴，演梨園，架綵橋於中門外。諸生至，謁知縣行四拜禮，與廣文三揖。即席，知縣命送酒演劇。席前三報酒。三巡筵畢，諸生簪花披紅，由綵橋出，知縣祖送郊外，禮畢。（清・沈鳳翔：《（同治）稷山縣志》卷二，清同治四年石印本）

（光緒）續修臨晉縣志

【喪禮演戲】初喪即葬，不請堪輿，不訃親友，不用鼓樂，無力之家多爲之，謂之偷埋。惟不動燒紙盆，必待擇日另葬時，長男頂之頭上，出門跪靈前，靈行，擲之地下，俗以爲所關甚重云。其擇日另葬，不論年之遠近，一如新葬。時會知親朋，請諸生四位作禮生。前一日行三獻禮，親戚族黨各進果品、食物。每一獻禮終，孝子入戶，四禮生危坐兩旁，點樂戶戲一回，名爲侑食。三週致祭亦如之。至清明十月朔，闔族在祠堂預備祭品上墳。人戶祠堂多建戲臺，是日演戲祭祖，竟有用之墳塋者，詩禮之家亦踵而行之。噫，春露秋霜之時而忍爲此哉？語云習俗移人，賢者不免。誠能躬行以率之，漸摩以化之，使之自知其非而轉移於不覺焉，則一變至道，唐虞三代之風不復遇於今日乎！（清・艾紹濂：《（光緒）續修臨晉縣志》「風俗」，清光緒六年刻本）

【龍王廟演劇】（知縣事，進士）崔偲《重修龍王廟記（節錄）》（道光二年）：蓋聞國家事神，各有定制。《禮》有云：「山林、川谷、邱陵，能出雲爲風雨皆曰神。」有天下者祭百神，諸侯祭名山大川之在其地者，有其舉之，莫敢廢也。臨邑龍神，靈爽昭著，有禱必應，甘澤及時，農功攸賴。廟宇創建於唐天寶年間，歷宋、元、明重修，不可勝紀。我朝景運宏啓，懷柔百神，康熙四十三年徐前任諱炘，按闔縣各村捐資興工，立有社事，慶賀演劇酬神，以後社散。至乾隆五十九年熊前任諱耳源補緝修整，復立社事。（清・艾紹濂：《（光緒）續修臨晉縣志》「藝文」，清光緒六年刻本）

（光緒）平陸縣續志

【三聖廟演劇樓】（知縣）華鏌《創建三聖廟碑記（節錄）》：聞之有功於民者則祀之，凡神皆然，而三聖爲尤著。……於是鳩工庀材，創建正殿三楹，獻殿三楹，演劇樓東廊房各三楹，又廚室一楹，照壁、圍牆、大門、角門，咸次第畢舉。（清・劉鴻逵：《（光緒）平陸縣續志》卷下，清光緒六年刻本）

【同治八年六月雷電斃優伶三人】（同治）八年六月，大雨雹。張店鎮后土廟謝雨演劇。卓午，雷電交作，大雨，火龍撲入樂樓，優伶震斃三人，傷如火爍者四五人。旋從樂樓後簷揭瓦三片，穿小孔而升樞梲閒，有爪跡，天旋雹。野樹枝折，留爪跡甚多。（清・劉鴻逵：《（光緒）平陸縣續志》卷下，清光緒六年刻本）

（光緒）榮河縣志

【親喪鼓吹雜陳】親喪不停靈柩、不作佛事，頗爲近古。出殯之日，延親朋飲酒茹葷，鼓吹雜陳，力不能備，則以爲恥，誠陋習也。（清・馬鑑：《（光緒）榮河縣志》卷二，清光緒七年刊本）

【春秋社祭報賽多演劇爲樂】歲時社祭報賽，春秋兩舉，率多演劇爲樂。近時良家子弟，多有粧扮男女，出醜當塲者，良可歎也。（清・馬鑑：《（光緒）榮河縣志》卷二，清光緒七年刊本）

【香火會演雜劇】鄉鎮立香火會，演雜劇，招集販鬻，人甚便之。然男女雜聚，識者恨之。（清・馬鑑：《（光緒）榮河縣志》卷二，清光緒七年刊本）

【元宵張燈毬扮社火】元宵張燈毬扮社火，城市爲多。鄉村以小瓦盞點油燈遍列門戶井竈，蒸麵作禽獸形置燈旁，俗呼「伴燈」。（清・馬鑑：《（光緒）榮河縣志》卷二，清光緒七年刊本）

【七月七日扮牛女像】七月七日，扮牛女像，薦瓜果，童男女於此夕鑼鼓齊鳴，名曰「乞巧」。（清・馬鑑：《（光緒）榮河縣志》卷二，清光緒七年刊本）

（光緒）絳縣志

【陳褆嫣禁止村中演劇】陳褆嫣，陳村里人。縣學生。事母孝，平日急公好義。順治初，寇盜未靖，爲鄉人患，褆嫣調練鄉兵，以備不虞，盜悉遁去。同里子弟有遊惰者，必教責之。又禁止村中演劇，以省靡費。歲饑，煮粥施米，以賑貧乏。睦婣任恤，善舉爲多。子，生員雷交，出爲弟後，亦好施不吝，教其二子力行善事。（清・胡延：《（光緒）絳縣志》卷十九，清光緒二十五年刻本）

【存孤記本事】陳夢說，初名夢月，字象臣，號曉巖，陳村里人，生於垣曲劉張村。十歲隨父返里讀書，能知大義。工詩古文詞，見者咸許爲大器。二十二歲補縣學生，中乾隆丙辰恩科舉人，戊辰科進士，補刑部主事，遷員外郎郎中，兼辦河南、安徽司，並提牢聽。遇事勤愼明允，長於折獄，王大臣稱爲賢員。後轉禮部郎中。暹羅入貢，奉旨伴送貢使入粵海，六閱月而覆命。著《入粵紀事》一書。次年補浙江甯紹台道，得同鄉官伙助而後到任，其爲京官之廉可知矣。在任革陋規、察奸吏、惠黎民，凡有修塘、修城、修船大工役，大疑獄，上憲皆委辦。決之而法外施仁，如梅監生歐官一案，曲宥其少子，台人德之，演劇爲《存孤記》以傳其事。高廟南巡，召見西湖行宮，天語褒獎，賜帛貂鼠荷包等物。後轉糧儲道，簠簋清飭，而漕運無虧。嗣以公罪鐫一級調用，督撫奏留，辦理城工一年。後歷署府篆，遵例捐復原官回籍。自十四年離鄉，至此二十六年而歸，宦囊所餘，買出三百餘畝，課子孫耕讀。居家十年，七十一歲卒。其所著書爲《榮錫堂槁》，鐫版存其家。

（清·胡延：《（光緒）絳縣志》卷十九，清光緒二十五年刻本）

（光緒）忻州志

【賓興演劇】賓興之典，久視爲具文，廢弛不行，所在皆是。《周禮·大司徒》：「以鄉三物教萬民，而賓興之」，典至重也。國家典禮，攸關遵行古制，有司智焉不察，往往因陋就簡，缺然無聞。前署知州張其恕敦崇典禮，舉行賓興。首先倡捐千金，爲士民率，於是合城鄉四十七都並官捐，共制錢六千七百有奇，發商生息，爲鄉會試資。每遇大比之年，於七月初十日前先行示期，舉行賓興。定期後知會兩學，凡應試，無論已錄科及考遺諸生，一體赴宴行禮。屆期兩學先至州署，催集諸生齊列大堂行禮。禮畢筵宴，每六人一席，按長幼序坐。演劇，宴畢諸生謝宴，禮成。（清·方茂昌：《（光緒）忻州志》卷二十，清光緒六年刻本）

【焦潛修負癱瘓母觀劇】清·石皓《焦孝康先生別傳（節錄）》：君名潛修，字靜齋，號槐南。父岐封公，母楊孺人，生子三人，君其次也。就傅後，終歲不出左塾，街衢鬧集之所，輒迂道避之。無何，楊孺人得癱瘓疾，不能動履，居常鬱鬱。召思所以娛之者，遇社會優人作劇，請於父，負之登車，親導之。及所，侍輿側，每一齣終，必陳說所以，以資色笑。戲畢，導輿歸，非是即絕跡。未幾，病增劇，食飲轉側，皆需人。君至是屏人事，一意侍湯

藥，衣不解帶者三年。（清・方茂昌：《（光緒）忻州志》卷三十七，清光緒六年刻本）

（同治）河曲縣志

【曉菴上人與鐵冠圖】上人不知何處人，相傳爲文殊化身。明末至舊縣城，居大寺後，居海潮菴。工書，與苗凌漢廣文善，凌漢從之學書。王加應之初亂也，上人持杖立寺外，賊望見金剛現身，不敢前，全活甚眾。及加應陷城前數日，上人忽去。凌漢訪之，見壁間留詩偈曰：「分付犬猫隨我去，休教流落野人家。」蓋欲苗同去耳。嗣遷居香山寺，嘗云：「此地但得羊駝糧，則人富足。」人初不解，後乃知爲渾脫，即令船筏上用以盛油米者。一日，社中人倚山蓋屋，上人忽至，曰：「老僧今日爲眾善設一茶。」及工匠甫至寺門，山崩屋塌，壓斃一犬，得不傷人。茶止一壺，數十人飲之不盡。又於元夜與父老閒坐，忽入定，及醒，曰：「河南好麥，揚州好燈，吾頃往觀之矣！」眾不信，遂於袖中出麥穗示之。寺中有淨室一間，係上人所建，窗甚小，社中人欲闢之，上人不可。每夜誦經，木魚聲達河西數十里。後人啓窗使大，而木魚聲不能過河矣！樓子營演劇，村人觀劇回者，上人問曰：「今日所演甚戲？」答曰：「《鐵冠圖》。」上人淚涔涔然，所至皆供萬歲牌，人不知其故。旋於羅圈堡買一騾，性極咆哮，狀極惡劣，人不敢近，惟上人乘之則馴，人以爲文殊坐騎也。居數年，修寺未就，忽欲去。社中人留之曰：「上人去，誰與成此寺者？」上人曰：「自有天成。」又曰：「馬到成功。」遂去。臨行，自言係明懷宗十三子。去後數載，有人在揚州、蘆溝橋、西安府同時見之，寄語問訊社中人，頃刻立化。所衣所乘，悉如去時。後果有僧名天成、名馬到者先後來寺。工乃竣，遂奉上人爲開山祖師，并爲建塔塑像。城中大覺寺匾、圓通菴碑，皆其所書，魄力渾雄，人莫能及。（清・金福增：《（同治）河曲縣志》卷四，清同治十一年刻本）

【老胡工奏技】上親撰銘，勒察罕拖諾山及昭莫多之山而還。次歸化城，輟膳大享，士卒獻厄魯特俘彈箏笳，歌者畢集。有老胡工笳，口辯有膽氣，兼能漢語。上賜之潼酒，使奏技，歌曰：「雪花如血撲戰袍，奪取黃河爲馬槽。滅我名王兮虜我使歌，我欲走兮無駱駝。嗚呼！黃河以北奈若何？嗚呼！北斗以南奈若何？」遂伏地謝。上大笑。（清・金福增：《（同治）河曲縣志》卷八，清同治十一年刻本）

（光緒）神池縣志

【立春前里市各扮故事慶豐年】立春前一日，有司迎勾芒神與土牛於東郊，里市各扮故事，表曰「慶豐年」。是日，民之男婦攜兒女看春。俟土牛過，各以豆撒之，謂之「散疹」。立春日，有司祀芒神，鞭土牛畢，民爭取土塊歸置牲圈，取畜養繁息意。（清·崔長清：《（光緒）神池縣志》卷九，清鈔本）

【元宵前後軍民各扮秧歌道情等戲】（正月）十四日始燈，十五日正燈，十六日罷燈。各街巷口搭松枝牌樓，燈籠火籠，軍民各扮秧歌、道情、龍燈等戲，歡歌行遊，通霄不寐，以作古鄉儺意。（清·崔長清：《（光緒）神池縣志》卷九，清鈔本）

【文昌帝君誕日紳上獻戲三天】二月二日，文昌帝君之誕，紳士獻戲三天，官司俱往焚香。是日也，闔邑人民於天明時去龍泉挑水曰引錢龍，小兒爭相剃頭曰安龍角。（清·崔長清：《（光緒）神池縣志》卷九，清鈔本）

【四月十八日娘娘廟獻戲三天】四月十八日，娘娘廟獻戲三天，村城人民各攜兒女，敬香紙，還愿。（清·崔長清：《（光緒）神池縣志》卷九，清鈔本）

【五月五日城隍廟龍王廟各獻女戲三天】五月五日，食甬黍，飲雄黃酒以祛毒。兒女以五色綫，縮赤靈符佩之。城隍廟、龍王廟各獻女戲三天，商賈雲集，少長咸至。男女看戲者，車以百輛計。（清·崔長清：《（光緒）神池縣志》卷九，清鈔本）

【四月中旬演劇場】（廩生）宮休鍾《竹枝詞》十二首之四：「四月中旬演劇場，阿婆最喜計兒郎。稚童雲集爭趨拜，出痘曾焚了愿香。」（清·崔長清：《（光緒）神池縣志》卷九，清鈔本）

【紛紛雜劇出東郊】（歲貢）宮含藻《竹枝詞》二首之二：「紛紛雜劇出東郊，迎得春來豆穀拋。著意尋春春不見，東風吹上柳枝稍。」（清·崔長清：《（光緒）神池縣志》卷十，清鈔本）

（雍正）平陽府志

【宜興知縣趙觀以署前兩壁繪優人下賤狀】趙觀，字屺瞻，舉人，任宜興知縣。甫下車，以署前兩壁繪優人下賤狀，榜其上曰：「囑託者此，狥情者此。」清介自持，人不敢干以私。興利除害，政績大著。（清・章廷珪：《（雍正）平陽府志》卷二十三，清乾隆元年刻本）

【伶工審音不得班於后夔】方技：專家之業，君子弗爲，爲其近且小也。伶工審音，不得班於后夔；方士占驗，豈容躋之義仲。無他，道與藝別焉耳。（清・章廷珪：《（雍正）平陽府志》卷二十七，清乾隆元年刻本）

【婚禮演劇以爲常】昏禮各處不同，大約六禮之中，僅存其四。問名、納采、請期、親迎而已。亦有不親迎者。張筵演劇，富家率以爲常，無復古者昏不舉樂之意。（清・章廷珪：《（雍正）平陽府志》卷二十九，清乾隆元年刻本）

【喪禮百戲具陳】喪禮不作佛事，不用俳優，士大夫秉禮之家間有行者，鄉里怪之，目爲儉親。誦經超度，扮劇愉尸，牢不可破。至於出殯之日，幢幡遍野，百戲具陳。力不能備，則以爲恥，寧停柩焉。惟翼俗近古，頗可爲法。（清・章廷珪：《（雍正）平陽府志》卷二十九，清乾隆元年刻本）

【歲時社祭多演劇爲樂】歲時社祭，夏冬兩舉，率多演劇爲樂。隨其村聚大小，隆殺有差，蓋猶報賽之遺云。（清・章廷珪：《（雍正）平陽府志》卷二十九，清乾隆元年刻本）

【香火會演雜劇】鄉鎮立香火會，扮社火，演雜劇，招集販鬻，人甚便之。然男女聚觀，識者恨焉。（清・章廷珪：《（雍正）平陽府志》卷二十九，清乾隆元年刻本）

【元宵鼓吹雜戲】元宵張燈毬、架鰲山、鼓吹雜戲，火樹銀花，城市爲多，然奢儉相懸，各從其俗。鄉村以小瓦盞點油燈，遍列門室。蒸麵作魚蛇置燈旁，俗呼「伴燈」。（清・章廷珪：《（雍正）平陽府志》卷二十九，清乾隆元年刻本）

【俳優雜劇勞耗精神】明・韓交《請誅逆瑾疏（節錄）》：伏惟人主以辨姦爲明，人臣以犯言爲忠，況群小作朋，逼近君側，社稷安危，天下治亂，

所繫者乎？……究其故，皆緣太監馬永成、谷大用、張永、羅祥、魏彬、劉瑾、邱聚等置造巧僞，淫蕩上心。或擊毬走馬，或放鷹逐犬，或俳優雜劇，錯陳於前，或導萬乘之尊與外人交易，狎暱媟褻，無復禮體。日遊不足，繼之以夜，勞耗精神，虧損志德。（清·章廷珪：《（雍正）平陽府志》卷三十六，清乾隆元年刻本）

【玳筵歌兒舞袖長】明·韓邦奇《題襄陵分司三首（之二）》：薰風綠沼碧荷香，玳筵歌兒舞袖長。一醉襄陵傾百盞，不知風景是平陽。（清·章廷珪：《（雍正）平陽府志》卷三十六，清乾隆元年刻本）

（乾隆）臨汾縣志

【歲時社祭多演劇爲樂】歲時社祭，夏秋兩舉，率多演劇爲樂。隨其村聚大小，隆殺有差，蓋猶報賽之遺云。（清·高塘：《（乾隆）臨汾縣志》卷二，清乾隆四十四年刻本）

【張金泊擅幻術】張金泊，山西平陽人，什視濟源湫水之蹟，對水沉思曰：「不過術耳。」歸以後圃鑿池積水，設機亦能溉物。有一老道流來探，張引觀池，老道笑曰：「他夕請遊寒寓，亦可爲樂。」數日後，遣二童子各騎龍邀張。龍戾，童鞭之始伏。至一山，老道危坐曰：「老夫不欲涉塵世，以二足置他所，俟取至爲禮。」張見兩腿兀然倚壁，老道以手撫之，腿自轉及其體。施禮畢，謂張曰：「君後日必爲術累，不若移家至此，同享仙家之樂。」張謝不能，老道囑童往移，候忽問張之房業、男女，皆在目前。張大驚，俄頃失之，止留張在荒山中。尋路還家，問其故，皆曰未嘗少移。明太祖召問其術，對曰：「臣能採蓮爲戲，瓶中能出五色雲。」命爲之。袖中取一鐵瓶，書五符與水投瓶中，用火囚炙，初出如縷，□勃然五色雲起，迷布上下。又以蓮子撒河中，須臾蓮花萬柄挺出。復以紙剪作採蓮船投之，美女無數，俱在船採蓮，競唱魚歌爲樂。上不覺大笑，忽然俱不見。見《續文獻通考》。（清·高塘：《（乾隆）臨汾縣志》卷八，清乾隆四十四年刻本）

（道光）直隸霍州志

【富家婚娶演劇】冠禮久廢，趙邑人老多無字。儒士入學，齋長以字贈之，尚存其意。昏禮不親迎，大約六禮中僅存其三，問名、納采、請期。娶

之日，張筵會親友，富家亦有演劇者，無復古者昏不舉樂之意。趙城蚤婚配，少怨曠，十四五歲男女生子者往往而有。（清・崔允昭：《（道光）直隸霍州志》卷十五，清道光六年刻本）

【社祭夏秋兩舉率多演劇為樂】歲時伏臘祭其先，品不多具，即士大夫家，亦不以三牲五鼎為榮。時祭外神，麵物數種，香楮而外無他焉。社祭夏秋兩舉，率多演劇為樂，隨其村聚大小，隆殺有差，猶報賽之遺也。（清・崔允昭：《（道光）直隸霍州志》卷十五，清道光六年刻本）

【元宵辦雜劇】元宵張燈吹鼓，扮抬高、辦雜劇，士女駢集。（清・崔允昭：《（道光）直隸霍州志》卷十五，清道光六年刻本）

【河東公祠戲樓】（都御史）吳珉（靈邑人）《重修河東公祠記（節錄）》：靈石邑城西去一舍許，里曰子夏。里之南有廟一所，像大賢卜子夏於中，里人春秋祀之。……仍於庭之中央建樓三楹，祭享之日，伶人奏樂於上，以和神人。門垣既崇，啟閉有鑰，牧豎樵子不得遊嬉於內，遠近瞻望，廟貌森嚴，金碧輝映，煥然一新。（清・崔允昭：《（道光）直隸霍州志》卷二十五，清道光六年刻本）

【有觀劇而忽生愧悔者】（知州）胡觀海《霍山書院崇祀曹月川先生記（節錄）》（乾隆二十七年）：霍山書院創自前州陳公。陳公以黔中進士出宰江夏，擢牧於茲，惠愛曲至，尤以興教化為急務。……逮曹月川先生之設教於霍也，昌明理學，獎掖後進，前後十有八載。維時州人士翕然向化，親炙光儀者如周正、郭晟，具載先生行實記。繼起如史素父子、喬瑞、任光裕、李廷儀、成德輩，忠義循良，偉然前代名臣。諸生中如邢大化、高文質等，有聞言孝而墮淚者，有聞正言而止供佛者，有觀劇而忽生愧悔者。（清・崔允昭：《（道光）直隸霍州志》卷二十五，清道光六年刻本）

【韓侯廟戲樓】（靈邑令）張學洙（三原人）《重修韓侯廟記（節錄）》：侯之功偉矣。廟食固宜然，則曷為而在靈石縣也。……是役也，大殿與西窰房仍其舊而新之，戲樓因其址而廓大之。增軒楹一、東窰房三、鐘鼓樓各二，又茶房三間，檻欄堦級，煥乎一新。經始於乾隆二十九年二月二十六日，落成於乾隆二十九年六月二十九日。（清・崔允昭：《（道光）直隸霍州志》卷二十五，清

道光六年刻本）

（道光）趙城縣志

【富家治喪延僧道誦經演佛劇】富家治喪，必擇顯者題主，費恒不貲。他若延僧道誦經演佛劇，尤失禮，當盡擯之。（清·楊延亮：《（道光）趙城縣志》卷十八，清道光七年刻本）

【享賽必演劇】清明不拜墓，俗言樂戶以是日祀祖先，故避之，謬說耳！忌辰薦於寢，忌日必哀之意也，生辰亦祭焉，近古矣。惟尚滛祀，村必有廟，釀錢，歲課息以奉神。享賽必演劇。祭物以首承之而進，拜跪無常儀，饗獻無常數。婦女老幼，什伯爲群，雖禁之弗戢，則道家祈禱之說，階之厲也。（清·楊延亮：《（道光）趙城縣志》卷十八，清道光七年刻本）

（光緒）浮山縣志

【歲時社祭率多演劇】歲時社祭，夏冬兩舉，率多演劇宰牲，隨其村落大小，隆殺有差，蓋猶報賽之遺云。（清·鹿學典：《（光緒）浮山縣志》卷二十六，清光緒六年刻本）

【鄉鎮演劇】鄉鎮立香火會，扮社，賀演劇，男女遊觀，招集販鬻，人甚便之。（清·鹿學典：《（光緒）浮山縣志》卷二十六，清光緒六年刻本）

【優人演春】立春，先期一月用樂戶，假之冠帶，曰「春官」、「春吏」。又裝春婆一人，叩謁於官長及合邑薦紳之門，誦吉語四句以報春。至期，先一日集優人、妓女及幼童扮故事，謂之「演春」。次日率僚屬朝衣朝冠，侈儀從，迎春於東郊，歸則鼓吹導前，土牛、芒神居後，舁之公堂而宴之。至五更禮畢，鞭牛，使碎，名曰「打春」。是日，人家取春牛土書吉利字於門，并噉蘿葡數片，名曰「咬春」，取薦辛也。雍正元年，奉旨令樂戶、娼婦歸良，春官、春吏、春婆仍舊焉。（清·鹿學典：《（光緒）浮山縣志》卷二十六，清光緒六年刻本）

【元月二十九日火星聖誕演劇】（元月）二十九日，火星聖誕，演劇四日，放架火以答神功。（清·鹿學典：《（光緒）浮山縣志》卷二十六，清光緒六年刻本）

【三月二十日聖母廟演劇】（三月）二十日聖母廟演劇設醮，祈保嬰孩。（清・鹿學典：《（光緒）浮山縣志》卷二十六，清光緒六年刻本）

【歲正月二十九日火星廟獻牲演劇放火】火星廟，在南關。雍正十三年乙卯閏四月，邑宦張垚捐貲創建。歲正月二十九日聖誕，獻牲、演劇、放火。前後四日，亦有販鬻牲畜貨物者。（清・鹿學典：《（光緒）浮山縣志》卷二十九，清光緒六年刻本）

（光緒）汾西縣志

【春祈秋報率多演戲】歲時社祭：春祈秋報，率多演戲宰牲，隨其村落大小隆殺，大抵多失之儉。平時市無屠肆，亦其地瘠民貧，有以使之然也。汾邑地處山僻，商賈不通，市物匱易。每歲三、八兩月，城中會期，鄰封霍、趙、洪等處有鋪來縣貿易花布貨物，邑素稱便。（清・曹憲：《（光緒）汾西縣志》卷七，清光緒七年刻本）

【三月二十八日泰山廟演劇】三月二十八日，泰山廟演劇。（清・曹憲：《（光緒）汾西縣志》卷七，清光緒七年刻本）

（光緒）汾陽縣志

【崔隱甫殺皇帝寵伶胡雛】崔隱甫，貝州武城人，隋散騎侍郎儦之曾孫也。解褐左玉鈐衛兵曹參軍，遷殿中侍御史。內供奉浮圖惠範，倚太平公主，脅人子女。隱甫劾狀，反為所擠，貶邛州司馬。玄宗立，擢汾州長史兼河東道度支營田使，遷洛陽令。梨園弟子胡雛善笛，有寵，嘗負罪匿禁中。帝以他事召隱甫，從容指曰：「就卿匄此人。」對曰：「陛下輕臣而重樂工，請解官。」再拜出。帝遽謝，與胡雛，隱甫殺之。有詔貰死，不及矣。賜隱甫百縑。後拜東都留守，封清河郡公。卒，贈益州大都督，謚曰忠隱。（清・方家駒：《（光緒）汾陽縣志》卷四，清光緒十年刻本）

【馮大中重懲王府優人車服違制】馮大中，字受生，邑之羅城鎮人。嘉慶四年進士，授吏部主事。副典湖南戊辰科鄉試，歷員外郎、郎中，擢御史。大中性強幹，能自刻苦。少孤貧力學，日僅一餐，無愠色。事繼母以孝稱。官吏部，負儻聲。嘗奉命偕重臣鞫獄畿輔，或以賄進，峻卻之，為當道

所器重。巡城時，王府優人車服違制，重懲不少貸。復請嚴定服色，輦轂肅然，豪猾屏跡。（清‧方家駒：《（光緒）汾陽縣志》卷八，清光緒十年刻本）

【人瑞翁好觀劇】清‧武允文《人瑞翁傳（節錄）》：人瑞翁者，邑東郭劉姓，九十二歲老人也。家世望族，異稟天生。因早歲失明，故廢讀，然遇事爽直，恒厭人私曲。年十五，得異人授以方藥而目復明，眼光乍見，聰明知識似以鬱久而彌強。自是喜出入，好觀劇，往往終日不憚煩，使讀書，即不悅。太公以此患之，曰：「若男子，何耽逸遊？」老人即以悔矢，深自刻責。由是佐太公經理家政，雖老成弗過。（清‧方家駒：《（光緒）汾陽縣志》卷十，清光緒十年刻本）

【苗民取田震所斷疑獄演劇記之】清‧諸世器《參政文湖田公家傳》：公名震，字又起，別字文湖，參政蒼崖公之次子。初仕，官盛京刑部員外郎，轉本部湖廣、江西二司。出知姚安府。府境多山田，礦硇有大石溯，當萬松山下，爲眾流之衝。公相視地勢隄其下，豬水二十甲，溉田可萬頃，無憂暘旱。調雲南府。先是，普思蠻叛，被繫者五百餘人，將伺懈爲變。公廉知其謀，爲計畫，俾亂不作，境得寧。又調臨安，所轄苗疆，其土司死，子幼，諸弟中有越次圖襲者，當事俱爲所蔽。公至，得其情實，立正之。乾隆己未，以治行第一奉詔入都，蒙恩賜蟒袍、貂皮、人葠、香珠等物。已有命待擢監司之仕，會大吏議開金沙江通銅運，而公在臨安曾治道百四十里，用車牛運銅，事稱便，以善經畫，倚公檄往督理。凡六易寒暑，乃竣事。丁卯授陝西驛鹽道，未之任，改湖北驛鹽道。庚午兼理武昌榷政，以前冒滇中瘴氣毒發，卒，年四十有五。公素謙謹，遵父兄教。十歲屬文，即與伯兄並以才名見稱。稍長入都，族父陽城相國尤愛之，京師貴人皆欲出己門下，爭致關節，卻不受，至不入闈以自明。公嘗謂：「吾生平錄錄仕途，於道無所聞，惟有韻之文略未荒落，可信者惟此耳！」然公歷官滇、楚，循良之聲聞於朝野。苗疆民乃取其所斷疑獄，演劇記之。凡遇事有卓識，滇中舊不報災，公始至姚安，值歲旱，慨然曰：「朝廷以赤子付有司，雖遠猶近，而遺之乎？」請於臺司，獲賑恤，此後遂以公報災爲例。木期古處東川江外，不隸滇、蜀，無頭目鈐轄，行人過則出爲寇鈔。公之在臨安也，減車從，入其阻，曉諭朝廷德意。因不以威信，眾聞言感激，求內附。歸復視要害數處，設堡寨，寇患遂息。
（清‧方家駒：《（光緒）汾陽縣志》卷十三，清光緒十年刻本）

吉　林

（光緒）吉林通志

【關帝廟演戲樓】關帝廟有四十一。……一在得勝門外北山。正殿三楹、西配廡七楹、禪堂三楹、穿廳三楹、東配房五楹、仙人堂二楹、鐘鼓樓各一、演戲樓一座、西便門一楹。（清·長順：《（光緒）吉林通志》卷二十六，清光緒十七年刻本）

【城隍廟演戲樓】城隍廟，在城內將軍署東。正殿三楹、後殿三楹、東西配廡各三楹、儀門三楹、禪堂三楹、土地祠三楹、鐘鼓樓各一、大門三楹，上有演戲樓。康熙四年建，嘉慶十一年重修，道光二十六年復修，光緒十一年又修。光緒十四年御書「龍泉普佑」匾額，十六年御書「龍泉惠普」匾額，恭懸正殿。十五年，在迎恩門外建設行宮，正殿三楹、大門一楹。（清·長順：《（光緒）吉林通志》卷二十六，清光緒十七年刻本）

【火神廟演戲樓】火神廟，在迎恩門外一里許。正殿三楹、東西配廡各三楹、鐘鼓樓各一、大門三楹，門前有演戲樓一座。雍正五年建，同治二年復葺，光緒二年商人呈請抽釐重修。（清·長順：《（光緒）吉林通志》卷二十六，清光緒十七年刻本）

【山神廟演戲樓】山神廟有二，一在迎恩門外一里許。正殿三楹、配廡禪堂共十餘楹、鐘鼓樓各一、大門三楹，門前有演戲樓一座，建年無考。光緒初年山東會商人捐貲重修。一在城內太平倉前。正殿一楹、大門一楹。乾

隆十三年建，同治九年重修。（清‧長順：《（光緒）吉林通志》卷二十六，清光緒十七年刻本）

【財神廟演戲樓】財神廟，在城內翠花胡同東。正殿五楹、東西配廡各三楹、西客廳五楹、穿廳三楹、廚房三楹、東耳房三楹、大門三楹，上有演戲樓。嘉慶十五年任學先等集資創建。道光年間復葺。同治十三年，今甯古塔副都統富爾丹倡捐重修。（清‧長順：《（光緒）吉林通志》卷二十六，清光緒十七年刻本）

【觀音堂演戲樓】觀音堂，在巴爾虎門內路南。正殿三楹、東西配廡各五楹、仙人堂一楹、鐘鼓樓各一、大門三楹，門前有演戲樓一座。相傳乾隆元年某總管得大士金身於清溪中，供奉茅菴後。總管出征，屢蒙神佑，遂於三十五年特建是廟。道光三年復葺，十七年官商集貲置買祀田。同治八年將軍富明阿倡捐重修。（清‧長順：《（光緒）吉林通志》卷二十六，清光緒十七年刻本）

【關帝廟戲樓】關帝廟有五。……一在城西八十里沙蘭站。正殿三楹、東西配廡各三楹、鐘鼓樓各一、大門三楹，門前有演戲樓一座，康熙十年建。（清‧長順：《（光緒）吉林通志》卷二十六，清光緒十七年刻本）

【山神廟演戲樓】山神廟，在城東。正殿三楹、東西配廡各七楹、禪堂六楹、大門三楹，門前有演戲樓一座，乾隆十二年建。（清‧長順：《（光緒）吉林通志》卷二十六，清光緒十七年刻本）

【關帝廟戲樓】關帝廟有二：一在城內總管署東。正殿三楹、後殿三楹、東西配廡各三楹、禪堂六楹、鐘鼓樓各一、大門三楹。一在古城外東北隅。正殿三楹、後殿三楹、東西配廡各三楹、禪堂六楹、鐘鼓樓各一、大門三楹，門前有演戲樓一座。（清‧長順：《（光緒）吉林通志》卷二十六，清光緒十七年刻本）

【吉林歲時演劇】元旦，旗民於昧爽前，盛服焚香祭祖、禮神，炸（聚爆竹為之）爆鼓樂之聲，徹夜不絕。天明親友互相賀歲，車馬絡繹。二日黎明，商戶祀財神，然炸爆。院中建席棚，祀天地神祇。前植松樹二株，或四或六不等，皆高丈餘。上貼桃符，張設燈綵，富家間亦為之。六日，商賈開市半日。十五日，為元宵節，以粉餈祀祖先。街市張燈三日，金鼓喧闐，燃冰燈，放花爆，陳魚龍曼衍、高蹺（編者案：「蹻」似應為「蹺」）秧歌、旱船竹馬諸雜

劇。是日男女出遊，塡塞衢巷。或步平沙，謂之「走百病」；或聯袂打滾，謂之「脫晦氣」，入夜尤多。二十五日，爲添倉，煮黍飯、焚香楮、祀倉廒曰祭倉，鄉間尤甚。

二月二日，俗謂龍擡頭，婦女忌鍼黹。是日多食豬頭，啖春餅。正二月內，有女之家多架木打秋千，曰「打油千」。

清明日，家無貧富，必攜酒饌墓祭。培墳土，壓紅楮於馬鬛之前。是日，城隍出巡，以肩輿舁神像至西關行宮，童男女荷校跪迎道側，悔罪祈福。

三月三日，城北元天嶺眞武廟會演劇報賽。嶺巓磚壁高丈餘、寬八九尺，中嵌白石象坎卦，以鎭城中火災。又是日爲仙人堂會，又爲三皇廟會，城鄉瞽者均往祭神，不到者罰。十六日，山神廟會，各薲戶釀賮演戲。山村具牲醴，祀神者尤眾。二十八日，東嶽廟會祀神演劇，遊人甚多。

四月十八日，東關娘娘廟會，婦女焚香還願。有獻神袍、幔帳、金銀斗、替身人等物。小兒七八歲，每於此日留髮。囑兒立聳卜，僧人以箒擊頂，喝令急行，不許回顧，曰「跳牆」。二十八日，北山藥王廟會，男女出遊。演戲，旁設茶棚、食館尤眾。婦女爲所親病許願，由山麓一步一叩，直造其巓。遊人挈酒榼，聚飲林中，興盡始返。亦一盛會也。

端陽節，門戶懸蒲艾，包角黍，食糯米饊，飲雄黃酒，門楣掛葫蘆。婦女以綵絲爲帶，以五色緞製荷包、葫蘆諸小物簪髻上。或以布作虎繫兒肩，皆除災辟沴之意。龍潭山櫻桃熟，士女渡江登覽，備酒暢飲，日暮方歸。十三日，俗謂關帝單刀會，北山廟演劇。前一日俗謂磨刀期，雖旱必雨。

六月六日，蟲王廟會，各菜園備牲醴，祭神、祈年、賽願。是日多有曬衣、曝書者。十九日，觀音堂會，各旗協領、參領董其事。演戲祀神，旁設茶樓。中建高棚，以蔽炎日。二十四日，北山關帝廟會，演戲，咸往登臨，藉以消暑。

七夕，婦女陳瓜果，以綵縷穿鍼乞巧。

中元節，男女祭墓，會族人，食餕餘。北山作盂蘭會，夜燃燈，徧置山谷，燦若列星。江中以船二，載荷花燈，燃燈順流，如萬朵金蓮浮於水面。船僧唄經，鐃鈸鼓吹並作，士民競觀，接踵摩肩。是日，舁城隍神出巡，與清明同。

中秋節，鮮果列市，皆販自奉天醫巫閭山，購以供月。戚友以月餅等物相餽。是日合族聚食，不出外，曰過團圞節。

九月九日，食菊花餻。以麵合糖酥爲餅，凡數層，上黏菊葉，每層夾以果仁、山查、葡萄、青梅諸物。又名九花餻。元天嶺演戲，士女登高。其三皇廟、仙人堂各會，與上巳同。是月，人家糊窗、醃荣，治竈多蓄白荣，煮以沸水置缸中，以石壓之，日久則味酸質脆，爽若哀梨，爲饗冬之用。十七日，財神誕辰，供桃麵雞魚。各商赴廟祭拜，演劇敬神，觀者如堵。

十月朔日，展墓祀祖，謂之「送寒衣」。舁城隍神出巡，與中元節同。開粥廠、散棉衣，以濟窮黎。

十一月江冰，沿江旅店因岸爲屋，鑿冰立柵，以集行人。市售獐狍、鹿豕、雉魚之屬，居人購作度歲之餚，並爲餽禮。

十二月八日，諺稱臘八，雜米合棗栗、果仁煮粥，亦有食黍米飯者。前數日，功德院僧人沿門乞米，謂化臘八粥，以食院中養濟所之窮民。二十三日，夜祀竈神，供餳餻，放炘爆，謂之「過小年」。前後數日，家以肉糜裹麵作水角曰包角子，以餡包麵蒸餻曰蒸餑餑，與魚肉穀蔬俱先儲備，必足半月之需。

除日清晨，千門萬戶氣象同新，鼓樂沿門賀歲。午後列神主、懸遺像、設供祭拜並祀諸神，炘炮之聲不絕。晚間內外燃燈，親友交賀曰「辭歲」，三更方罷。人家有未墓祭者，是夜在巷口焚化冥資，曰「燒包袱」。嗣則合族拜賀，各分歲錢，團聚飲食。亦有終夜不寢者，謂之「守歲」。（清·長順：《（光緒）吉林通志》卷二十七，清光緒十七年刻本）

【上元夜扮秧歌】上元夜，好事者輒扮秧歌。秧歌者以童子扮三、四婦女，又三、四人扮參軍，各持尺許兩圓木戞擊相對舞。而扮一持傘燈賣膏藥者前，道旁以鑼鼓和之。舞畢乃歌，歌畢更舞，達旦乃已。《柳邊紀略》。（清·長順：《（光緒）吉林通志》卷二十七，清光緒十七年刻本）

【鎮民以戲劇中焦贊爲名】僞忠王李秀成逸走淳化鎮，乞食於老嫗。既食，伸臂脫金釧以酬。嫗疑之，語鎮民焦贊。其人戇而黠，儕輩因其姓以戲劇中焦贊名之，於是從數少年循馬跡往追，顛而獲焉，以獻會城。與蕭孚泗軍遇，孚泗賚焦贊，以秀成自功，得封爵。（清·長順：《（光緒）吉林通志》卷七十一，清光緒十七年刻本）

【万金記傳奇本事】吳兆騫，字漢槎，江蘇吳江縣人。少有雋才。父燕

勒，以進士爲永州府推官，從過潯陽、大別，出洞庭，泛衡湘，攬山川形勝，發爲詩歌，往往驚其長老。嘗作《膽賦》，其師計名賞之曰：「此子異時有盛名，然亦不免於禍。」性簡傲，嘗從儕輩出邑東門，意氣岸然不屑，俄顧其宗人青壇作袁淑語曰：「江東無我，卿當獨秀。」聞者爲側目。與華亭彭師度、宜興陳其年，號「江左三鳳凰」，尤善無錫顧貞觀。順治十四年舉於鄉，而主試方猷、檢錢開宗頗通關節。或就其姓，減方之點，錢之二戈，爲《万金記》傳奇，流聞禁中。世祖大怒，誅猷檢、開宗及同考官十六人於市。是時江南房考十有六。會順天同考官李振鄴、張我璞亦以張千、李萬之謠坐誅。命覆試南北舉人於瀛臺，題即《瀛臺賦》。以護軍二持刀夾舉人一，與試者多震懼失次，則歎曰：「焉有吳兆騫而以一舉人行賄者乎？」遂不復爲。亦以夙負才名，爲言者多，謫戌甯古塔。將軍巴海禮重之。妻葛亦間關相從。而縱酒放歌，與遷客張縉彥等爲七謫之會，頗亦足樂。蓋吳偉業贈《悲歌行》時所未及料。所著詩及駢體文見《秋笳集》者，氣體益遒上，視少作不侔矣。康熙二十一年，聖祖遣祭長白山，因爲《長白山賦》並序，使者以聞。其辭曰：……。先是，京師諸故人多與謀賜環，貞觀尤力。大學士明珠子成德故與善，感所寄兆騫《金縷詞》二闋，言於其父。賦既奏，大學士宋德宜、刑部尚書王士正、徐乾學偕成德等醵贖鍰以進，得放歸。乾學、士正爲賦入關詩誌喜。於是居絕域二十三年矣。子振岦，生戌所，著《甯古塔紀略》。（清・長順：《（光緒）吉林通志》卷一百十五，清光緒十七年刻木）

　　編者案：文中「主試方猷、檢錢開宗」似應作「主試方猷、檢討錢開宗」，脫一「討」字；「誅猷檢、開宗」當作「誅猷、開宗」，衍一「檢」字。

黑龍江

（嘉慶）黑龍江外記

【齊齊哈爾諸廟賽會演劇】齊齊哈爾諸廟各有會期，或三日，或五日，誦經演劇，商販醵金以辦。僧與伶皆流人也。惟四月二十一日普恩寺一會，首事者皆娼妓。是日進香，觀劇者肩摩轂擊，十倍平時。程君煐嘗作賽會篇以諷之。（清·西清：《（嘉慶）黑龍江外記》卷二，清光緒廣雅書局刻本）

【村落婦女上元赴城觀劇】上元，城中張燈五夜，村落婦女來觀劇者，車聲徹夜不絕。有鏤五、六尺冰為壽星燈者，中燃雙炬，望之如水晶人，此為難得。（清·西清：《（嘉慶）黑龍江外記》卷六，清光緒廣雅書局刻本）

上　海

（光緒）松江府續志

【花鼓戲亦導淫之弊俗】游手無賴之徒，開場聚賭，率當兩界之交，以爲兔窟。然亦有匿跡城市者。少年子弟，往往入其轂中，以致敗名失業。案：昔時賭具，率以投子。今則尤尚竹牌，謂之「牌九」。又《南匯志》：鄉鎮遊手，每以秋末冬初開場鬥蟋蟀，名曰「秋興」。既罷，則鬥鵪鶉，曰「冬興」。此風盛行於浦東南。又有棍徒，攜帶婦女，出沒鄉鄙，演唱淫詞。俗稱花鼓戲。亦導淫之弊俗也。錢學綸語新謂此風始於乾隆年。又《南匯志》云：又有所謂隱戲者，蓋興於浙之海鹽，頗復沿及浦東，亦其類也。（清・博潤：《（光緒）松江府續志》卷五，清光緒九年刊本）

【城隍廟戲樓】城隍廟，在城西門內。咸豐八年，知縣顧思賢偕邑人重修。同治初復修，並建東廳戲樓。（清・博潤：《（光緒）松江府續志》卷十，清光緒九年刊本）

【咸豐十年城隍廟戲樓毀】婁縣城隍廟，在府城隍廟西。咸豐十年，寇毀頭門、戲樓。（清・博潤：《（光緒）松江府續志》卷十，清光緒九年刊本）

【同治元年東嶽行宮戲樓毀】東嶽行宮，在谷陽門外大街。道光三年重修，十六年募建楊、侯二堂。同治元年，寇毀戲樓。（清・博潤：《（光緒）松江府續志》卷十，清光緒九年刊本）

【道光十六年重建城隍廟戲樓】城隍廟，在長生橋西。道光十六年，

重建西廡及戲樓。同治四年，知縣王宗濂重修；七年，巡道應寶時倡捐重建大殿。（清‧博潤：《（光緒）松江府續志》卷十，清光緒九年刊本）

【光緒六年重建火神廟戲樓】火神廟，在篾笠橋南。道光二十七年、咸豐七年先後添建。光緒六年，巡道劉瑞芬重建大門、戲樓。（清‧博潤：《（光緒）松江府續志》卷十，清光緒九年刊本）

【陳淵泰白有司嚴禁里中演花鼓戲】陳淵泰，字上之，青浦人。道光十二年舉人。性肫懇，幼承世父琮、父瓏緒論，好古敦行。其治經也，初學虞氏易，後尤致力於三禮。珠溪剙建書院，延淵泰為院長，教後進必勖以古學。居鄉力持名義，凡里中設賭廠、演花鼓戲，輒白有司嚴禁之。（清‧博潤：《（光緒）松江府續志》卷二十四，清光緒九年刊本）

【同治三年建西眞道院戲樓】西眞道院，在南橋鎮。咸豐十一年，寇燬。同治三年，里人沈儀吉、吳麟等重建，別建戲樓及南塘小築。（清‧博潤：《（光緒）松江府續志》卷三十八，清光緒九年刊本）

【上海鄉里鳩財賽祭】上海城市，遊手好閒之徒驕侈彌甚。鄉里尙樸陋，然鳩財賽祭，引誘招搖，所在恒有。最壞者淫詞淫戲，子弟遊蕩，遂至廢業。（清‧博潤：《（光緒）松江府續志》卷四十，清光緒九年刊本）

（同治）上海縣志

【花鼓淫詞引誘子弟遊蕩廢業】《青浦志‧風俗》條有云：「俗漸驕侈，婚嫁宴會，率尙虛禮。又迎會演劇，會首鳩財。各村賽祭，引誘招搖，釀成奸竊。甚至跳習拳勇，聚為賭博，而財力愈耗矣。吾邑城市遊手好閒之徒，驕侈彌甚。鄉里尙樸陋，然鳩財賽祭，引誘招搖，在所恒有。最壞者花鼓淫詞，村臺淫戲，引誘子弟遊蕩廢業。（清‧應寶時：《（同治）上海縣志》卷一，清同治十一年刊本）

【二月十二日扮採茶女歌】二月十二日花朝，翦綵賞紅，張花神燈，俗呼涼繖燈。翦紙為繖，鏤刻人物、花鳥，細於繭絲。出燈用十番鑼鼓。又有紙紮花枝、花籃，擊細腰鼓，扮採茶女，雜遝而歌。後裝臺閣，小兒綵服乘坐。（清‧應寶時：《（同治）上海縣志》卷一，清同治十一年刊本）

【山西提學副使陸深斥優人子入學】陸深，字子淵，號儼山。父平，字以和，號竹坡。善筆札，眞行草書，皆有晉唐風致。前《志》，見「藝術」。深幼有器識，宏治十四年舉應天鄉試第一，十八年以二甲第一名進士，改庶吉士，授編脩。時劉瑾嫉翰林官亢已，悉改外，深得南京主事。瑾誅，復職。正德十二年爲同考官，得舒芬、夏言等。擢國子監司業。丁父憂歸，終制，不赴補。廷臣交章薦之，起祭酒，充講筵故事。講章先從內閣刪竄，深講畢，面奏：「今日講章，非臣原撰，乞自今容講臣得盡其愚。」上可之。退後上疏，極言講臣宜令自盡獻納，以杜壅蔽。時世宗方向桂萼，深講章，萼所更也，遂責其欺罔，謫延平府同知，遷山西提學副使。時晉府有優人子入學，深聞之日：「可使學宮缺一人，不可使一人污學校。」竟斥之。(清・應寶時：《(同治)上海縣志》卷十八，清同治十一年刊本)

【俞顯卿劾屠隆罷官】俞顯卿，字子如，號適軒。萬曆十一年進士，授刑部主事。劾奏儀部屠辰卿，故嘗爲青浦令者。臺省稱其直而疑其修怨，兩罷之。家居，杜門清修，敦尚孝友。執親喪，蔬食三年。家貧，鬻園以葬其親，士論高之。据《雲間人物志》補前志遺事：顯卿初爲青浦令屠隆所慢，屠善度曲，嘗從優伶演劇於西甯侯宋世甯第，顯卿官御史，遂舉此事以劾屠。屠去官，而顯卿亦罷，宋亦失侯。(清・應寶時：《(同治)上海縣志》卷十九，清同治十一年刊本)

【徐勛好度曲】徐勛，字紀常，少有膂力，入武庠，累試不第，乃棄去。作人物花卉畫，間仿仇英山水，亦工細。好度曲，嗜酒，嘗轟飲累月。人求畫，不輕與，或不求而自與之，其性然也。(清・應寶時：《(同治)上海縣志》卷二十二，清同治十一年刊本)

【王垓自彈詞曲以娛親】王垓字孝先，號梅齋，郡人。由諸生例貢選授山東郯城縣丞，三署縣篆。旋罷歸，買宅諸翟，遂家焉。母近百齡，垓年亦六十，每當炎暑，奉母竹陰中，自彈詞曲以娛親。嘗言自幼至老，心口如一。僑居數載，仍歸郡城西門外，年九十而終。據《紫提村志》補。(清・應寶時：《(同治)上海縣志》卷二十三，清同治十一年刊本)

【一捧雪本事】宋徽宗內庫所藏玉杯三，其一名教子昇天。內外光潤，絕無纖埃。杯口三面聳出，螭頭如生，眞神物也。二名八面威鋒。三則單螭作把。外多花紋，甚細，瑩白勝於教子，而神稍遜。其一、其三，向在朱尙

書旅溪家。孫少愚、文巖分得之。文巖不能守，以教子杯典吳門三百金。已而，從兄司成文若公以原銀贖歸，而單螭在少愚處，亦歸司成矣。司成捐館，無子，立弟太學文泉子爲嗣，而諸寶玉器，則司成夫人陸氏謹司之。萬曆壬午秋，陸氏卒，陸宗族無不垂涎其家業者，乃訟太學於浙。平湖劉令逮至圓扉，眾瓜分其有。陸有顯者曰：「兩玉杯至，太學生還矣。」於是亟取獻之。杯到之夕，太學室胡氏忿然曰：「太學之禍，此爲祟耳！」睨杯欲擲於地。左右失色，請曰：「如太學何？」胡曰：「且休矣，猶當辱之。」乃出錢二十五文，沽平湖薄酒一尊，斟玉杯中，徧賜厮養臧獲。明日上獻，下午出太學於獄。又明日，張筵飲太學，歡然而歸。後四十年，太學之子本洽成進士，適陸之孫鍾奇以馬道衡謀反一案，松守張宗衡置鍾奇於圓扉，陸氏歸璧於朱，鍾奇獲免死。本洽以杯祭其父，即碎其杯於像前，松人無不以爲美談。語云：「象齒焚身，懷璧其罪。」信哉！《五茸志逸》。按：此即《一捧雪》傳奇所託也。俗傳莫太常雪娘等事，可據此正之。（清・應寶時：《（同治）上海縣志》卷三十二，清同治十一年刊本）

（光緒）重修奉賢縣志

【嚴禁講兌開兌演戲酒席】今將裁革旗丁勒索各項開列於後：一、嚴禁兌費，除定議每石給銀三分外，不許仍前多索分釐；……一、嚴禁講兌開兌演戲酒席。（清・韓佩金：《（光緒）重修奉賢縣志》卷三，清光緒四年刊本）

【城隍廟戲臺】城隍廟，在城西門內。每歲清明，縣令致祭於本廟，祭畢迎神。至邑屬壇賑濟孤魂，縣令亦復致祭壇所。七月十五日、十月初一日亦如之。凡水旱祈禱、新尹涖任，竝設祭於廟，額編祭銀一兩九分四釐。……金山衛夏志青村千戶所，向有城隍廟，析縣後因之。乾隆三十六年，知縣班濟泰重建。嘉慶十年，知縣艾榮松修。十四年，知縣張敏求重修。咸豐八年，知縣顧思賢、董事林瑜等重建戲臺。賊擾後，神像、照牆、門扇等俱被燬。同治初，董事林道洪等次第興舉，竝勸捐建東廳唱臺。（清・韓佩金：《（光緒）重修奉賢縣志》卷六，清光緒四年刊本）

【城隍廟戲樓】乾隆三十九年知縣常輝撰《重修奉邑廟碑記（節錄）》：國家建官立社，以司斯土斯民。幽明一致，故陽有宰而陰有神也。……越辛卯，班公視事，士耆復爲請茸，亦捐廉，遵照前例，通邑廣勸捐修，計有成

數。由壬辰孟夏經始，閱四寒暑，而前後殿軒、而東西兩廳、而戲樓、而掖廡乃得落成。其頭門、照牆、神道牌坊以及東園臺閣、泉石林巒，亦次第具舉。從此，琳宮巍煥，寶座莊嚴，以視昔之蘭楯就圮、紺宇全荒者大相逕庭爲何如也。（清‧韓佩金：《（光緒）重修奉賢縣志》卷六，清光緒四年刊本）

【威靈公行宮戲樓】威靈公行宮，在四團鎮聖果寺西偏，國初建。咸豐十一年，賊燬，僅存戲樓三間。同治九年，署縣丞舒瀚捐廉諭董重修，戲樓下尚存碼磁石二。（清‧韓佩金：《（光緒）重修奉賢縣志》卷六，清光緒四年刊本）

【莊徵麟喜塡詞曲】莊徵麟，字思來，大儒孫也。諸生，以奏銷案斥。穎敏好學，博道（編者案：「道」似應爲「通」）經史，喜塡詞曲，令梨園歌之。吳門袁于令慕名造訪，誦所所（編者案‧似衍一「所」字）作，歎容握手曰：「吾五十年來怊悵君一人。」午五十二卒。莊氏家乘參《松江詩鈔》。（清‧韓佩金：《（光緒）重修奉賢縣志》卷十一，清光緒四年刊本）

【西眞道院戲樓】西眞道院，在南橋鎮，相傳宋時建。《府志》載，建於元至正二十年間，誤也。……咸豐十一年，燬於兵燹。同治三年，里人沈儀吉、吳麟等集資重建。前建戲樓，東偏後建南塘小築。（清‧韓佩金：《（光緒）重修奉賢縣志》卷二十，清光緒四年刊本）

【宋坤家樂】宋坤，字維簡，堯咨父也。少補諸生，壯遊南雍，旅於吳門，愛其風土，遂卜居焉。家饒於貲，治一畫舫，容六七十人，養白馬其中，餵以酒漿，聲輒噴玉。集女樂一部，豔麗絕世，所至載以自隨。花晨月夕，輒爲文酒之會，而奏女樂以娛賓。年四十後，遽謝聲伎，學養生術，精五禽戲，至七十有八，猶能登匡廬絕頂。歸，越一年而卒。所著詩文若干卷，遇肱篋者失之。《舊志》入「雜傳」。（清‧韓佩金：《（光緒）重修奉賢縣志》卷二十，清光緒四年刊本）

　　編者案：同書卷十二載明人宋堯咨小傳，謂：「宋堯咨，字中允，蕭塘人。父坤，好遊，少旅於吳，產盡廢。堯咨迎還故鄉，曲盡孝道。坤素通脫，自言見大兒必整肅以待，語及必泣下，目爲眞孝子。事母尤謹，偶入城忘告，半道命迴船還家，入白狀。既出，衣汗如漿。性喜著書，及卒，侍兒竊其稿以去，遂失之。」可參看。

【金是瀛命演躍鯉譏龔鼎孳棄妻】金是瀛嘗遊金陵，時龔鼎孳主盟風雅大會，名士四十餘人，士（編者案：「士」當作「是」）瀛上坐。伶人請演劇，是瀛命演《躍鯉》，舉座失色。蓋龔自登第後，娶名妓顧橫波而不禮其嫡，故是瀛以棄妻譏焉。龔爲俛首，而是瀛傲岸自若。黃昏大雨，夜分客散，車馬闐咽，是瀛獨坐門限上，脫襪洗足，徐步歸邸，毫無怍色。據吳騏《金天石傳》。（清·韓佩金：《（光緒）重修奉賢縣志》卷二十，清光緒四年刊本）

編者案：同書卷十三載金是瀛小傳，謂：「金是瀛，字天石，高橋人。明諸生，任俠有節概。大兵破郡城，常騎蔡長走投是瀛，是瀛送之閩中。事平，名捕是瀛，鞫之，以辯得脫。嘗與吳騏、王光承以隱逸徵，竝不起。時松郡人文最盛，奉虞山錢謙益爲盟主。謙益歲必一至雲間。一日，舟次白龍潭，諸名士方羣趨迓之，是瀛忽投一詩云：『畫舫滄江載酒行，山川滿目不勝情。朝元一閉千官散，無復尚書舊履聲。』謙益得詩默然，即日解維去。與騏、光承兄弟結東皋詩社。著有《蓬山集》八卷。」可參看。

（光緒）金山縣志

【朱涇鎮賽城隍】三月二十八日，遊秦山，男婦如蟻，兼販貨，多農器。清明、中元、十月朔，衛城城隍廟香市極盛。朱涇鎮賭賽神會，以鐵竿綳小兒於上，裝扮諸戲，悉用珠玉珍寶，窮極工巧，各爭華靡，舉國若狂。諺有云：「忙做忙，莫忘朱涇賽城隍」，可想見其盛矣。（清·龔寶琦：《（光緒）金山縣志》卷十七，清光緒四年刊本）

【五了港鎮海侯廟迎神演劇】端午競渡龍舟，其旂張亦極華麗。近年此風已絕，惟八、九月間，五了港鎮海侯廟迎神演劇，戲臺至五、六座之多。鄉民駛艇梭織各港，鳴鉦張幟，名曰「哨船」。間歲舉行，而傾動遠近。人舟雲集，窩賭藏奸，實爲敝俗。（清·龔寶琦：《（光緒）金山縣志》卷十七，清光緒四年刊本）

（光緒）青浦縣志

【花鼓滛戲當禁】俗漸驕侈，婚嫁宴會，率尚虛禮。又迎會演劇，會首鳩財，各村賽祭，引誘招搖，釀成竊盜。甚至跳習拳勇，聚爲賭博，而財力愈耗矣。邇來城鄉遊手好閒之徒，驕侈彌甚，最壞者花鼓滛詞，村臺滛戲，

引誘子弟遊蕩廢業，皆有例禁。（清·汪祖綬：《（光緒）青浦縣志》卷二，清光緒四年刊本）

【花鼓戲爲鄉約之害】《宣講章程（節錄）》：……一、花鼓淫戲，傷風敗俗，尤爲鄉約之害。應責成鄉約局，隨時勸禁，不率教即將爲首之人指名稟究，以肅地方。（清·汪祖綬：《（光緒）青浦縣志》卷九，清光緒四年刊本）

【武韻清禁花鼓戲】武韻清，安徽來安人。進士。嘉慶十一年，任青浦，仁慈清儉，民安之。三閱月迎母程氏於署，七十爲壽，士庶躋堂拜之，王昶爲之序。會喪其兄孝欽，韻清不自得，尋以疾告。虧空事發，韻清下獄。倉庫積虧，非一人罪，而韻清獨受之。家貧不能自贖，十月就鞫，人見其猶穿葛衣。未幾竟卒，遠近哀之。韻清任未久，然實循吏，其示禁蘭筍山採芽茶、鮮筍及鄉里花鼓之戲，得古教令之遺，綴錄傳後。而世傳韻清觀風告示，駢體極工，不載。（清·汪祖繼·《（光緒）青浦縣志》卷十四，清光緒四年刊本）

編者案：清·博潤《（光緒）松江府續志》（清光緒九年刊本）卷二十一所載與此略同。

【武韻清禁花鼓戲告示】《禁花鼓戲示》曰：照得青邑，地方濱海，商賈如雲，船多桃葉之迎，市尚竹枝之唱。新聲競起，流弊何窮。本縣涖任以來，訪有各路流娼、四方遊手，借雍門之名色，作曲巷之生涯。纏頭獻媚，爭爲半面之妝；執板臨風，慣擊細腰之鼓。甚且按戶斂錢，登臺演曲。招妓船而共泊，轟賭局以爭開。觀者如狂，趨之若鶩。豈特傾家之路，實爲釀禍之階。本縣念切蒼生，都忘絲竹，官非白傅，倦聽琵琶。摧花砍樹，長留匪石之懷；打鴨驚鴛，不避焚琴之謗。倘其聞風即化，願其雅治於絃歌。如仍怙惡不悛，靜聽肉聲之鼓吹，爲此仰示，闔邑知悉。（清·汪祖綬：《（光緒）青浦縣志》卷十四，清光緒四年刊本）

（光緒）重修華亭縣志

【萬曆間演劇舉國若狂】明倭亂後，每年鄉鎮二、三月間迎神賽會。地方惡少，喜事之人，先期聚眾，搬演雜劇故事。然初猶以豐年舉之，亦不甚害。至萬曆庚寅，各鎮演劇，華麗尤甚，街道橋梁，皆用布幔，以防陰雨。郡中士庶，爭挈家往觀，所謂舉國若狂也。每鎮或四日、或五日乃止，日費

千金。且當歷年饑饉而爭舉，猛浪不經，殊不可解。壬辰，按院甘公嚴革，識者快之。見《據目鈔》。案：今春間，鄉村惡少更招集無賴演花鼓戲，觀者雲集。導淫斁俗，莫此爲甚。錢學綸語新謂「始於乾隆年」云。（清・楊開第：《（光緒）重修華亭縣志》卷二十三，清光緒四年刊本）

【甯波守沈鳳峰通音律】 沈鳳峰爲甯波守，堂中有春聯云：「身入兒童鬥草社，心如太古結繩時。」和易坦蕩，每早起即作詩寫字，稍暇，則拈碎石爲盆池小景，有悠然林壑之思。凡讌席中有戲劇，即按拍節歌，有不叶則隨句正之，終日無一俗事在心，終歲無一俗人到門。壽登八十，常如小兒，蓋近代異人也。（清・楊開第：《（光緒）重修華亭縣志》卷二十四，清光緒四年刊本）

（光緒）寶山縣志

【武廟戲樓】 武廟，在南門內，明嘉靖間建。國朝順治十三年，協鎮趙光祖添造後樓，上奉聖像。時提督馬逢知駐防吳淞，捐建東、西照樓及兩廡戲樓。康熙二十年，戲樓廢，兩廡亦漸圮。雍正五年，追封三代公爵，春、秋同日祭於樓下。乾隆三年，知縣胡仁濟捐勸重建後樓及兩廡頭門，顏其樓曰「啟聖」。五十五年，知縣彭元璟修儀門。咸豐三年，國子監司業保極奏准升祀，禮節悉如帝王，樂用六成，舞用八佾。（清・梁蒲貴：《（光緒）寶山縣志》卷二，清光緒八年刻本）

【城隍廟戲樓】 城隍廟，在縣署東。嘉靖時即吳淞所舊署改建。萬曆十九年，鄉耆募修，并建大門、儀門、兩廊、寢殿。天啟七年圮，里民朱文治等募修。國朝康熙初，邑人吳信初捐建川堂。八年六月，諸生楊于庭、王名世等因殿宇、戲樓將圮，議修前後殿及兩廊、大門、儀門。同治間，里人重修。每歲春、秋二仲，附祭神祇壇。寒食、中元、十月朔日，主祭邑厲壇。（清・梁蒲貴：《（光緒）寶山縣志》卷二，清光緒八年刻本）

【東嶽廟戲樓】 東嶽廟，明宏治間建。崇禎十六年，里人沈濬重修。東南隅有井泉，甚甘洌，雖大旱不涸。國朝乾隆三十五年，添建後殿、戲樓，里人范洪鑄爲文勒石。（清・梁蒲貴：《（光緒）寶山縣志》卷十四，清光緒八年刻本）

【花鼓戲】 鄉民歛錢迎神賽會，每於三月間，解黃錢赴東嶽行宮焚納。更有不逞之徒曠野搭臺，歛錢演戲，苛派出貲。甚有糾率少婦，演習俚歌，

謂之「花鼓戲」。其間設立寶場，抽頭分用。淫奔爬竊，雜出其間，爲害甚烈，當痛懲之，以端風化。（清·梁蒲貴：《（光緒）寶山縣志》卷十四，清光緒八年刻本）

【遊惰之輩開設茶坊演戲】市井少年什伯爲徒，逞其拳勇，呼以小弟兄，名曰「打降」。一唱百和，睚眥必報，致釀重案。凡撇青、搶親、扛擡諸名目，皆若輩之煽毒也。里俗銜之，號曰「獺皮」。更有遊惰之輩，於鄉村開設茶坊，視若無甚害事，然賭博、鬭殿、演戲，種種干例之事，皆由聚集坊中所致，亦當嚴禁。（清·梁蒲貴：《（光緒）寶山縣志》卷十四，清光緒八年刻本）

【三月二十八日東嶽齊天聖帝誕辰演劇】三月二十八日，俗傳爲東嶽齊天聖帝誕辰，其行宮在江灣者最盛。士女拈香，闐塞塘路。附近村莊，各以船載楮帛，鳴金張幟，交納廟內，名曰「解錢糧」。又有賣買物貨、戲貝。
（清·梁蒲貴：《（光緒）寶山縣志》卷十四，清光緒八年刻本）

（光緒）南匯縣志

【萬壽宮戲臺】萬壽宮，在縣城南門內。乾隆二十八年，知縣成汝舟倡捐，率紳民金在田、沈沛泉、唐孝章、張同文、姚大輝、劉述田、嚴紀智、王宸照等集貲恭建，歷有修葺，匪擾被毀。同治十一年，奚瑞凝捐錢重建關樓、拜廳三楹、官廳（在拜廳西側）、觀光樓（在官廳東）、戲臺、宮門（東西圍牆）、照牆一座、東西兩廊（六間在樓外）、東西平房（在關樓左右）、紳耆廳三間（在官廳直南），朔望暨三節，拜關宣讀聖諭并講鄉約。（清·金福曾：《（光緒）南匯縣志》卷三，民國十六年重印本）

【漕務禁革條類】各幫弁丁赴次兌糧，驗米色乾潔，立時收兌，不許借端延捱。每日將上船米若干石，先給鈐記收票一紙，移送州縣。俟兌竣之日，即將通關米結，徑交州縣查收，方許開行。如無故遲延不兌，或兌竣不交通關米結，許州縣通詳，以憑拏究。至軍旗，除三分漕賣之外，不得多索絲毫。一應兌費、心紅程儀、鋪設樣米、綱司水手、貼銀貼艙、鼠耗尖米合米，交席板穩跳、演戲酒席、花紅後文等陋規，永行禁革，犯者弁參丁處。（清·金福曾：《（光緒）南匯縣志》卷四，民國十六年重印本）

編者案：清·張紹棠《（光緒）續纂句容縣志》（清光緒刊本）卷五所載與此略同。

【關帝廟戲臺】關帝廟，舊在南門內。明永樂八年，千戶張敏建。正德十年，指揮僉事張文光修。國朝雍正六年，知縣欽連重修。……同治四年五月，以大風雨坍照牆及殿後戲臺，知縣王其淦諭董修照牆。因祀典嚴，重廢戲臺，即以殿左餘房設立養正義塾，歸同善堂經理。（清・金福曾：《（光緒）南匯縣志》卷八，民國十六年重印本）

【城隍廟戲樓】知縣張大器《重建城隍廟記（節錄）》：南匯爲上海分治建設，創始數十年來，凡在祀典，諸祠宇亦既次第舉而新之矣，獨城隍廟因陋就簡，尚從其朔，豈群力之尙有待歟？抑何宜新而久未之新也。……癸卯歲，余來知邑事，將作而新之，會邑人士亦以願新城隍廟，請余嘉其有同志也。首捐廉以倡，邑人士競出朱提勷其役，爲築土以高其基，砌石以廣其址，即前所建之大殿而恢擴其規模，仍其寢宮、燈樓，宅門而內之兩側廳，則新建也。戲樓傾圮矣，重整焉。易兩廊之廡宇爲樓，俾與戲樓相稱。始建頭門、儀門，竝新左右五路、土地二祠，起照牆、樹轅柵，鼓吹有亭，旗纛有臺，更添設兩班房於頭門之外，不期年而廟成，赫赫明神，殆默相之矣。（清・金福曾：《（光緒）南匯縣志》卷八，民國十六年重印本）

【楊社廟跨街戲臺】楊社廟在新場南市內，有南、北兩側廳，前爲跨街戲臺，又有北廳，曾遭寇毀，同治六年重建。（清・金福曾：《（光緒）南匯縣志》卷八，民國十六年重印本）

【閔潮爲張文敏照演雜曲進呈】閔潮，字揆一，號晴江。瑋孫。以婁諸生入監。肄業。工詩，有《貯月山房集》。并工詞曲，嘗爲張文敏照演雜曲進呈，深荷嘉賞。乾隆十二年，卒於天津旅次。《松江詩鈔》。（清・金福曾：《（光緒）南匯縣志》卷十四，民國十六年重印本）

【陸兆鵬洞精音律】陸兆鵬，字天池，號樸齋，周浦人。幼即聰穎，洞精音律，宿伶於齒腭間微有牴牾，輒能指誤。工寫蘭竹，及山水英偉之氣，一以畫發之。（清・金福曾：《（光緒）南匯縣志》卷十五，民國十六年重印本）

【四月十二日城隍廟演戲慶白夫人誕】四月十二日，爲城隍白夫人誕，商賈雲集。廟中演戲，小家婦女排坐東西樓觀劇，浮蕩子弟評頭量足，恬不爲怪。縣署舊有賞花例，婦女至者，插花飲酒，雖意取勸農，實乖政，

前令王其淦詳請革除，而以其費爲恤嫠用。（清・金福曾：《（光緒）南匯縣志》卷二十，民國十六年重印本）

【演劇酬雨神】夏天小旱，遊手輩舁廟中神像求雨。所過廟神，有尊於所舁者，疾趨而過，謂之「搶轎」。率爾傾跌，雖神像墮臂碎首弗顧焉。始出，惟以日中一鑼一徹而已。繼且卜夕，糊紙作燈，漸加繁盛，務以奇巧相炫，每至深夜，舉國若狂。既雨之後，復盛設儀衛百戲，日夜遊街，或清唱演劇謂之「謝」。將有出，假民居爲行館者，至是各歸本廟，謂之「回鑾」。凡此之類，騷擾閭閻，科派列肆，雖小本營生，亦不得免。而人亦願之，謂四方聚集可多賺錢也。此風周浦尤甚。（清・金福曾：《（光緒）南匯縣志》卷二十，民國十六年重印本）

【花鼓戲與影戲】鄉鄙有演唱滛詞者，或雜以婦人，口「花鼓戲」。或在茶肆，或在野間，開場聚眾，最足傷風敗俗。近因官司嚴禁暫息，又有所謂影戲者，蓋興於浙之海鹽鄉間，頗復沿及浦東，亦其類也。（清・金福曾：《（光緒）南匯縣志》卷二十，民國十六年重印本）

【無藉之徒斂錢演戲】無藉之徒，三五爲群，釀酒肆橫，強取市物；或習拳勇，聚黨結盟，謂之「小弟兄」。迎神賽會，斂錢演戲，勒派良善，夥賭窩娼，留蔽盜賊，借力打降，此類不一，各以其地名曰「某幫某幫」，此亂民也。近方有警首造謠言者，必此輩矣。（清・金福曾：《（光緒）南匯縣志》卷二十，民國十六年重印本）

　　編者案：清・博潤《（光緒）松江府續志》（清光緒九年刊本）卷五所載與此略同。

（光緒）川沙廳志

【花鼓戲】各團路秋成時間，有外來男女演唱淫詞，曰「花鼓戲」。每十日爲一排，賄蔽開場。及官司訪究，又逸往別路口矣。此最足傷風敗俗。（清・陳方瀛：《（光緒）川沙廳志》卷一，清光緒五年刊本）

【民間演戲酬神所費可折穀捐入義倉安貧】此外，尚有因事樂施一節，如民間演戲酬神及嫁娶慶祝，盡可將糜費折穀捐入義倉安貧，即以保富，

將型仁講讓之風，亦由此而興起矣。（清·陳方瀛：《（光緒）川沙廳志》卷四，清光
緒五年刊本）

編者案：清·博潤《（光緒）松江府續志》（清光緒九年刊本）卷十五所載與
此相同。

【徐榮建山東石島之天后宮戲樓】徐榮，字肇勳，八團人。監生。少
孤貧，經營燕、薊，饒於貲。友兄弟，贍族親，樂善好施，鄉里亟稱之。建
山東石島之天后宮戲樓，費千餘金，未嘗吝惜。（清·陳方瀛：《（光緒）川沙廳志》
卷十，清光緒五年刊本）

江　蘇

　　【雍正二年五月十六日上諭禁聚眾演戲】雍正三年五月十六日，奉上諭：朕軫念民生，蠲租賜復，不過行吾心之所安，使斯民共沾實惠，並無一毫市恩之念欲以崇尚虛名也。前蠲免江南、蘇松兩府浮糧，彼處士民感激朕恩，為朕祈福，聞有誦經、立碑、蓋造龍亭、聚會演戲者，雖或出於愛戴之誠，然實非矢報君親之理。朕所望於天下者，祗欲各安職業，端本務實，以生以養，庶幾家給人足，共享昇平，仰報我皇考之付託耳。以云祈報，莫大於此。至於誦經、禮懺諸事，皆為粉飾虛文。即謂頌禱致虔，亦於朕躬毫無所益。且聚眾演戲、蓋造碑亭，非徒糜費金錢，兼恐有不肖官吏及里胥人等借名私派，乾沒肥己，貽累小民，俱未可定。此等陋俗，聖祖仁皇帝久已洞悉，屢曾降諭旨禁止。及朕臨御以來，曉諭天下，人民務本重農，力行節儉，而聚眾演戲諸事，更屬奢靡浪費。蘇松士民習於華侈，今又為此虛文以祈朕福，甚非朕意，朕實惡之。著該督撫嚴行禁飭，其碑亭建造之處，槩行停止。仍遍諭士民，各歸本業，以副朕懷。嗣後仍有此等浮華之舉，朕必嚴懲以法。

（清・尹繼善：《（乾隆）江南通志》卷首三之一，清文淵閣四庫全書本）

　　【柳洞陽風流為政而有餘】明・江盈科《公署記（節錄）》：長洲縣治，後堂凡六楹，其西偏匾曰「玉壺冰」，蓋余郡柳洞陽先生所手題者。先生癸丑進士。去今已四十餘年，而字蹟如新。余退憩其中，不勝粉榆之感。邑處士張幼于為余言：「先生治長洲，才情揮霍，遊刃有餘。每聽斷之暇，月夕雪夜，

必陳酒肴，召諸生可語者與之飲。令兩郡優人具管絃笙竽，前後歌唱環繞，盡醉而罷以爲常。而邑大治。」乃余之令長洲也，晨起沐櫛，批答案牘，出而坐堂皇，應賓旅，受質訟，卒卒至午，然後課錢穀、理鞭笞，漏下三鼓乃休，如是亦以爲常，而邑未大治。夫昔也逸，今也勞；昔也樂，今也苦，而治顧不若。將余之才情果不及洞陽先生遠甚邪？……洞陽風流爲政而有餘，不佞拮据爲政而不足，可謂非時之所爲乎？噫嘻！汲汲皇皇，未必無小補；然則黽勉從事，尙恐不給而暇圖逸，故余之不能爲洞陽先生也。因次第幼聞家君之語而記之。（清·尹繼善：《（乾隆）江南通志》卷二十二，清文淵閣四庫全書本）

【湯斌禁賽會演劇】湯斌，字孔伯，睢州人。康熙二十三年，由內閣學士擢江蘇巡撫。斌蒞任初，悉屏供帳諸物，僚屬皆洗心供職。吳俗奢靡，裁之。以禮立嫁娶喪葬定式，申賽會演劇、博戲、拳勇、掠販之禁。重農事，以興本業；復社學，以訓子弟；講孝經，以敦人倫；表揚名宦，以風厲來者。悉推誠感動，不徒條教虛文。（清·尹繼善：《（乾隆）江南通志》卷一百十二，清文淵閣四庫全書本）

【王敞出使朝鮮不聽女樂】王敞，字漢英，錦衣衛籍。成化辛丑進士，授刑科給事中。出閱四川諸鎮邊儲。還，上《便宜六事》，其一言：「建昌礦，夫事革尙爲權家所占，請罷之。」孝宗時使朝鮮，國王出女樂燕之，不聽。其君臣相顧愧嘆。歷轉通政使，陞兵部尙書，以平寧夏功加太子太保。山東及四川盜起，請增設兵備，所用諸將及總制大臣皆一時之選。寇平，乞休歸。（清·尹繼善：《（乾隆）江南通志》卷一百三十九，清文淵閣四庫全書本）

【楊循吉恥與優伶雜處】楊循吉，字君謙，吳縣人。成化甲辰進士，除禮部主事。好讀書，每當得意處，則手足踔掉不能禁，人呼爲顚主事。年未三十即致仕，結廬支硎山下，課讀經史，以松枝爲籌，不精熟不止。武宗南巡，召見，命賦《打虎曲》，稱旨。每扈從，輒在御前承旨。循吉恥與優伶雜處，請急歸。自定其詩文爲《松籌堂集》，會粹諸類書曰《奚囊手鏡》，最爲該博。（清·尹繼善：《（乾隆）江南通志》卷一百六十五，清文淵閣四庫全書本）

（同治）續纂江寧府志

【關帝廟戲臺】過岡關帝廟有戲臺。道光中演戲公所。（清·蔣啓勳：《（同

治）續纂江寧府志》卷八，清光緒六年刊本）

【李位三宅以壽演劇】（嘉慶）二十年旃蒙大淵獻之歲，三月板巷火，有死者。民李位三宅以壽演劇也。（清・蔣啓勛：《（同治）續纂江寧府志》卷十，清光緒六年刊本）

【敵諸所守衛悉弛以觀劇】張國樑，字殿臣，家祥其原名也。廣東花縣人。亦云高要人。少無藉，季父賈廣西貴縣，走依焉。年裁十五六，鬱鬱無所見，則用豪俠自喜，敢爲其難，遠近以氣下之。土豪富而暴，眾嫉之久，會又辱其同儕，怒往覆焉，莫誰何者。然數其罪，無他侵暴，眾愈歸之，一時爲之語曰：「很（編者案：「很」、「狠」意相通）如狼，怯如羊，扶弱鋤強張家祥。」……而復太平之功特奇。始其軍未至太平，數里舍之，獨身仕偵。迤行至城下，門者闐然。人之，慮有伏，則褰走么牆開，騰堞上之。道一巨宅，賊酋方擁婦人臥，一笑刃之。梃兩級出，賊嫗數輩啼而奔。俄歌吹作，蓋賊諸所守衛悉弛以觀劇，廼亦循聲往。躍登其臺，手兩級而舞。眾皇駭，頃七賊追至，以所斬級抵其二墜，手刃其三，餘二逸。樸身自空下，大呼殺賊。萬眾奔潰，聲軒屋瓦。所部軍亦至，遂復其城。是役也，實以一人下之。

（清・蔣啓勛：《（同治）續纂江寧府志》卷十四之一，清光緒六年刊本）

【句容縣令劉佳嚴禁演淫劇】劉佳，字眉士，浙江江山人。嘉慶戊辰舉人。道光十七年任句容縣，出示四鄉，收買蟓孽。是秋大熟，籌豐備倉，勸民種桑育蠶，嚴禁演淫劇、婦女遊觀。與教諭張履志同道合，講求治理。調任溧水縣。宋時，溧水舊設桑棗主簿，境內桑二十萬七千餘株，事載《景定志》。佳知土壤最宜，督勸報最。今橫山曹邨紅藍埠廣藝桑株，民知紡織，皆遺澤也。《採訪》。（清・蔣啓勛：《（同治）續纂江寧府志》卷十四之一，清光緒六年刊本）

【四川布政使董教增公宴不用優伶】董教增，字益其，一字觀橋，上元人。……教增少敏悟，年十九補諸生，爲少詹錢大昕所器重，解釋《漢書》數十事，大昕擷入《史考異》中。……調貴州按察使，轉四川布政使。以川俗華侈，力矯其弊。每公宴，戒不用優伶。會總督以春酒召教增，至門，已通刺矣，聞音樂聲即返去，總督爲之撤樂，乃復至，飲盡歡，風尚爲一變。

（清・蔣啓勛：《（同治）續纂江寧府志》卷十四之二，清光緒六年刊本）

【朱桂楨閉戶讀書不觀演劇】朱桂楨，字幹臣，號樸庵。上元人。幼不好弄，容止蕭然。居大父清河道署中，歲時演劇，獨閉戶讀書不出。（清・蔣啓勛：《（同治）續纂江寧府志》卷十四之二，清光緒六年刊本）

【玉蓮華傳奇】（道光年旌）何長發聘妻高氏女。父文華，爲縣役。何之父亦茶傭。女小字玉蓮，年十五，未嫁，婿病疫死，義不再適，投繯以殉。兩家合葬養虎巷。邑人金鰲爲作墓誌，並製《玉蓮華》傳奇以表章之。按：江甯縣署二門右小屋數閒，爲高女殉烈處。見《金陵待徵錄》。（清・蔣啓勛：《（同治）續纂江寧府志》卷十四之十四上「江甯」，清光緒六年刊本）

【梅曾亮次女在京十餘年未嘗觀劇】（上元）郎中梅曾亮次女。字同里江氏子，將嫁，婿亡，女歸江守貞。甫入室，引翦刀自裁，幸家人急救，未斷其喉。曾亮往視，在室外諭之曰：「汝於生平未覿面之夫，欲以身殉，烈則烈矣，然生汝撫汝，尚有六旬老父在，獨不念乎？」言畢，含淚而去。女自是遂止。上元陳魯嘗述是事。女幼淑慧，隨侍在京十餘年，未嘗赴女讌觀劇，其節烈固天性使然，抑禮教有素也。（清・蔣啓勛：《（同治）續纂江寧府志》卷十四之十四上「江甯」，清光緒六年刊本）

（光緒）溧水縣志

【俳優演劇耽樂廢時】冠昏喪祭，未盡合禮。俳優演劇，耽樂廢時。在司化者抑揚之耳。（清・傅觀光：《（光緒）溧水縣志》卷二，清光緒九年刊本）

【陳漢觀劇拾金不昧】陳漢，性好義，嘗夜觀劇，拾遺金八兩餘，劇散不歸，失金者張敬元尋至，漢詢其金數、包裹相合，還之。年七十有三，取平生貸券召子孫焚之曰：「吾留此，儻汝曹索償不得，必遺訟端，不若留德與汝，勝遺金也。」（清・傅觀光：《（光緒）溧水縣志》卷十三，清光緒九年刊本）

【伶優演雜劇】明・呂光品《徽恩閣賦（節錄）》：厥惟溧邑，古稱瀨邦。星分斗野，地出帝鄉。……厥神降旦，咸秉蕭恭。五蘊燃兮煙嫋，九光燦兮星熒。鐃歌鼓吹，響振乎几席；旌纛節斧，輝映乎簾櫳。演伶優之雜劇，幻仙釋之奇蹤。訝神女之出浦，驚列子之御風。翻閣中之飛燕，驟街上之奔虹。

冠蓋集而如堵，車輪過而飛蓬。角勝呈彩，爭奇效工。樂氣凝於碧落，歡聲摩乎晴空。竭一時之娛玩，賽四序之神功。大夫曰：「此熙遊之盛也。」（清・傅觀光：《（光緒）溧水縣志》卷十八，清光緒九年刊本）

（光緒）六合縣志

【東嶽帝君誕日演劇】清明插柳於門上，男女或簪之，祀祖於家，祭掃於墓，插陌錢於墓上。或具尊罍果核，踏青郊外，小兒競放紙鳶。知縣主祭厲壇於北郊，命屬官齎文請城隍神監壇。民俗即具鼓樂，盛儀衛以迎送。至三月二十八日，俗以為東嶽帝君誕日，演劇建醮。亦具鼓樂，盛儀衛，舁神輿遍遊四境。（清・謝延庚：《（光緒）六合縣志》附錄，清光緒十年刻本）

【關帝誕辰演戲】五月朔日，民間即互餽角黍。龍津橋上下河內，群造龍舟競渡。士民燈舫畫船，簫鼓竟夜。五日飲雄黃酒，插蒲艾、榴花於瓶盎，小兒繫綵線臂上。是月十三日乃關帝誕辰，官民祭享，演戲建醮，龍舟遊舫如五日。（清・謝延庚：《（光緒）六合縣志》附錄，清光緒十年刻本）

（光緒）江陰縣志

【歲時演劇】立春前日，有司官迎春東郊，綵亭、鼓吹，裝演戲劇故事。自迎春館擁太歲土牛至縣治，達旦祀勾芒神於儀門東，擊鼓者三繞土牛三匝而鞭之，樂工以小春牛分送官府搢紳。正月五日，祀五路神。十五日，上元節，龍馬、獅子諸燈競作。各廟俱張燈設樂，城隍廟為最盛。搓粉為丸曰團圓。以糯穀投焦釜曰爆孛婁，又曰卜流花，以占休咎。上元後，營官迎喜神，甲胄旗幟，嚴整煥爛，近年罕見矣。寒食為百五節，男女以麥葉簪髮。清明掃墓，間有墓祭者冢上標以紙錢。三月二十八日，為東嶽誕辰，城隍神賽會登山，旌旗輿衛，闐咽街衢，觀者如堵。四月八日，僧尼作浴佛會。十三日，申港季子墓集場，商賈輻湊，買農具者悉赴。蓋是日為季子誕辰，士人咸往謁墓，因而成集，亦見愛慕前賢者眾也。……臘月八日，雜果蔬為粥，曰「臘八粥」。二十四日，送竈神，翦紙為旗蓋輿馬，延羽士諷經禮送，掃舍宇。是日，句者花面插羽儺於市，曰「跳竈王」。（清・盧思誠：《（光緒）江陰縣志》卷九，清光緒四年刻本）

【馮皋彊禁演劇】馮皋彊，字中立，山西蒲州人。順治乙未進士，來知

縣事。明察有威，事至立決。在任四年，積猾奸胥爲之屛跡。邑故有逋稅數千，皋彊設法清釐，自此得專辦本年正供，民以不困。又逐妓女、禁演劇及諸靡費，俗以益醇。（清・盧思誠：《（光緒）江陰縣志》卷十五，清光緒四年刻本）

【於壽格工樂府】於壽格，字彭年。諸生。從其父陞受書經，解史法，具有淵源。行文離奇突兀，聲名籍甚。曹禾、鄧鍾麟與相師友。生平著作甚富，尤工樂府。（清・盧思誠：《（光緒）江陰縣志》卷十七，清光緒四年刻本）

【徐南金兩弟入廟觀劇鬥毆】徐南金，字品三，監生。任俠有勇力。有熊髯者拳勇絕人，南金求其術，熊授以少林法。鍵戶習之，期月功成，擅名江南北。有兩弟善手搏，嘗過郡城，入廟觀劇，以睚眦擊傷人，眾健兒突起圍之，數重棍槊蜂集。南金適來，猛進揮霍，眾披靡，翼兩弟一躍出，欻如風雨。僉知爲南金，相顧錯愕，釋杖羅拜，各解散，自是益自韜晦。坐一室讀書，蕭然如老生。（清・盧思誠：《（光緒）江陰縣志》卷十八，清光緒四年刻本）

【稅監張樂演戲】明・袁一驥《參稅監疏（節錄）》：題爲稅監流毒激變、殺傷民命、燒毀民居、劫制要挾、顯謀叛亂事。……家丁三百餘人，賓客謀士及歌童舞女百人，……其無君之心，自大行慈聖皇太后升遐，臣民無不縞素罷宴，獨寀藉口詔書未到而張樂演戲，沉湎如故，大逆不忠，由來漸矣。（清・盧思誠：《（光緒）江陰縣志》卷二十五，清光緒四年刻本）

【隊子魚龍百戲陳】清・蔡澍《頷春即事》四首之三：隊子魚龍百戲陳，昇平風物見來新。行春橋畔帷車過，竹馬兒童有幾人？（清・盧思誠：《（光緒）江陰縣志》卷二十八，清光緒四年刻本）

【舊曲崑腔葉譜翻】清□《芙蓉江龍舟辭》八首之六：舊曲崑腔葉譜翻，康王新派四絃繁。分明廿九年前夢，水調歌頭鬧十番。（清・盧思誠：《（光緒）江陰縣志》卷二十八，清光緒四年刻本）

（光緒）無錫金匱縣志

【明代馮夔家有女樂】竹素園，在北禪寺後，明馮夔第中圃也。中有廣池，池四面皆竹。夔家有女樂，賓客常滿。園以石勝。邵文莊寶嘗賦之，後屬顧氏。國朝乾隆間尚存一石，立水濱。嘉慶初顧光旭移入惠山祖祠，秦

瀛爲作《拜石山房記》。（清・裴大中：《（光緒）無錫金匱縣志》卷十四，清光緒七年刊本）

【邵儒榮少時選伎徵歌無虛日】邵儒榮，字仲木，名世子。少時文采弸褖，所交盡當世名士，選伎徵歌無虛日。既經兵燹，家日落，乃閉門著書。爲文悉有根柢，慈谿姜宸英稱其所爲顧杲傳與陳振豪墓碑，得太史公法。性至孝，尤能急人之難。晚逃於禪。及卒，宸英誌其墓。（清・裴大中：《（光緒）無錫金匱縣志》卷二十二，清光緒七年刊本）

【余治集優人演古今果報事】余治，字蓮村，諸生。以勸善爲己任，每謁當道及諸富室，畫恤災保嬰等事，多得行。江陰長興沙有劇盜王錦標。咸豐四年，大府密札福山總兵將往剿，以治習沙民，檄令先往。治至，集眾諭以禍福，皆聽命，共縛錦標，餘黨悉解。治晚年崙廣刊善書，或集優人俳演古今果報事，冀感發鄉愚，一時有余善人之日。嘗病劇，其僕陸慶斷一指療之。既愈，數年而卒。（清・裴大中：《（光緒）無錫金匱縣志》卷二十五，清光緒七年刊本）

【沈鳳來妙解琴理】沈鳳來，字右山。父汝愚，妙解琴理，常熟嚴澂、趙應良皆兄事之。鳳來嗣其家學，兼參眾長，造微詣極。尤善歌詩，酒酣發響，激揚中節。家素貧，葦簾紙窗。常自操所度曲，聲徹戶外。性和而介，抱絕技，不事干謁，竟以貧死。（清・裴大中：《（光緒）無錫金匱縣志》卷二十六，清光緒七年刊本）

【楊廷果善鼓琴工琵琶】楊廷果，字令貽。性閒逸，生平不應有司試，與吳峻、王宮善。書學宋人，微乏風骨。善鼓琴，兼工琵琶，自製一曲日《潺湲引》。嘗抱琵琶踞虎邱生公石，轉軸撥絃，聞者以爲絕調。家藏米黻（編者案：「黻」似應爲「芾」）帖及蘇軾畫竹，客覬其貧，欲指困易之，不可，歿以爲殉。（清・裴大中：《（光緒）無錫金匱縣志》卷二十六，清光緒七年刊本）

【馮氏不觀演劇】榮雲浦聘妻馮爲養媳，於榮里社演劇，鄰女或招與偕，不可，日：「戲者，戲也。名既不正，豈所宜觀？」姑疾，馮禱竈神，乞身代，尋愈。雲浦隨父雅山賈於蘇州，以疫卒。馮慟幾絕。雅山陰欲女之，而爲擇配。馮聞絕粒，議遂寢。咸豐三年三月，訛傳賊至，夜相驚呼，馮自經死，

年二十二。（清・裴大中：《（光緒）無錫金匱縣志》卷二十八，清光緒七年刊本）

【陸羽嘗匿爲優人】陸羽，字鴻漸。一名疾，字季疵，竟陵人。……少日讀書，其師苦之甚，至亡去，匿爲優人。太守李齊物異之，授以書。貌侵陋，口吃而辯好，聞人善多規切。與人期，雨雪虎狼不避也。隱苕溪，自稱桑苧翁，闔門著書。（清・裴大中：《（光緒）無錫金匱縣志》卷二十九，清光緒七年刊本）

（同治）徐州府志

【李衛召季麻子說漢唐雜事】清・袁枚《直隸總督兵部尚書李敏達公家傳（節錄）》：公姓李，名衛，字又玠。明初以軍功起家，襲錦衣衛，由浙遷豐縣。……王府歌者殺人，公會刑部鞫，刑部因王故，欲爲道地，公爭之急。……公不甚識字，而遇文人甚敬。修《浙江志》，建書院，餼廩獨豐。公餘坐南面，召優俳人季麻子說漢唐雜事，遇忠賢屈抑、僉壬肆志，輒嗚咽憤罵，拔劍擊撞。（清・吳世熊：《（同治）徐州府志》卷二十二上之下，清同治十三年刻本）

【陳王謨笞神像】陳王謨，號芝山，宿遷人。以武進士官岳州守備，擢衡州都司。衡俗七月朔賽神，刻木偶爲像，名號不經，倡俳簫鼓，男女雜遝。部縣吏出，遇之必避退。王謨擒木像笞之曰：「有禍當加吾身。」卒無他異，俗亦遂革。（清・吳世熊：《（同治）徐州府志》卷二十二上之下，清同治十三年刻本）

【湯琵琶】湯應曾，邳州人。善彈琵琶，故人呼爲「湯琵琶」。貧無妻，事母甚孝，所居有石楠樹，構茆屋，奉母朝夕。幼好音律，聞歌聲輒哭。已學歌，歌罷又哭，其母問曰：「兒何悲？」應曾曰：「兒無所悲也，心自淒動耳。」得陳州蔣山人琵琶法，入周藩府，王召見，賜以碧鏤牙籤琵琶，令著宮錦衣，殿上彈《胡笳十八拍》，哀楚動人。王深賞，歲給米萬斛，以養其母。由是著名大梁間。然頗自矜重，不妄爲人奏。

後征西王將軍招之，隨歷嘉峪、張掖、酒泉諸塞。一日至榆關，大雪，馬上聞觱篥，忽思母痛哭，遂別將軍去。夜宿酒樓，不寐，彈琵琶作觱篥聲，聞者莫不隕涕。及旦，隣嬬婦奔之，應曾曰：「若能爲我事母乎？」婦許諾，遂載之歸。既應襄王聘，居三年。偶泛洞庭，風濤大作，舟人惶擾失措，應曾匡坐彈《洞庭秋思》，稍定。舟泊岸，見一老猿，鬚眉甚古，自叢箐中跳入

篷窗，哀號中夜。天明，忽抱琵琶躍水中，不知所往。

　　已歸省母，母尚健而婦已亡，惟居旁坏土在焉。母告以：「婦亡之夕，有猿啼戶外，啓戶不見。婦謂我曰：『吾待郎不至，聞猿啼，何也？吾殆死，惟久不聞郎琵琶聲，倘歸，爲我一奏石楠之下。』」應曾聞母言，掩抑哀痛不自勝。夕陳酒漿，彈琵琶於其墓而祭之。自是猖狂自放。

　　值寇亂，負母囓食兵間。所彈古調百十餘曲，大而風雨雷霆，與夫愁人思婦、百蟲之號、一草一木之吟，靡不於其聲中傳之。而尤究心於《楚漢》一曲，淒壯悲怨，狀楚軍敗沒，纖悉皆形於聲，使聞者奮發感歎，不覺涕泗之泫然也。其感人如此。

　　應曾年六十餘，流落淮浦，有桃源人見而憐之，載其母同至桃源。後不知所終。節錄王猷定《湯琵琶傳》。（清・吳世熊：《（同治）徐州府志》卷二十二下之下，清同治十三年刻本）

　　【湯歌兒】明武宗幸金陵，御舟過，沛邑人湯歌兒以善歌得幸，賜以負郭田若干頃。未幾，沒入官。今山川壇側，即歌兒所賜田也。《沛志》。（清・吳世熊：《（同治）徐州府志》卷二十四，清同治十三年刻木）

（光緒）睢寧縣志稿

　　【城隍廟戲臺】城隍廟，在城內東南隅。……嘉慶初，知縣丁觀堂重修。光緒六年，千總馬連鑣倡修。按中爲止殿，左、右爲廂房，前爲戲臺，東西爲看樓。又前爲大門。又前爲照壁，左、右有旗杆各一，後爲寢殿，爲廂房。廟貌莊嚴，規模壯麗，爲邑鉅觀。（清・侯紹瀛：《（光緒）睢寧縣志稿》卷六，清光緒十二年刊本）

（乾隆）武進縣志

　　【炮仗】元旦擁衾，即剖乾柿及橘食之，云百事大吉。盥漱畢，啓門放爆竹三，俗呼開門炮仗。置五色紙於中，進散之，謂之「滿地金錢」。按：《東京夢華錄》：駕前呈百戲每一齣畢，作霹靂一聲，謂之「炮仗」。凡御前供奉，皆曰仗，故炮亦然。名應始此。（清・王祖肅：《（乾隆）武進縣志》卷一，清乾隆刻本）

　　【雲車之戲】五月朔，俗以爲天地生日。相傳，明初鄉人沿修僞吳之祀，

其說甚誕。始爲雲車之戲，云本隋司徒陳杲仁戰具。以是月望爲神誕日，故然。其制，煅鐵爲朵雲，下承鐵桿，高可仞，跗雙植如弗，縛有力者胸背間，上坐兩小兒扮故事，重可二百斤許。負之趨，旋舞如意，雖都盧尋橦未足擬也。入夜燃燈，直如海上珊瑚移來平地矣。是日，人家植竿於衢，懸燈或三或五，謂之「天燈」。（清・王祖肅：《（乾隆）武進縣志》卷一，清乾隆刻本）

【嚴禁講兌開兌演戲酒席】 巡撫尹《禁勒索以肅漕政示（節錄）》：……嚴禁講兌開兌演戲酒席。（清・王祖肅：《（乾隆）武進縣志》卷三，清乾隆刻本）

【五月有雲車之戲】 清・董文驥《常州風俗序（節錄）》：水土之風，情欲之俗，分言之則二，合言之則一。武進之土多丘陵原隰，故曰毘陵，言厚也。……五月，有雲車之戲，力士負鐵莖，長可仞，莖上鏤鐵如雲，置三嬰兒，優孟衣冠，負之疾行。或圈豚行，雖拉脇絕筋不顧。相傳狀隋司徒陳杲仁戰具云。此則四邑所無而武邑獨有之者。惟錫邑五月有張燈之會，星橋火樹，萬戶千門，相傳爲僞吳莫天祐以城降明，民免虀粉而報賽之云。其小史鴉頭髮未覆額，教絲竹肉音，鬻之侯門。父母生子晢而黠者，以爲利。此則四邑所無而錫邑獨有之者。（清・王祖肅：《（乾隆）武進縣志》卷十二，清乾隆刻本）

【楊維禎強氏母】 元・楊維禎《強氏母》：毘陵強可，事母以孝聞。至正戊子十一月二十三日長至，適爲母夫人初度日也。母子恩命，皆以是日至，故爲賦燕喜詩一首，俾伶官歌之。

強氏母，毘陵人，年已八十又一春。強家郎，未七旬，五十入官教邑民。六十轉官在鄰郡，大府婉畫方咨詢。守將急移檄，候吏持在門。強家郎奉檄，告母母欣欣，一笑還一嚬。庭中大樹風不停，孝子惜陰寸寸勤。強家郎，養母素不貧。食有祝鯁，寢有五色裯。其肯貪天之祿，一日離其親。年未及致事，辭檄奉晨曛。中書重爾天性眞，馳文箋天天不嚬。賜爾孝子七品秩，緋衣始妠青絲綸。強家母，隨牒封邑君。一陽復，爲生辰，邑官里老走伛伛。上堂與母千百壽，烹羊炮豕羅鮭珍。強家母，抱牒謝天恩。強家郎，百拜百舞稱鼍鼙。日日起居太夫人，項間壽帶日見雙條文，眼前離立五世之兒孫。強家壽無匹，榮無倫。（清・王祖肅：《（乾隆）武進縣志》卷十三，清乾隆刻本）

編者案：本詩較楊維禎《鐵崖古樂府》（四部叢刊景明成化本）卷六所載，小序略有刪減。

【孫一士巧禁婦女觀劇】康熙間，孫一士讞令武進，嘗禁婦女觀劇。丁酉季春演劇皇亭，婦女雜沓，無以禁之。時歲饑，因令里甲持簿一本，向諸婦云：「縣主欲每人化饑民米一石，請登名於右。」眾愕然，潛散。（清·王祖肅：《（乾隆）武進縣志》卷十四，清乾隆刻本）

（嘉慶）溧陽縣志

【宋其武邀陳名夏觀雜劇】陳名夏遊大石山，宋其武邀觀雜劇答謝。（清·李景嶧：《（嘉慶）溧陽縣志》卷一，清嘉慶十八年修光緒二十二年重刻本）

【溧陽風俗喜賽會演劇】乾隆八年吳學濂《縣志》云：溧俗聚族而居，崇尚譜牒，多有宗祠，朔、望供飯焚帛。紳士雖貴顯，不飾騎從。宦家女子亦布素，習女紅中饋之事，婚嫁不計奩財。村有學師，軒文而輕武。不事外遊商賈，惟耕、讀兩途而已。其農事勤惰各半，而蠶桑之利，向惟姜笪、新昌兩村鼓舞利導，近且繅車軋軋，聲徧四鄉矣。然好勝喜訟，喪葬惑於堪輿家說，又喜賽會演劇，齋醮淫祠。以理喻之，亦稍稍衰息。（清·李景嶧：《（嘉慶）溧陽縣志》卷一，清嘉慶十八年修光緒二十二年重刻本）

【溧陽扮殤演戲之風】清·宋辰《後除妖記略》：溧邑，宋季民俗頗惑於妖，賢宰山陰陸公，本神明之德以除之，廓清者數世矣。近日邪說漸起，愚民信之，牢不可破。城中有五猖廟，厥狀猙獰，姦民借以生事，棄產媚鬼，絡繹不絕。又邑有前馬村，民居稠密，相傳宋時湖蕩中夜忽有光，探得二木箱，中貯奇形異狀木雕傀儡若干。陳、芮二姓，各分其半。每年春杪，科錢迎寶，奔走若狂，相沿已久。日增月盛，宰牲聚飲，費甚不貲。富者貧而貧者困，大害農事，民力消耗。乾隆二年高安吳公之初蒞溧陽也，勤民事，正民風，毀五猖之像為五賢祠，扮殤演戲之風亦以稍熄。逾年歲稔民和，利興弊革，唯前馬迎賽俗終不改。公聞之嘆曰：「是妖也，非禮也。至治之世，其鬼不靈。學濂奉天子命來為吏，宜為民除害。」乃於壬戌之春，親詣其地，舁儀至公堂，集里民燬之，且諭之曰：「賽會迎神，勞費無益，孰若留充公用，為一鄉築堤濬溝，以防旱澇乎？」民乃豁然悔悟，如夢初覺。復慮民之始信而終疑也，賦詩二章以曉之。其一曰：「傀儡由來自昔傳，華光作福賽年年。可憐兒女癡獃甚，賣卻新絲典卻鈿。」「枯木無靈已化塵，民間歲省百千緡。移將修築隄防用，好聽農歌大有春。」（清·李景嶧：《（嘉慶）溧陽縣志》卷一，清

【烈婦狄黃氏乘守者觀劇自縊殉夫】狄黃氏，旭旦妻。乾隆三十五年夫亡，黃年二十八，家食歸依父母。頃之，翁謂其父曰：「媳少寡無子，歲又飢，吾不忍以此累公。」乃相與謀嫁婦。婦泣曰：「我所以不即死者，翁姑老，孤女在懷。父幸而憐我，勻我餘食，暫活我，否則聽我飢寒死，毋以非禮相逼。」其家恐其遽死也，陽爲慰諾，既而密議婚某姓。迎有日矣，婦偵知之，乃紿言曰：「父爲我終身計固當，但願得杯酒告亡夫墓，然後維命之從。」許之。之墓哭奠，返乘間甌自縊。救之蘇，守益密。曾里中賽神，群議出觀劇，婦紿守者曰：「我從死中來，知死苦，不復作此計矣。」眾信之捨去。或有覺者甌還視之，婦已縊死密室，面東向夫家。黃歸櫬於狄，合葬夫墓，實維夫亡之年。(清・李景嶧：《（嘉慶）溧陽縣志》卷十四，清嘉慶十八年修光緒二十二年重刻本）

（光緒）武進陽湖縣志

【雲車與龍舟】五月朔，植竿於衢，懸燈或三或五，曰「天燈」。爲雲車之戲，鍛鐵曲折，尋丈爲雙跗，仰承兩小兒，繪帛飾之，下爲鐵兩當，縛有力者胸背間負之，曰「雲車」。……龍舟曰「競渡舟」，廣一尋，長三尋，刻首尾以象龍，腹結綵爲樓三，重列旗幟，高五尋，下以習水者十六，操楫往來，倏忽金鼓喧震。夜懸燈數百，光燭水上，遊者曰「看龍船」。乘舟而遊者曰「遊船」，船載伎曰「花船」，集白雲溪。白雲溪夾岸樓榭懸燈具設醮，其所觀歌鼓簫管恒達旦，竟月乃罷。(清・王其淦：《（光緒）武進陽湖縣志》卷一，清光緒五年刻本）

【孫讜巧禁婦女觀劇】國朝康熙間，知縣孫讜禁婦女觀劇。後演劇皇亭，婦女雜沓，無以禁之。時歲饑，因令里甲持簿向諸婦云：「縣主欲每人助饑民米一石，請登名。眾乃潛散。」(清・王其淦：《（光緒）武進陽湖縣志》卷三十，清光緒五年刻本）

（同治）蘇州府志

【偏愛元宵燈影戲】宋・范成大《燈市行》：吳臺今古繁華地，偏愛元

宵燈影戲。春前臘後天好晴，已向街頭作燈市。疊玉千絲似鬼工，翦羅萬眼
人力窮。兩品爭新最先出，不待三五迎東風。兒郎種麥荷鋤倦，偷閒也向城
中看。酒壚博簺雜歌呼，夜夜常（編者案：「常」，《石湖詩集》作「長」）如正月
半。災傷不及什之三，歲寒民氣如春酣。農家亦幸荒田少，始覺城中燈市好。
（清·馮桂芬：《（同治）蘇州府志》卷三，清光緒九年刊本）

　　編者案：清·許治《（乾隆）元和縣志》（清乾隆二十六年刻本）卷三十五亦
收此詩。

　　【正月五日祀財神設優戲】（正月）五日祀財神。或於四日夜半，陳
蔬菓牲醴，然燭焚香，列爐火，畫紙爲神。祭畢，爆竹聚而飲福，或設優戲。
（清·馮桂芬：《（同治）蘇州府志》卷三，清光緒九年刊本）

　　【春夏之交鄉村多賽會】清明插桃柳枝於戶上，食青糰。附縣至虎
邱祭無丰孤魂張士誠等，各鄉土地神因與祭厲壇賽會焉。中元、下元亦如之。
前後數日，士女皆出城埽墓，諸園皆於清明日開，令人輸錢入遊，立夏日止，
無虛日。妖姬、靜女、遊俠、貴介，踵相接也。南北園榮花茂盛，踏青人如
織。春夏之交，鄉村多賽會者，閒爲優戲，名曰「春臺」。（清·馮桂芬：《（同
治）蘇州府志》卷三，清光緒九年刊本）

　　【四月優戲】（四月）十四日爲神仙誕，夜半至純陽廟。相傳有人遇仙，
云棄千年運於路，食神仙糕。以綵線爲方勝、草笠并諸樣花戴之，曰「神仙
花」。翦五綵綾爲笠，飾以錦繡孔雀羽，曰「神仙帽」，小兒戴之。醫家咸祠
純陽、飲福、有優戲者。擇日爲品蘭會，數百里異種畢至，金蘭爲上，素心
次之，有梅瓣、荷花、水仙之目。（清·馮桂芬：《（同治）蘇州府志》卷三，清光緒
九年刊本）

　　【關聖誕日會館多優戲敬神】（五月）十三日爲關聖誕，會館多優戲以
敬神。優以是日散班，至秋再聚。暇則多遊元妙觀。（清·馮桂芬：《（同治）蘇州
府志》卷三，清光緒九年刊本）

　　【吳俗好爲迎神賽會】吳俗信鬼巫，好爲迎神賽會。春時搭臺演戲，徧
及鄉城。五、六月間，妄言五方神降災祲。或奉劉猛，將以社田事廣募金錢，
哄動閭里。群無賴推一人爲會首，畢力經營，百戲羅列。巨室以金珠翠鈿裝

飾孩稚，或坐臺閣，或乘俊騎，以耀市人之觀，名曰「捨會」。《康熙志》。（清・馮桂芬：《（同治）蘇州府志》卷三，清光緒九年刊本）

【牽郎郎拽弟弟】兒童扯衣裾相戲，唱曰：「牽郎郎，拽弟弟，踏碎瓦兒不著地。」見《詢芻錄》，祝生男也。牽者郎郎，拽者弟弟，多男子也。踏碎瓦禳之以弄璋，扯裾禳之以衣裳，不著地禳之以寢床，無非男也。古人雖兒童相戲，亦有至理。《堅瓠集》。（清・馮桂芬：《（同治）蘇州府志》卷三，清光緒九年刊本）

編者案：此即褚人穫《堅瓠集》（清康熙刻本）卷一「牽郎郎」條，字句略有不同。

【扯談乃宋時梨園市語】胡說曰扯談。宋時梨園市語。（清・馮桂芬：《（同治）蘇州府志》卷三，清光緒九年刊本）

【湯文正禁小說戲曲】《湯文正公撫吳告諭（節錄）》：為政莫先於正人心，正人心莫先於正學術。朝廷崇儒重道，文治修明，表章經術，罷黜邪說，斯道如日中天。獨江蘇坊賈惟知射利，專結一種無品無學、希圖苟得之徒，編纂小說、傳奇，宣淫誨詐，備極穢褻，污人耳目。繡像鏤板，極巧窮工。遊佚無行與年少志趣未定之人，血氣淫蕩，淫邪之念日生，奸僞之習滋甚。風俗凌替，莫能救正，深可痛恨，合行嚴禁。仰書坊人等知悉：除《十三經》、《二十一史》及《性理》、《通鑑綱目》等書外，如宋、元、明以來大儒注解經學之書及理學經濟文集、語錄，未經刊板或板籍燬失者，照依原式另行翻刻，不得聽信狂妄後生，輕易增刪，致失古人著述意旨。今當修明正學之時，此等書出，遠近購之者眾，其行廣而且久。爾等計利，亦當出此。若曰古書深奧難以通俗，或請老成醇謹之士選取古今忠孝廉節、敦仁尙讓實事，善惡感應凜凜可畏者，編爲醒世訓俗之書，既可化導愚蒙，亦足檢點身心，在所不禁。若仍前編刻淫詞小說、戲曲，壞亂人心，傷敗風俗者，許人據實出首，將書板立行焚燬。其編次者、刊刻者、發賣者，一併重責，枷號通衢。仍追原工價勒限另刻古書一部，完日發落。（清・馮桂芬：《（同治）蘇州府志》卷三，清光緒九年刊本）

【擅編歌謠劇戲枷示三月】《湯文正公撫吳告諭（節錄）》：……造言之人，無端捏事，見影生風，或平起滿街議論，或寫貼匿名文書，擅編歌謠劇

戲，或談說閨門是非，除致出人命者即依律定罪外，鄉人等但有指實者，即便公舉到官，有司盡法重治，枷示三月。本院衙門記惡，良民不與爲禮。（清·馮桂芬：《（同治）蘇州府志》卷三，清光緒九年刊本）

【禁巫覡賽會喪殯戲樂】《湯文正公撫吳告諭（節錄）》：……衣食之原，在於勤儉。三吳風尚浮華，不安本分。胥隸屠沽，倡優下賤，無不戴貂衣繡，炫麗矜奇。文人喜作淫詞。疾病之家聽信巫覡欺誑，輒行禱禳，鼓吹喧闐，牲肴浪費。貧民稱貸於人。又有遊手好閒之徒，或假神道生辰，或稱祈安保歲，賽會慶祝，雜扮故事，兒女溷淆，舉國狂鶩。爲首科斂乾沒，或因酬飲聚博，致生事端。又有優觴妓筵，酒船勝會，排列高果，鋪設看席，糜費不貲，爭相誇尚。更或治喪舉殯，戲樂參靈，尤爲無禮。凡此種種，皆百姓火耕水耨辛苦所致。恣其浪費，豪（編者案：「豪」應爲「毫」）不檢惜，民力安得不竭，國稅安得不逋？自後胥隸倡優，概不許著花緞、貂帽、緞靴。犯者許人扭稟，變價充賞。疾病祈禳，若有巫覡賽會祈保，罪坐事主。尋常宴會，不過五簋。酒船妓樂、高果看席及喪殯戲樂，概行禁止。如敢故違，該地方官嚴拏究懲。習俗之奢儉，動關閭閻之肥瘠。吳民家鮮蓋藏，猶自浮費相尚，如午日競渡，其一也，合行嚴禁。自後，無論近城遠鄉，一切龍舟，概不許集貲修葺。如有惡少棍徒不遵禁約，倡議思修，嚴拏枷示。爾民各當務本，凡遇令節，家庭之間，洗腆用酒，以享高年，以娛婦子，既無大費，又有眞樂，何苦以終歲勤勞所得，輕擲一旦。荷花蕩鬧會，亦與此同例，無得抗違取罪。（清·馮桂芬：《（同治）蘇州府志》卷三，清光緒九年刊本）

【禁迎神賽會搭臺演劇】《湯文正公撫吳告諭（節錄）》：……吳下風俗，每事浮夸。粉飾動多，無益之費。外觀富庶，內鮮蓋藏。偶遇災祲，救死不贍。本院不勝痛惜。如迎神賽會，搭臺演劇一節，耗費尤甚，釀禍更深。此皆地方無賴棍徒，借祈年報賽爲名，圖飽貪腹。每至春時，出頭斂財，排門科派。於田間空曠之地，高搭戲臺，鬨動遠近。男婦群聚往觀，舉國若狂，廢時失業，田疇菽麥，蹂躪無遺。甚至拳勇惡少，尋釁鬥狠，攘竊荒淫，迷失子女，每每禍端，難以悉數。本院竊爲爾民計，以此無益之費而周恤鄉黨親戚，刊布嘉言懿行，則人頌好義，積累陰功，何苦以終歲勤劬所獲輕擲於一日，曾有何益？本院已屢次諄諄告誡，城市之間，稍稍斂跡，而鄉村僻處，曾未之改，深爲民病。合行出示嚴禁。（清·馮桂芬：《（同治）蘇州府志》卷三，清

光緒九年刊本）

【禁出殯演劇】《陳文恭公風俗條約》，乾隆二十四年三月。見《吳門補乘》。……一、喪葬大事，重在附身。附棺尤在，致哀盡禮。新喪經懺，縣延數旬。佛戲歌彈，故違禁令。舉殯之時，設宴演劇，全無哀禮。人獸紙器，擁塞道路，誇耀愚人，適爲有識者竊笑。至於親死，棺殮入土爲安，乃溫飽者惑於風水，久厝不葬，反以速葬爲恥。甚至數年幾代均不肯葬，漏屋停棺，到處浮厝，或慘付火焚，忘親滅禮，莫此爲甚。久奉嚴禁，嗣後喪葬不許有佛戲，出殯不許多用紙器，厝棺不許過三年。有子孫之親棺，毋許火化。地方官一聞佛戲，將樂器追取入官，僧道責處。出殯演劇，立即拏究。省無益之費，爲殯葬之用。安葬如期，承祭以禮，寧戚毋易，寧儉毋奢，孝子順孫，豈在繁文之美觀哉？（清・馮桂芬：《（同治）蘇州府志》卷三，清光緒九年刊本）

【將佛經編爲戲劇】《陳文恭公風俗條約》，乾隆二十四年三月。見《吳門補乘》。……一、僧尼身入空門，原係六根清淨，持素焚修。江南僧人擁有厚資，公然飲酒食肉，賭博姦淫，盤剝佔奪，設計騙人，藏匿婦女，無惡不作。本部院屢有訪聞，正在確查拏究。凡婦女燒香做會，聽講翻經，宿廟肉鐙捨身，皆由僧道設此名色。或遍貼傳單，或發帖邀請，煽誘騙財，并將佛經編爲戲劇，絲竹彈唱，儼同優伶。嗣後責成僧道官稽查送究，徇隱連坐。女尼中有少婦、幼女戴髮修行，豔服男裝，勾引男婦，無異娼妓。又慣入富家吹唱彈經，甚而群尼一路彈唱，赴庵燒香，名曰「發赦」，遂有惡少結隊跟隨，途中攔截，逼令彈唱爲樂。一切引誘淫蕩之事，皆尼庵之所有。地方官留心查禁，責成地保查察，犯者稟究。（清・馮桂芬：《（同治）蘇州府志》卷三，清光緒九年刊本）

【酬神演劇】《陳文恭公風俗條約》，乾隆二十四年三月。見《吳門補乘》。……一、春祈秋報，例所不禁。聚眾賽會，酬神結會，誤農耗財。江南媚神信鬼，錮蔽甚深。每稱神誕，鐙綵演劇，陳設古玩希有之物，列桌十數張。技巧百戲，清歌十番，輪流疊進。更有投身神廟，名爲「執役」；首戴枷鎖，名爲「赦罪」。擡神遊市，爐亭旗傘，備極鮮妍；臺閣雜劇，極力裝扮。今日某神出遊，明日某神勝會，男女奔赴，數十百里之內，人人若狂。一會之費，動以千計。一年之中，常至數會。地棍藉此飽囊，平民因此揭債。他如擁擠

踐踏，爭路打降，剽絞搶竊，結仇構怨。命盜之案，每釀於此。不特耗錢財於無益之地已也。至於鄉民疾病信鬼，不求醫藥，專事巫祝，竟日徹夜，大排牲體，舞蹈歌唱，以為禳解。巫師神婆，聽其剖斷。今日請一神，明日送一鬼，幸而病愈，又須破產酬謝；即或不愈，止云前求未善，不悔昨非。身死之後，反至衣棺無出，不能安葬。愚妄至此，殊可哀也！（清·馮桂芬：《（同治）蘇州府志》卷三，清光緒九年刊本）

【勾欄巷】勾欄巷，鐵局巷後舊有妓樂，故名。（清·馮桂芬：《（同治）蘇州府志》卷五，清光緒九年刊本）

【鹾商汪獻琛捐築演劇臺】自我朝雍正四年，析崑山治之半分設，廟則邑侯王公士任即崑邑廟賓館改建。乾隆初，增置後寢，都人士以規制逼仄為嫌。庚午，適本境興仁坊羅漢橋之右有故宦家顧氏廢址一區，其裔孫捐作廟基。是年，募集城鄉紳商富室暨各邑長、各市牙眾捐愿項得數十緡，乃始庀材鳩工。明年冬，廟及儀門粗就，始迎神像安奉。是秋，鹾商汪獻琛捐築演劇臺於儀門。壬申秋，先後得廟旁餘屋邵、孫、馮諸姓四十餘楹，並廟後隔谿葉氏之半繭園，計償值七百緡有奇。自是，廟之形勢始益擴。（清·馮桂芬：《（同治）蘇州府志》卷三十八，清光緒九年刊本）

【禁賽會演劇】吳俗舊弊，凡婦女出遊，里中賽會演劇，無籍子博戲鬥毆，一切禁止。（清·馮桂芬：《（同治）蘇州府志》卷六十八，清光緒九年刊本）

【劉時俊禁賽五方神演劇】劉時俊，字恒甫，富順人。萬曆戊戌進士，知廬江桐城，再調知吳江。為人豁達精敏，往時催科，以盈為辦，黠者陰屬姦胥匿其賦，良民至有十限三分之輸。時俊先造煙門冊，凡田畝、貫址、戶口，令民占實填報，因洞悉田賦利病，遂以八限五分為準，黠者無所隱匿。凡督宿逋者，時俊知上下吏胥，交通為姦，每遇上檄下，即併任事吏解之而奸革。漕卒獷悍，橫索無厭，時俊請漕撫約束，每百加四石。概量之事，令耆老主之，軍第持籌而已。有浮圭合者抶以狗，歲省米二萬石。邑塘當孔道，歲修而圮愈甚。時俊出羨金，又勸富室輸助及免役錢，得四萬餘金，築南北石塘，延袤八十里，為邑永利。其為治嚴而不苛。聽訟，請託不行。表章節義，敦禮耆碩。每望後一日，角巾至學宮與諸生質疑問難，竟日而罷，月以為常。見訟牘有婦人名，即除之。或婦人以事至，戒伍伯離丈餘。久之，事

省訟簡，盜賊屏跡。吳俗好賽五方神，每歲演劇月餘，男女雜沓，無賴子或乘之以逞淫賈利。時俊嚴禁之，杖其爲首者，投神像於太湖。稅閹至杭州，所過邑令皆長跪，時俊獨不屈，索供億又不應，閹怒去。未幾，檄至府，以昨歲過金閶失上供物誣吳江巨室五十三人爲盜，知府錯愕無以應。時俊曰：「此詐耳，某請以身當之！」閹使方入縣咆哮，時俊命縛而訊之曰：「據檄事在前年，今始發，何也？且其時爾主在徐州道上，乃來吳邪？」與大棒數十。閹使懼，具伏誣狀，盡實之法。閹見爰書，語塞，卒無以加也。在任五年，治效異等，陞南京兵科給事中，官至太僕少卿。（清・馮桂芬：《（同治）蘇州府志》卷七十二，清光緒九年刊本）

編者案：清・陳莫纕《（乾隆）吳江縣志》（清乾隆修民國年間石印本）卷二十三亦收劉時俊事跡，所載與此略同。

【嚴經峻辭妓樂】嚴經，字道卿，洞庭東山人。弘治丙辰進士，授南京刑部主事，進員外郎中。裁決如流，尙書張敷華亟稱之。擢知吉安府。丁憂，歸補彰德。頻歲荒旱，民多流亡，經虔禱得雨。又發廩賑給，逃徙來歸。有疑獄歷二守不能決，經至，立爲剖斷。往時，藩府以宴餽妓樂餌前守，經獨峻辭。藩王以下，罔敢撓法。時流賊披猖，所至殘破。經修陴繕甲，賊不敢犯，績最當遷。掌銓者應召過彰德，怒經無贈遺，遇推陞則曰：「姑徐徐。」俄病足，遂致政歸。王鏊《誌》。（清・馮桂芬：《（同治）蘇州府志》卷八十，清光緒九年刊本）

【萬里緣本事】黃向堅，字端木，先世自常熟遷吳。父孔昭，字含美，崇禎癸酉舉人，明末授雲南大姚知縣。罷官後，兵阻不得歸，流寓白鹽井，教授自給，音問隔絕。向堅家居，日夜涕泣，目盡腫。順治八年十二月，拜祖墓，別妻子，誓不得父母不歸。攜一囊一蓋，獨行冰雪中。涉溪踰嶺，自武岡而西，從閒道出洪江關，歷鎮遠、平越至貴陽，爲孫可望戍兵所執，疑爲間諜，將官程萬里者詢知其故，歎曰：「孝子也！」給以令符，乃得前。其間懸崖絕壑、豺虎、蠻箐、兵馬之虞，無所不歷。繭足黧面，幾死者數。明年五月，尋至白鹽井，得見父母。留五月，奉二親歸。明年六月，始抵里門。吳人以其事播之樂府，世所傳《萬里緣》傳奇是也。還家後，孝養二十年而母歿。孔昭優遊林泉，爲吳中耆舊，年九十，無疾而終。向堅年六十五矣，猶孺慕哀號，尋以病卒。乾隆四年，巡撫許容題旌。乾隆志。（清・馮桂芬：《（同

治）蘇州府志》卷八十二，清光緒九年刊本）

【魏忠賢乘帝觀劇進讒言】文震孟，字文起，徵明曾孫。祖國子博士彭，父衛輝同知元發，並有名行。震孟弱冠以春秋舉於鄉，十赴會試。至天啓二年殿試第一，授修撰。時魏忠賢漸用事，外廷應之，數斥逐大臣。震孟憤，於是冬十月上勤政講學，《疏》言：「……僞學之禁，唐宋末季可爲前鑒。」《疏》入，忠賢屛，不即奏。乘帝觀劇，摘《疏》中傀儡登場語謂比帝於偶人，不殺無以示天下，帝頷之。（清·馮桂芬：《（同治）蘇州府志》卷八十七，清光緒九年刊本）

【倣萬里緣傳奇播蔣宇均事】蔣宇均，字理平。父輝，貴州龍里縣典史，緣事罣誤，謫戍新疆。宇均萬里相隨，寸步不離。旋得家信，知母彭病，即回蘇侍疾。母歿甫踰百日，又至戍居。數月又回蘇葬母，葬畢，仍仕戍所。居半載，父遇赦，乃侍父歸。五、六年中往返四次，繭足繭面，備嘗艱險。其從姪大鎔，倣《萬里緣》傳奇播其事。宇均聞之，怒曰：「天下豈有無父之人哉？」爲拉雜摧燒之。錢泳《履園叢話》。（清·馮桂芬：《（同治）蘇州府志》卷八十九，清光緒九年刊本）

【李涌冶少習爲雜劇以養父母】李涌冶，長涇人，移居郡城。少貧甚，習爲雜劇，以養父母。稍長，兼通繪事，尤善人物，生動與演劇同。然筆墨古雅，非俗工也。天性孝友，庭闈雍睦，有賢士大夫風。庚申之變，爲賊所虜，將抵金陵，得間逸去。因父母陷城未出，復入城，遂遇害。年三十有一。或搜其身，得小畫一幀，蓋平日所圖父母像云。（清·馮桂芬：《（同治）蘇州府志》卷八十九，清光緒九年刊本）

【陶峴有女樂一部】陶峴，彭澤之子孫也。開元中家崑山，富有田業，擇家人不欺而了事者悉付之，身則泛遊江湖，往往數歲不歸。見其子孫成人，初不辨其名字。峴文學可以經濟，自謂疏脫，不謀宦遊。生通八音，撰《樂錄》八章，以定其得失。自製三舟，備極堅巧，一自載，一置賓，一貯飲饌客。有前進士孟彥深、進士孟雲卿、布衣焦遂，各置僕妾共載。峴有女樂一部，奏清商曲，逢奇遇興則窮其境物，興盡而行，名聞朝廷。值天下無事，經過郡邑無不招延。峴拒之曰：「某麋鹿閒人，非王公上客。」亦有未招而詣者。吳越之士號爲水仙。《甘澤謠》。（清·馮桂芬：《（同治）蘇州府志》卷九十一，清

光緒九年刊本）

　　編者案：清・尹繼善《（乾隆）江南通志》（清文淵閣四庫全書本）卷一百六十八、清・曾國藩《（光緒）江西通志》（清光緒七年刻本）卷一百六十五所載與此略同。

　　【御史周廣諫帝遣逐樂工】周廣，字充之，弘治十八年進士，歷知莆田、吉水二縣。正德中以治最，徵授御史。《疏》陳四事，略言：三代以前，未有佛法，況剌麻尤釋教所不齒！耳貫銅環，身衣赭服，殘破禮法，肆爲淫邪，宜投四裔，以禦魑魅，奈何令近君側，爲群盜興兵口實哉？昔禹戒舜曰：「毋若丹朱傲，惟慢遊是好。」周公戒成王曰：「毋若商王紂之迷亂，酗於酒德。」今之伶人助慢遊、迷亂者也。唐莊宗與伶官戲狎，一夫夜呼，倉皇出走。臣謂宜遣逐樂工，不復籍之禁內，乃所以放鄭聲也。（清・馮桂芬：《（同治）蘇州府志》卷九十二，清光緒九年刊本）

　　編者案：清・王昶《（嘉慶）直隸太倉州志》（清嘉慶七年刻本）卷二十六所載與此略同。另，清・張廷玉等《明史》（中華書局1974年版，第5000頁）卷一百八十八謂：「周廣，字克之。」

　　【顧濟諫帝屛絕淫巧戲劇】顧濟，字舟卿，正德十二年進士。授行人，擢刑科給事中。武宗自南都還，臥病豹房，惟江彬等侍。濟言：「陛下孤寄於外，兩宮隔絕，骨肉日疏。所恃以爲安者，果何人哉？漢高帝臥病數日，樊噲排闥，警以趙高之事。今群臣中豈無噲憂者？願陛下愼擇廷臣，更番入直，起居動息，咸使與聞。一切淫巧戲劇、傷生敗德之事，悉行屛絕，則保養有道，聖躬自安。」不報。再餘（編者案：「餘」應爲「踰」）月而帝崩。（清・馮桂芬：《（同治）蘇州府志》卷九十二，清光緒九年刊本）

　　編者案：清・王昶《（嘉慶）直隸太倉州志》（清嘉慶七年刻本）卷二十六所載與此略同。

　　【徐乾學疏請嚴禁擧殯演戲】徐乾學，字原一，號健庵。應聘曾孫。八歲能文，爲顧錫疇所知。十三通五經。康熙庚戌，進士第三，授編修。壬子，主順天試，乾學病士子治經義不務實學，專趨時好，人材日壞，至是苦心搜閱，拔韓菼於遺卷中。明年，菼遂魁天下，文體爲之一變，世服其藻鑒之精。陞右贊善，母憂，服闋，充《明史》總裁官，晉侍講。歷侍講學士、

詹事、內閣學士、教習庶吉士、禮部右侍郎。二十六年轉左，釐正禮制科條，定皇太子出閣、視學諸大典禮及北海祀典。疏請停直省歲貢廷試，以免遠涉，請改學臣半年解冊之例，總俟歲科試畢，彙報以除煩費。請嚴禁京城居喪者，毋得踰三月遽釋服及舉殯演戲，以正風化。（清·馮桂芬：《（同治）蘇州府志》卷九十五，清光緒九年刊本）

【錢謙貞能度曲審音】錢謙貞，字履之，順德孫。少孤，嗜學，受知於邑令楊漣。多病，絕意場屋。讀書求志，闞懷古堂奉母，所與遊惟魏沖、馮舒輩。閉門卻掃，有古隱士風。初為詩好劉長卿、韋莊、羅隱、許渾之作，後更深於韓、杜、元、白，旁獵蘇、陸。能度曲審音，尤善書法。所著有《未學菴稿》。年五十四卒。子孫保，字求赤，為人方嚴抗特。勤讀書，有父風。《列朝詩集·馮班傳》、錢《志》合纂。（清·馮桂芬：《（同治）蘇州府志》卷九十九，清光緒九年刊本）

【邱園善度曲】邱園，字嶼雪，東海侯岳之後，隱居塢邱山，跌蕩不羈，縱浪詩酒。善度曲，畫仿石田。《昭志》。（清·馮桂芬：《（同治）蘇州府志》卷一百，清光緒九年刊本）

【孝子陸維賢負父鄰村觀劇】陸維賢，北圻人。幼喪母，及長，每念母輒流涕，遇忌日必悲號竟日。事父盡孝。家貧，為里牙所得錢，必以具甘脆。年踰壯不娶，曰：「吾力任養父而已，不能畜妻子也。」父患中風十餘年，飢渴寒暖及洗沐、涕唾、溲溺之節，恒先意而相之。與父同臥一榻，當暑夕不敢揮扇，冬則溫父足於懷。父喜觀劇，每春日輒負父走鄰村，盡歡而返。父歿，哭之嘔血，三年無笑容。後念嗣續大義，娶妻，得一子，終以哭父成疾，踰年卒。又同邑曹天祿、嚴代言，俱雍正、乾隆間以孝行旌。《吳江志》。（清·馮桂芬：《（同治）蘇州府志》卷一百六，清光緒九年刊本）

編者案：清·陳葵纕：《（乾隆）吳江縣志》（清乾隆修民國年間石印本）卷三十所載與此略同。

【飾伶人為女子佐酒】王敏，字時勉，賓之從孫。少孤貧，從韓有盛寅學醫，名日起。一婦人病血蠱，眾治之不愈。敏曰：「娠耳，當得男。」投安胎劑，果得男。海道總帥燕客，飾伶人為女子佐酒，無疾也。敏視其頰，頹面青羸而氣微促，語帥曰：「火克金之兆也。火令司天，其殆矣。」明年六月，

嘔血死。（清・馮桂芬：《（同治）蘇州府志》卷一百九，清光緒九年刊本）

編者案：清・許治《（乾隆）元和縣志》（清乾隆二十六年刻本）卷二十二所載與此略同。

【劉承宗晚年頗好聲伎】劉承宗，字繼仁，年十五從其祖受醫。方祖所診療，竊識之。有大駔祝某得奇疾，醫弗能治，適祖他往，乃迎承宗。承宗曰：「易治耳，用某藥可愈。」諸醫以年少詆之，然竟愈，於是名大著。嘉靖甲寅倭變，客兵來援者多病，承宗以釜煮藥飲之，僵踣立起。日應四方請，風雨不辭。萬曆初，子宏道登第。人以子既貴，不敢以疾求診，承宗聞輒赴之。晚頗好聲伎，卒。《吳縣志》。（清・馮桂芬：《（同治）蘇州府志》卷一百九，清光緒九年刊本）

【療痘忌演劇鑼聲】黃庭森，字芝石，吳人。精於痘科，有回生之術，時號「神醫」。子國熙紹其業，療痘多奇驗。俞氏子六歲，痘甚稀。國熙曰：「法在不治。」他醫治之，愈。主家張樂，設席并邀國熙，以致誚。國熙至，請兒。視之曰：「演劇時宜避鑼聲。」言訖，辭去。主家置若罔聞。有頃，兒聞鑼聲發驚，暴死。（清・馮桂芬：《（同治）蘇州府志》卷一百九，清光緒九年刊本）

編者案：清・謝延庚《（光緒）江都縣續志》（清光緒九年刊本）卷二十七「列傳第七」所載楊天池事，與此頗相類，可參看。

【盲女善彈詞】盲女何愛姑，善彈詞。金吹手妻亦瞽而善彈，俱投井死。（清・馮桂芬：《（同治）蘇州府志》卷一百二十三，清光緒九年刊本）

【殷氏屏里巷戲劇】提學僉事瞿汝說生母殷氏，為文懿側室。汝說五歲失怙，嫡母李愛如己出。殷濟之以嚴，澣衣糲食，屏去里巷戲劇，不令汝說見，時誨以毋貽羞父兄。汝說卒成進士，能世其家。無錫施策傳。（清・馮桂芬：《（同治）蘇州府志》卷一百二十七，清光緒九年刊本）

【黃采芝誤適優伶】黃氏采芝，幼工詩。誤適優伶，甫婚二月，婿出不歸。惡少逼之，不從。姑誣控與人通。官得實，判歸父母守志。同治八年旌。（清・馮桂芬：《（同治）蘇州府志》卷一百二十八，清光緒九年刊本）

【常熟城隍廟戲樓下碑刻】明人重模唐李陽冰《縉雲縣城隍廟記》。嘉靖壬戌年。在常熟城隍廟戲樓下。（清・馮桂芬：《（同治）蘇州府志》卷一百四十二，

清光緒九年刊本）

【王敬伯遇善歌之女鬼】王敬伯，年十八，仕爲東宮扶侍。赴假還都，行至吳通波亭。維舟中流，月夜理琴。有一美人從二小女，披帷而入。施錦席於東床，設銀鐺雜果，命縮髮者酌酒相獻酬。令小婢取箜篌作宛轉歌，婢甚羞，低徊殊久，乃解裙中出黃帶長二尺許，以挂箜篌，彈弦作歌，女捥金釵，扣琴和之。歌曰：「月既明，西軒琴復清。寸心斗酒爭芳夜，千秋萬歲同一情。歌宛轉，妍以哀。願爲星與漢，光景共徘徊。」又曰：「悲且傷，參差淚成行。低紅掩翠方無色，金徽玉軫爲誰鏘？歌宛轉，清復悲。願爲煙與霧，氤氳共容姿。」天明分別，女留錦四端，臥具、繡枕、腕囊并珮各一雙贈敬伯。生以牙火籠、玉琴爪荅之。米日，聞吳令劉惠時妾船中失錦及臥具等。檢括諸同行，至敬伯船獲之。敬伯具夜來事及從者女儀妝并所贈荅物，令使檢之，於帳後得牙火籠、巾箱內盒中得玉琴爪。令乃以婿禮敬伯，厚加贈遺而別。敬伯訪部伍，人云：女郎年十六，字麗華，去年遇病逝。未亡之前，有婢名春條，年二十許。一婢名桃枝，年十五，皆能彈箜篌。又善宛轉歌，相繼而死。《續齊諧記》。(清·馮桂芬：《(同治)蘇州府志》卷一百四十四，清光緒九年刊本）

【泰娘】泰娘，本韋尙書家主謳者。初尙書爲吳郡得之，命樂工誨之琵琶，使之歌且舞。無幾何，盡得其術。居一二歲，攜之以歸京師。京師多新聲，善工，於是又捐去故技，以新聲度曲，而泰娘名字往往見稱於貴遊之間。元和初，尙書薨於東京。泰娘出，居民間久之，爲蘄州刺史張愻所得。其後，愻坐事謫居武陵郡。愻卒，泰娘無所歸，地荒且遠，無有能知其容與藝者，故日抱樂器而哭，其音焦殺以悲。客聞之，爲歌其事，以續於樂府。云：「泰娘家本閶門西，門前綠水環金隄。有時妝成好天氣，走上皐橋折花戲。風流太守韋尙書，路旁忽見停隼旟。斗量明珠鳥傳意，紺幰迎入專城居。長鬟如雲衣似霧，錦茵羅薦承輕步。舞學驚鴻水樹春，歌傳上客蘭堂暮。從郎西入帝城中，貴遊簪組香簾櫳。低鬟緩視抱明月，纖指破撥生胡風。繁華一旦有消歇，題劍無光履聲絕。洛陽舊宅生草萊，杜陵蕭蕭松柏哀。妝匳蟲網厚如璽，博山爐側傾寒灰。蘄州刺史張公子，白馬新到銅駝里。自言買笑擲黃金，月墮雲中從此始。安知鵩鳥座隅飛，寂莫旅魂招不歸。秦嘉鏡有前時結，韓壽香銷故篋衣。山城少人江水碧，斷雁哀猿風雨夕。朱弦已絕爲知音，雲鬢

未秋私自惜。舉目風煙非舊時，夢尋歸路多參差。如何將此千行淚，更灑湘江斑竹枝。」劉禹錫《泰娘歌并引》。（清・馮桂芬：《（同治）蘇州府志》卷一百四十四，清光緒九年刊本）

【戴俊尤十六同集教坊觀雜劇】戴俊者，蘇州將家子。少師事梁興甫，嘗與一陝西人同往四川，經一山庵中，有老僧善撲，揭字於門。二人入，僧有兩童子守門，亦善撲，遂與對手。童子不能勝，乃驚入報。老僧者坐禪床上曰：「汝二人能勝我童子，亦高手也。」因命其一人前，老僧坐，恒不動，惟略舉手而其人已擲於地。及俊至，僧仍擲之，俊立不仆，僧異之曰：「汝可教也！」因留止，盡以其術授之。蓋僧居山中，見老猿二，日相角爲戲，其技甚神，非世人可及。後一猿中箭死，僧閒暇時與孤猿相撲，因得其妙。俊既得僧傳，思天下惟僧爲愈已，乘其不意殺之出山，由是俊之技益神矣。南京人有尤十六者，力舉千斤，素無賴，出行常要人索飲，有不識者，即以手起廊柱，置人衣裾其下，人許酒乃脫。俊間入南京，知之。一日同集教坊觀雜劇，俊故踐尤一足，尤大怒，將拳之，俊佯怯，出尤胯下而尤仆地，被俊數十跟子，乃呼謂曰：「尤十六，汝不識戴二官人邪？」尤拜謝乃免。觀者千人稱快。尤後肆不逞，時仁廟監國，命官軍捕之，弗克。俊復擒以獻，決脊四十，嘔血死。太宗在北平，聞之甚惜。《談纂》。（清・馮桂芬：《（同治）蘇州府志》卷一百四十六，清光緒九年刊本）

【蕉扇記本事】萬曆二十九年六月三日，蘇州民擊殺稅監參隨。越八日，崑山人葛成詣府，袒兩肩，揮蕉扇，前揖守，自道姓名，乞賞獄，而釋餘人勿問。守驚愕，聞之上官，以成具獄奏。然起事時，成尙在崑山，聞變始偕其兄來郡城，值官司索主者急，挺身出應，兵使者鞫之予杖，幾死。吳民感其義，無不流涕，稱爲葛將軍。先是，織造太監孫隆自杭至蘇，約有司議覈五關漏稅。其參隨黃建節者，與吳中無賴湯莘、徐成等通賄，嗾隆令民間一杼月稅三鐶。又委莘等二十二人分據六門水陸孔道，攫商貨。郡紳丁某陰給莘等貲，市奇貨媚奄，及眾斃建節、莘、成等，遂逼隆署。隆越牆走，匿民舍免。丁之宅亦燬焉。太學張獻翼爲文，率士民生祭成。又貽書於丁及當事，蘄寬成。或作《蕉扇記》新劇譏丁。丁疑出獻翼，夜遣盜入其室刺殺之，沈盜以滅口。成繫獄十餘年。四十一年，巡按御史房可壯爲之請，竟得釋。吳人諱成名，改曰賢。松江陳徵士繼儒，字之曰餘生，其後居顏佩韋等五人墓

旁以死。嘗乞庶吉士鄭鄤題冊，鄤與之語，潸然泣下。問其故，曰：「吾之餘生，神宗皇帝之所與也。吳門所格殺稅官十六七人，吾矢以隻身當之。神宗皇帝終難吾一死，縲紲十年而得出。今退耕於野，又若而年矣。後吾二十八年，而復有顏佩韋五人擊殺緹騎之事。熹宗皇帝未之知，而開府已奉璫意立膏稿街。吾非爲吾泣，爲五人泣也。」賢未死，江湖間已事之爲神。宋楙澄《葛道人傳》。參鄭鄤《題葛成冊》、《吳縣志》。（清・馮桂芬：《（同治）蘇州府志》卷一百四十七，清光緒九年刊本）

【義優】義優者，不知姓名。明萬曆間在吳門演劇，諸伶相謂曰：「聞某家有樓，宿輒死，今夕有能寢者，當以酒勞之。」大淨卒然許諾，已而中變，小生、副末亦如之。大淨曰：「三人同往可乎？」眾曰：「諾。」大淨扮關公，餘扮平、倉從。初唱《大江東》，眾遙語之曰：「若爾，祟不作矣。」遂兀坐至二更，聞樓下哭甚哀。哭已登樓，宛然無首尸也。以兩手挈其顱，直前拜跪。生若末心悸無措，大淨獨喝曰：「汝何來？」曰：「冤鬼江西德安縣人羅汝俊，三十六年裝米三百五十石，投楓橋吳觀海，售銀五百餘兩，被觀海乾沒而致吾死。」淨曰：「汝之冤固也，然何緣得其實？」曰：「行凶則家人吳富、楊三也。尸瘞梯下，壓以大石，三年不得伸。」淨曰：「汝誠負冤，祟何也？」曰：「冀獲申理，不意皆怖死，非某之故。」淨曰：「汝姑息心以待，勿再呈形害人，以干天紀。」鬼唯唯而沒。淨戒二人曰：「事若洩，必毀尸滅跡，則負此鬼矣。」翌日，眾勞以酒，第云聞鬼聲耳。無何，大巡蒞蘇，撫軍設宴范公祠。大淨猝然嚙指血塗面，厲聲曰：「本郡冤氣徹紫霄，關某傳旨，俾二公昭雪，有密語，不可洩。」二公愕然，急屏人，淨遂如鬼指，盡發其隱，語既，仆地而暈，扶出良久始甦。二公密遣丁壯，入觀海家發尸，并擒二僕，刑訊吐實，三人俱伏辜。舉郡稱二公如神。《簪雲樓雜說》。（清・馮桂芬：《（同治）蘇州府志》卷一百四十七，清光緒九年刊本）

【周忠介命捽演秦檜之優人箠之】周忠介公釋褐，選杭州推官，杭人在都者置酒相賀。優人演岳武穆事，至奸檜東窗設計，公不勝憤，即席命捽其優箠之，拂衣去，舉坐驚愕。明日，託公所知謝罪，公曰：「無他，偶不平秦檜耳！」時福清爲相，聞而異之，改公任其鄉郡。公還過家，適福人徐民式撫吳，其子以殺人繫獄。徐造公，請幸脫其子罪。公曰：「人命假固當釋？若眞，某官可棄，招不可開。」徐惶遽而別。公即日束裝行，至湖州，徐令

中軍齎書與金爲餽，公怒叱之，抵官首鞫之，徐之子擬大辟。徐恨甚，日夜伺公短欲中傷之。公在任廉明公正，竟無由焉。《堅瓠集》。（清・馮桂芬：《（同治）蘇州府志》卷一百四十七，清光緒九年刊本）

　　編者案：此即褚人穫《堅瓠集》（清康熙刻本）八集卷四「政任福州」條，字句略有不同。

【作傳奇歌瞿昌文萬里負瞿忠宣公骸骨歸事】留守瞿忠宣公殉節粵西，其配邵夫人先一歲沒，孫昌文間關萬里，負骸骨歸。盛以瓦盆，至中途力不能勝，因棄盆而脫裏衣裏之。及抵家，則著衣處皆生血痕，若膠粘者。然先一夕，有大鳥二翔集會元坊上，相對飛鳴，久之始去。翌日，骸骨遂至，好事者作傳奇以歌其事。未幾，郡人來迎城隍，巨舟數十泊翼京門外，公子嵩錫以事屬不經，峻卻之。《粵行紀事》。（清・馮桂芬：《（同治）蘇州府志》卷一百四十七，清光緒九年刊本）

【陳圓圓】崇禎末，流氛日熾。秦豫之間，關城失守，燕都震動。而大江以南，阻於天塹，民物晏如，方極聲色之娛，吳門尤盛。有名姝陳圓圓者，年十八，隸梨園，時田妃擅寵，兩宮不協。外戚嘉定伯周奎以營葬歸蘇，將求色藝俱絕之女，由母后進之，以紓宵旰憂，且分西宮之寵。因出重貲購圓圓，載之以北，納於椒庭。一日，得侍后側，上見之，問所從來。后對：「左右供御，鮮同里順意者。茲女吳人，且嫻崑伎，令侍巾櫛耳。」上制於田妃，復念國事，不甚顧，遂命遣還，仍入周邸。時吳三桂奉詔出鎮山海關，周祖道出女樂，圓圓亦在列，三桂留意焉。詰朝，使人道意於周，周將拒之。或曰：「今四方多事，何惜一女以結其歡。」周然其說，乃許諾。三桂陛辭，上賜三千金，分千金爲聘。限迫即行，不及娶也。周盛具奩飾，送其父大司馬襄家。未幾，闖攻陷京師，巨室殲蕩，襄亦與焉。家人至三桂告急，三桂大怒，隨天旅南下。闖敗走，其部將於都城搜訪得之。由秦入蜀，迄開藩於滇，圓圓皆從之。圓圓本姓邢，府中皆稱邢太君。久之，三桂潛蓄異謀，圓圓知之，以齒暮請爲女道士，後不知所終。《顧丹五筆記》。（清・馮桂芬：《（同治）蘇州府志》卷一百四十七，清光緒九年刊本）

【萬里緣打差一齣來由】明孝廉黃雲美，爲雲南大姚令。鼎革後，子向堅於干戈之中跋涉迎二親歸。自順治八年歲暮出門，至十年歸里。事見黃自

著《萬里尋親記》。好事者爲作《萬里緣》傳奇。時則有吳縣隸王成六，曾以查偽官事至黃門，聞之，餽饅頭一百於作者，求列名其中。乃增《打差》一齣。黃居陸國子巷，乾隆年間建孝子坊。雲美，周忠介門人。《顧丹五筆記》。(清·馮桂芬：《(同治) 蘇州府志》卷一百四十七，清光緒九年刊本)

【朱允恭陳女樂智擒赤腳張二夫婦】朱允恭，洞庭東山人，字公懋，富而材，家有園亭聲伎之奉。康熙初年，長興劇盜赤腳張三入太湖，掠橫山，又掠木瀆，虜富家子置山寨，勒千金取贖，當道患之。自順治二年揭竿肆擾，未能弋獲，湖路梗塞，莫可如何。時允恭效力於巡撫轅門，中丞韓世琦詢以湖盜事，宜欲發兵剿之。允恭曰：「不可。赤腳張三夫婦矯健絕倫，舞雙刀，能履水飛行，人不敢近。然好聲色，可餌也。請給假五十日，得便宜行事，當縛致轅門。」許之。允恭訪得其黨，好言說之曰：「張君誠豪傑，我欲與交歡，今以千金爲壽，欲保我桑梓。」賊黨攜金致詞，張大悅。約日到山謝，允恭乃盛設合樂以餉之。越宿，備陳女妓，陰遣勇士雜優伶中，酒酣即席擒之，釘其手足，馳解撫轅正法。餘黨駭散，湖中自此安謐，允恭之功也。後以援例爲山東萊蕪令，陞山西大同府右衛同知，再陞福建延平府而卒。《顧丹五筆記》。(清·馮桂芬：《(同治) 蘇州府志》卷一百四十八，清光緒九年刊本)

【織造李煦子好串戲】康熙三十一年，織造李煦蒞蘇三十餘年，管理滸關稅務兼司揚州鹺政。恭逢聖祖南巡四次，克己辦公，工匠、經紀均沾其惠，稱爲李佛。公子性奢華，好串戲，延名師以教習梨園，演《長生殿》傳奇，衣裝費至數萬，以致虧空若干萬。吳民深感公之德，而惜其子之不類也。李公家人有湯、錢、瞿、郭四姓，皆巨富。在蘇置宅，各值萬金有餘。公解任後，其產入官。《顧丹五筆記》。(清·馮桂芬：《(同治) 蘇州府志》卷一百四十八，清光緒九年刊本)

【賓興優人演出】三歲賓興，舊例郡縣官設宴餞士。自軍興時裁公費，久輟不舉。乾隆辛酉，巡撫都御史徐士林嘗捐俸錢行之。先期擇紫陽書院中高材生，定其甲乙。六月十五日，延諸生入院，預製賓餞曲，令優人肄之，至是合樂。開筵，優人皆霓裳羽衣爲月宮飾。宴罷，諸生由月宮出，每一人，優手執桂枝以贈。又製綵旗數十對，各綴吉語，令諸生任意探取之，以卜他日榮遇云。乾隆《志》。(清·馮桂芬：《(同治) 蘇州府志》卷一百四十九，清光緒九年刊本)

（嘉慶）直隸太倉州志

【江蘇巡撫湯斌申賽會演劇之禁】湯斌，字孔伯，號潛菴，睢州人。順治九年進士，康熙二十三年由內閣學士擢江蘇巡撫。蒞任初，悉屏供帳諸物，僚屬皆洗心供職。吳俗奢靡，裁之以禮。立婚嫁、喪葬定式，申賽會、演劇、博戲、拳勇、掠販之禁，重農事以興本業，復社學以訓子弟，講孝經以敦人倫，表揚名宦以風屬來者。悉推誠感動，不徒條教虛文。（清·王昶：《（嘉慶）直隸太倉州志》卷十，清嘉慶七年刻本）

【焦應鶴】焦應鶴，字蓬雪，保縣人。以拔貢來任。時知縣萬任溫良樂易，應鶴佐以斷制，令行禁止。鄉民斂錢演劇，立撤其臺，以修城上窩舖。有弟訟其兄，反覆諭之，其人感悟，卒歸式好。尋薦陞褒城令，禦流寇有功，擢漢中府同知。（清·王昶：《（嘉慶）直隸太倉州志》卷十一，清嘉慶七年刻本）

【三四月間迎神賽會】鄉民斂錢，迎神賽會，每於三、四月間解黃錢赴玉皇殿及東嶽行宮焚納。多扮獵戶、喪神，間飾女粧，乘軒為陰傷。尤可異者，有中軍官及解糧廳名色，僭服品級頂帶，男女聚觀，塡衢塞巷，殊為惡習。（清·王昶：《（嘉慶）直隸太倉州志》卷十六，清嘉慶七年刻本）

【鰲圖痛懲花鼓戲】不逞之徒於曠野搭臺，斂錢演戲，苛派出資，稍不遂意，則群毆之。必輸助而後已，名曰「斂頭」。近有無恥棍徒，糾率少婦，演習種種俚歌淫態，謂之「花鼓戲」。乘鬧設立寶場，抽頭分用。淫奔爬竊，雜出其間，為害甚烈。一有舉發，即行颺去。知州鰲圖密拿痛懲，此風遂熄。
（清·王昶：《（嘉慶）直隸太倉州志》卷十六，清嘉慶七年刻本）

【元宵節遴俊童扮演故事】十五日元宵，預取竹竿，交立通衢，懸柏枝結棚。於十三試燈，是日張布幔、列羅綺，白晝遊觀，謂之「看綵色」。夜擊鑼鼓，曰「鬧元宵」。放花爆及煙火，謂之「挑竿」。附梅磊詩：「建木高三丈，營梯疊九層。火中馳甲馬，煙際出花燈。吾厭機心過，人誇匠手能。移時惟一笑，世事幾堪憑？」好事者遴俊童，扮演故事。或為漁婆採茶，以金鼓導從，誇多鬪靡，分社爭勝，名曰「走燈」，至十八日以後方撤。近時燈社至正月下旬始集，故有「太倉燈，二月興」之號。（清·王昶：《（嘉慶）直隸太倉州志》卷十六，清嘉慶七年刻本）

【東嶽天齊帝誕辰鄉城扮神會】（三月）二十八日，為東嶽天齊帝誕

辰，廟在璜涇鎮，士女燒香者塡塞道路。鄉城扮神會，納楮帛，多傅粉墨爲喪神像，鳴金鼓以衛之，曰「解黃錢」。（清‧王昶：《（嘉慶）直隸太倉州志》卷十六，清嘉慶七年刻本）

【十二月八日跳竈王】十二月八日，以薑菜、雜果和豆米爲粥，謂之「臘八粥」。宋人食譜謂之法王蝌蚪。丐者戴紙冠、塗面扮儺逐疫，謂之「跳竈王」。（清‧王昶：《（嘉慶）直隸太倉州志》卷十六，清嘉慶七年刻本）

【清客】習聲歌者曰「清客」。（清‧王昶：《（嘉慶）直隸太倉州志》卷十七，清嘉慶七年刻本）

【范純斥某官與伶狎】范純，字誠夫，居羅店。天順元年進士，授南京兵部主事。成化初，以刑部員外郎出爲四川僉事，分守川北。所轄番部道險，前巡按案驗芻糧，牽用移文勾當。純親歷始遍，嘗督運至威州，會蠻眾攻城甚急，純用羌兵，以計破之。轉松潘兵備副使。萬安在內閣，其子肆橫鄉里，輒繩以法。鎮守內官，承旨市鷹鶻，所過州郡，索路費千金，民不能供。純白止之，弗聽，嘆曰：「吾不能庇民，可復仕乎？」即移疾歸。同年彭韶巡撫江南，素交厚，絕不干謁。嘗與同官某會飲酒半，某與伶狎，純遽拂衣起，厲聲曰：「風雅掃地矣！」其平生剛正類此。（清‧王昶：《（嘉慶）直隸太倉州志》卷三十一，清嘉慶七年刻本）

【郭四維革迎春梨園百戲之習】《邑乘》小識云：明時及國初迎春，必召妓女、樂工，梨園百戲，歌聲雜沓，結束鮮明。士女傾城往觀。袁中郎《迎春歌》、李散尹《鑒古觀春詩》可考。康熙八年，山西郭公四維守吳郡，躬行節儉，至迎春，妓女、優伶，一切革除。惟府、縣各官往迎而已。自是，歲以爲常，至今不改。（清‧王昶：《（嘉慶）直隸太倉州志》卷六十，清嘉慶七年刻本）

（康熙）常熟縣志

【祭禮演劇】祭之禮，歲時不闕，但子孫家自爲，薦宗祠尸饗。敬宗收族之義，莫能講求。至於崇信巫覡，貧富同然。若田家報賽，專以祈年祝苗，乃迎神集會，漫衍軍儀，塗飾厲鬼之形，炫駭市人之目，或市井無賴，

箕歟演劇，搆鬮傷生，最爲稔虐。投巫息河伯之患，戮豕滅烏氏之妖，誠有如王穉登《吳社編》之所云「流禍」者，吁，可畏哉！（清‧高士䴙：《（康熙）常熟縣志》卷九，清康熙二十六年刻本）

【孫胤伽善填南詞】孫樓，字子虛，號百川。嘉靖丙午科舉人。少敏悟，日記數千言。年十餘，母奉道，謂上帝以臘月二十五日錄人善惡，輒竟日不飲食。作《皇鑒辨》，甚有辭理，文譽鵲起。既舉鄉試，益工古文辭，乞文者趾相錯戶。……所著有《吳音奇字》、《麗詞百韻》等行於世。孫胤伽，字唐卿，性好異書，手自繕寫，百川有藏書之所，日丌冊庋，時比弇州萬卷樓，胤伽更增碎金斷璧之秘。所著有《豔雪齋集》、《玉臺外史》、《談觚》等書。善填南詞，與人言皆唐宋稗官小說及金元雜劇，語不及俗。（清‧高士䴙：《（康熙）常熟縣志》卷二十，清康熙二十六年刻本）

【四野農歌】明‧沈海《四野農歌》：煙雨冥濛畫景昏，農歌四野競紛紛。東村群唱西村和，南隴餘音北隴聞。麥秀新腔良有節，竹枝遺調本無文。不知帝力吾何有，擊壤聲中又夕曛。（清‧高士䴙：《（康熙）常熟縣志》卷二十四，清康熙二十六年刻本）

【絃歌舊俗】明‧王鼎《絃歌舊俗》：絃歌雖古里，不作曩時聲。薄俗誰能變？吾當著意聽。（清‧高士䴙：《（康熙）常熟縣志》卷二十四，清康熙二十六年刻本）

【東郭春迎】明‧王鼎《東郭春迎》：東郊重春事，百戲雜歌嘲。賢令能加禮，歡聲動四郊。（清‧高士䴙：《（康熙）常熟縣志》卷二十四，清康熙二十六年刻本）

（雍正）昭文縣志

【邑中優伶】其惰遊桀黠者爲胥徒，俊利者爲優伶。胥徒各有門戶，有名籍者一人，無名籍而隸其下者且數十人。腰有一牌票，便聲生勢長，魚肉細民，然亦視長吏之寬嚴爲盛衰。邑中優伶，四方聲黨所推讓。挾伎出遊，或履絲曳縞、乘車揭劍過其友；或淪落爲人傭保，吹簫乞食，往而不返。（清‧勞必達：《（雍正）昭文縣志》卷四，清雍正九年刻本）

【巡撫尹禁勒索以肅漕政】巡撫尹禁勒索以肅漕政。……一、嚴禁講兌開兌演戲酒席。一、嚴禁運官折席開兌等項規禮。(清・勞必達:《(雍正) 昭文縣志》卷四,清雍正九年刻本)

【糧道馮申嚴漕政】向年旗丁有勒索兌費,後文:設席演戲,……上年已奉撫憲嚴行禁革,酌定每石給足錢二十七文,此外如敢多索粒米毫銀者,察出,運弁參斥,丁舵人等立拏,綑打革運。(清・勞必達:《(雍正) 昭文縣志》卷四,清雍正九年刻本)

【演劇酬神】其祭祀頗忽於祭先祖,恪於祭外神。外神之甚不經,如「五通」之類,今已衰息。然而演劇酬神,名為敬歲。二月社會百神,朝集嶽廟,名為「解紙」。三月望、七月晦,坌集於拂水眞武殿、各處地藏殿,名為「進香」。流俗相沿,若必不可已者。(清・勞必達:《(雍正) 昭文縣志》卷四,清雍正九年刻本)

【乞丐粧為鍾馗竈王】十二月初一日,乞人始偶男女,傅粉墨,粧為鍾馗、竈王,持竿劍望門歌舞以乞,亦儺之遺意云。(清・勞必達:《(雍正) 昭文縣志》卷四,清雍正九年刻本)

【湘湖記本事】王鼎,字元勳,號鶴峰,梅李人。十歲作《聽琴賦》,甚工。弱冠登進士第,授南京刑部主事。有京衛指揮抵重法,賂尚書,求移獄。尚書召鼎,諭意,鼎不從,遷郎中,除湖廣參議,總督糧餉。湖地苦潦,民訴災,即下有司覈之,隨災數多寡為停徵斂。俟其全稔,通融調補以充運,比計符下,而稅已足。豪猾有作奸犯科者,立杖殺之。藩府預借祿米,歲以為常,鼎持不許。故事,有隸役銀,為上官潤橐,糜費縣官,鼎移文革之。遷廣東參政,裁冗費,剔弊孔,與都御史閔珪不相能,遂罷職。鼎篤於友誼,與蕭山何御史舜賓善。何坐事謫戍,邑令鄒魯與何有郤,械何赴戍,陰遣人戕之中途,復欲滅其家,以杜後患。何之子競挈家歸鼎,鼎授館衣食之,誓為復仇。久之,競請行。鼎曰:「汝未有子,姑少待之。」競得子,會魯陞僉事去縣,鼎乃資遣。競求死士刺之江干,不死,廢其目。法官當競死,鼎復資競母入京擊登聞鼓上訴。事下大理,評事曹恕謂鄒既遷官,非親臨,引唐梁悅報父仇例,競得減死,而魯坐斬,天下皆稱競之孝而高鼎之義。鼎又嘗以水災上書都御史,得奏免歲徵十六萬石。所著有《銘菴集》若干卷。

史遷贊田橫賓客從死事，謂：「無不善畫者，莫能圖，何哉？」高鼎之義，聞浙人爲撰雜劇曰《湘湖記》。夫圖難工而劇易肖也，無不觀劇者莫能學何哉？（清・勞必達：《（雍正）昭文縣志》卷五，清雍正九年刻本）

【馮冠善彈琵琶歌金元曲】馮冠，字正伯，善彈琵琶，歌金元曲。五上公車，未嘗挾筴，惟挾琵琶而已。既釋褐，知鄧州，改國子博士，遷工部主事，晉郎中，遷衡州知府。清介負氣，卒於官。憲之孫復京，見《文苑》。（清・勞必達：《（雍正）昭文縣志》卷五，清雍正九年刻本）

【陳瓚善度曲】陳瓚，字廷祼，號雨亭。祖父復，舉人，韶州府通判。叔父諫，進士，仕至重慶知府。瓚少從叔父授（編者案：「授」似應爲「受」）經學。舉進士，知永豐縣。……除南京刑部侍郎，卒於位。賜祭葬，諡莊靖。所著《濟美堂集》若干卷。瓚目爛爛有光，兩顴峰起，爲人多算略，好屬風跡，然里居與朋儕爲戲，和易通脫。喜飲酒，善度曲，殊不類其立朝節概也。王文肅公云：「江陵於新鄭，冰炭也。公仇新鄭以退，自可附江陵以進，而公兩非之，可謂特立不倚者矣。」子禹謨。（清・勞必達：《（雍正）昭文縣志》卷六，清雍正九年刻本）

編者案：清・高士鸃《（康熙）常熟縣志》（清康熙二十六年刻本）卷十八所載「陳瓚傳」，亦言及其「善度曲」事，可參看。

【陸輅重建玉茗堂於故址】陸輅，字載商，例貢。授陽曲貳尹，擢知恩縣，多善政，陞東昌管河通判。移撫州，重建玉茗堂於故址。半載告歸，堂適落成，大會府僚及士大夫，出吳兒演《牡丹亭》劇二日，解纜去。王阮亭嘗歌其事。家居，賑飢贍貧，育嬰槥死，小者獨爲，大者倡舉，壽至九十歲，數賓鄉飲。（清・勞必達：《（雍正）昭文縣志》卷六，清雍正九年刻本）

【邱園善度曲】邱園，字嶼雪，東海侯岳之後，隱居塢邱，跌蕩不羈，縱浪詩酒。善度曲，被新聲。《歲寒松》、《蜀鵑啼》諸樂府，有元人之風。（清・勞必達：《（雍正）昭文縣志》卷七，清雍正九年刻本）

【周侍虞善度曲】周侍虞，善醫，又善度曲。美鬚眉，善談笑，所至傾其座客。年近九十卒。（清・勞必達：《（雍正）昭文縣志》卷九，清雍正九年刻本）

（乾隆）元和縣志

【倡優帝服后飾】昌黎韓子曰：風俗與化移易，向未嘗不敦麗淳厚，而後凌夷者有之矣。吳中典禮，自守衣冠，爾雅土物，蓋藏號稱最盛。今則安逸樂、競侈靡，雖輿臺賤隸，高門大宅，御輿乘馬，衣服不衷，飲饌無度。即婦人女子，輕裝直髻，一變古風。或冶容炫服，有一衣之值至二三十金者。昔賈生言風俗之弊，富人大賈以衣繡被墻，而倡優下賤帝服后飾。今日之弊，正坐於此。文繁而質寡，外富而中貧，僭越既久，日流匱乏，欲民之無飢無寒不可得也。詩曰：彼都人士，垂帶而厲。彼君子女，卷髮如蠆。令人慨然有餘慕焉。（清‧許治：《（乾隆）元和縣志》卷十，清乾隆二十六年刻本）

【居憂之地爲聽樂之所】至於喪者，送死之大端，罔極之至痛，必誠必信，致敬致哀。今乃用鼓樂、用優人，命曰參材，是居憂之地適爲聽樂之所也。（清‧許治：《（乾隆）元和縣志》卷十，清乾隆二十六年刻本）

【吳地善謳樂府】吳地善謳樂府，所傳《白紵舞辭》、《白符舞辭》、《白鳧鳩舞辭》，有舞必有辭，辭以節舞也。音雖紆緩，而諷勸存焉。他如《江南弄》、《江南曲》、《採蓮》、《採菱》等曲，皆得吳歈之遺。自魏良輔創爲新聲，竹肉相間，一字幾度，一則嫋嫋欲絕，將絕復縈，淫哇並起，而古意亡矣。此聲音之微，具有古今升降之感。（清‧許治：《（乾隆）元和縣志》卷十，清乾隆二十六年刻本）

【虎邱山塘魚龍雜戲】虎邱山塘，吳中遊賞之地。春秋爲盛，冬夏次之。每花晨月夕，仙侶同舟，佳人拾翠，暨四方宦遊之輩，靡不畢集。讀白樂天《宴遊》諸詩，唐時已然矣。其間花市則紅紫繽紛，古玩則金玉燦爛。孩童弄具，竹器用物，魚龍雜戲，羅布星列，令人目不暇給。至於紅欄水閣，點綴畫橋疏柳，鬪茶賭酒，肴饌倍於常價，而人願之者，樂其便也。雖遊者不無煩費，而貧民之賴以養生者亦眾焉。（清‧許治：《（乾隆）元和縣志》卷十，清乾隆二十六年刻本）

【吳中貧戶子弟少歲入梨園】士農工商，謂之「四民」。吳中貧戶不務職業，子弟少歲教習梨園，色藝既高，驅走遠方，獻媚取利，此遊惰民之最而寡廉鮮恥之尤者。里巷翻爲美談，亦可醜矣。至慕女作門楣，多重財貨而

輕骨肉者，此又君子所不忍道也。（清·許治：《（乾隆）元和縣志》卷十，清乾隆二十六年刻本）

【十二月觀儺於市】十二月，觀儺於市。初一日，扮男女灶王向人家跳舞乞錢，至二十四日止。（清·許治：《（乾隆）元和縣志》卷十，清乾隆二十六年刻本）

【吳民除演劇燈綵】清·沈德潛《恭和御製山塘策馬元韻》：白隄神馬踏雲歸，七里經過鞭一揮。花市暖餘紅欲徧，春波漲後綠初肥。民歌常德皆眞意，□喜民風得轉機。綺麗屛除闠闠靜，豈徒塵事到山稀。上以吳民除演劇、燈綵，漸得返朴還淳之意。（清·許治：《（乾隆）元和縣志》卷三十一，清乾隆二十六年刻本）

編者案：清·沈德潛《歸愚詩鈔》（清刻本）、《歸愚詩鈔餘集》（清乾隆刻本），俱未收本詩。

【顧仲瑛聲伎甲於東南】清·沈德潛《網師園記（節錄）》：予讀歐陽文忠《思穎》詩，歎士大夫一執仕版，欲遂其山林之樂而不易得也。公留守東都，即思買田穎上，閱二十載，願迄未墜。……座客嘖嘖歎羨，謂君遭逢之盛，邱壑之佳，當與子美滄浪、仲瑛玉山並傳。予謂：子美仕宦不得志，扁舟來吳，買木石以寄其侘傺無聊之感；仲瑛餼館，聲伎甲於東南。然時丁末造，區寓鼎沸，輕財結客比於燕雀處堂而已。孰若君中歲抽簪，嘯歌自得，處太平之世，展將母之懷，無累於中，不求乎外，此其樂文忠公之所不能遽遂者，而君早遂之。（清·許治：《（乾隆）元和縣志》卷三十四，清乾隆二十六年刻本）

【袁宏道迎春歌】明·袁宏道《迎春歌》：東風吹煖婁江樹，三衢九陌凝煙霧。白馬如龍破雪飛，犢車碾水穿香度。鐃吹拍拍走煙塵，炫服靚粧十萬人。羅額鮮明紛綵勝，社歌繚繞簇芒神。緋衣金帶印如斗，前列長官後太守。烏紗新縷漢宮花，青奴跪進屠蘇酒。採蓮舟上玉作幢，歌童毛女白雙雙。梨園舊樂三千部，蘇州新譜十三腔。假面胡頭跳如虎，窄衫繡袴槌大鼓。金蟒纏身神鬼粧，白衣合掌觀音舞。觀者如山錦相屬，雜沓誰分絲與肉？一路香風吹笑聲，十里紅紗遮醉玉。青蓮衫子藕荷裳，透額垂鬌淡淡粧。拾得春條誇姊妹，袖來佳果擲兒郎。急管繁絃又一時，千門楊柳破青枝。獨有閉門袁大令，塵擁書床生網絲。（清·許治：《（乾隆）元和縣志》卷三十五，清乾隆二十六年刻本）

編者案：明・袁宏道《袁中郎全集》（明崇禎刊本）卷二十九收有此詩。

【幼伶】清・李必恒《補吳趨吟・幼伶》：鬖髿束髮兒，白皙乃無比。疏疏眉眼好，粲粲脣齒美。五歲教識字，從師按宮徵。手口兼授受，辛苦肆鞭箠。技成鄰里賀，父母爲色喜。挾之走四方，飄然離桑梓。登塲傅粉墨，當筵矜爪觜。參軍與老鶻，靦顏不知恥。本心漸放失，垂老悔莫徙。先王分四民，農工商賈士。各各有常業，服習自幼始。所以風俗完，淳悶臻上理。梨園肇李唐，近代益波靡。吳儂貫成習，比閭莫訾毀。生兒教義方，詈攉陷童稗。隸籍僑教坊，編戶弗與齒。若爲急謀生，所獲寧有幾？輪輿與梓匠，執一亦足恃。或云此有由，豪門及王邸。千金裝傀儡，樂部購聲伎。豈忍捐骨肉，乃爲重貨餌。上好下必甚，此論誠近理。愚氓固難喻，陋俗會應洗。何當設屬禁，是用勗君子。（清・許治：《（乾隆）元和縣志》卷三十六，清乾隆二十六年刻本）

編者案：清・張應昌輯《詩鐸》（清同治八年秀芑堂刻本）卷二十六收有此詩，見趙興勤・趙韡編《清代散見戲曲史料彙編（詩詞卷・初編）》上冊，臺灣花木蘭文化出版社 2014 年版，第 190 頁。

（乾隆）吳江縣志

【宋元間同里鎮聲伎歌舞冠絕一時】同里鎮，在二十六都，去縣治東南十餘里。徐《志》云：陳《志》云：唐初名銅里，宋改爲同。吳驥云：舊名富土，以其名太侈，乃□田加土爲今名，未知孰是。宋元間民物豐阜，商販駢集，百工之事咸具，園池亭樹，聲伎歌舞，冠絕一時。明初居民千百家，室宇叢密，街巷逶迆，市物騰沸，可方州郡。嘉隆而後，稍不逮昔，然居民日增貿易，至今猶盛焉。（清・陳荄繻：《（乾隆）吳江縣志》卷四，清乾隆修民國年間石印本）

【勾欄巷】坊巷街里。舊吳江縣中之通衢，以坊名者八，以巷名者十七，以街名者二，以里名者一。……西北爲勾欄巷，舊有妓樂，故名。久廢。（清・陳荄繻：《（乾隆）吳江縣志》卷六，清乾隆修民國年間石印本）

【南樓北樓妓樂】南樓在州橋南，北樓在聖壽寺後，並至大元年建。上有妓樂，凡南北往來之人，必登臨飲酒。明初已廢。（清・陳荄繻：《（乾隆）吳江縣志》卷十，清乾隆修民國年間石印本）

【邑伶人凌泰挾王府勢與州縣官抗禮】郭琇官吳江時，有盜白日劫客

舟於官塘。客訴於縣，琇立移文守備陳桓共追之。盜乃旂下逃人，衣服華美，叱守備，不敢前。琇躍入其舟，呼客證之，良是，遂縛其人。索原贓，具在。解巡撫，訊實正法。舊經承張某侵蝕逸去，充提督將軍楊捷差官，持令箭催兵糧，見琇不遜，琇手掌之，裂其冠，跪乞乃已。提督知其剛正，不問。又邑伶人凌泰曾入京，挾王府勢，與州縣官抗禮，有求必獲。嘗買田本籍，遣人投刺索稅契，琇立杖通刺者，而押其使限三日繳銀，遲且追比。泰匿，不敢出聲。泰母死，巡撫某諭郡屬州縣往弔，獨琇不往。巡撫召琇面諭之，卒不從。後湯文正斌至任，聞琇事，甚稱賞之。（清·陳莫纕：《（乾隆）吳江縣志》卷二十三，清乾隆修民國年間石印本）

【沈蕙端精曲律】沈蕙端，字幽馨，太常漢五世孫女。能詩詞，尤精曲律，嘗作小令挽昭齊、瓊章，爲時人所傳。時年二十。本省志。（清·陳莫纕：《（乾隆）吳江縣志》卷三十七，清乾隆修民國年間石印本）

【迎春社夥】立春：《舊志》云：先一日縣令率僚屬迎春於東郊，前列社夥，縣官所委坊甲整辦什物，選集方相，戲子、優人、小妓裝扮者。殿以土牛，士女縱觀，闐塞街市，競以麻、麥、米、豆拋打春牛。至日，官府鞭牛碎之，隨以分送鄉達。民間爭取春牛土置床，云宜田蠶。宴集，以春餅爲上供。按：此即古辛盤遺意。（清·陳莫纕：《（乾隆）吳江縣志》卷三十九，清乾隆修民國年間石印本）

【坊巷鄉村賽會】（元月）二十日。《舊志》云：元旦坊巷鄉村各爲天曹神會，以賽猛將之神。相傳神能驅蝗，故奉之會。各雜集老少爲隸卒，鳴金擊鼓，列隊張蓋，徧走城市，富家施以錢粟。至是日乃罷，或罷於上元日。罷日，有力者裝演雜劇，極諸靡態，所聚不下千人。村間亦有爲釀會者，先於歲暮人釀米五升，納於當年會長，以供酒殽之費。至元日呼集，以美少年爲神仙公子，錦衣花帽，羽扇綸巾，餘各裝演雜劇，徧走村落，富家勞以酒食。或兩會相遇於途，則鼓舞趨走，自成行列，歌唱答應，亦各有情。至十一日，會長廣列酒殽，凡在會者悉至，老者居上，少者居下，賤者居外，使稍通句讀之人讀大誥或教民榜文一條，然後酒行無算。連會三日而罷。按：釀會頗與古之大酺相近。然此惟一、二、三都有之，餘不盡然也。今按：一、二、三都亦久無釀會。其劉猛將軍會，則各坊巷鄉村大略與在昔同。鄉村又就田

中立長竿，用藁篠夾爆竹縛其上，四旁金鼓聲不絕，起自初更至夜半，乃舉火焚之，名燒田財。黎里庄村爲盛，蓋類昔照田蠶之俗云。（清·陳莫纓：《（乾隆）吳江縣志》卷三十九，清乾隆修民國年間石印本）

【聲歌】吳音輕清而柔緩，故音韻之學獨盛於南方。雖土音各限方隅，不若中州之正，而流利明晰，纖悉必分，舒徐宛轉，則其所長，故吳音自古獨重。其作爲歌詠，始見於《帝王世紀》。禹省南土，塗山之女令其妾候禹於塗山之陽。女作歌，爲南音之始。今見於樂府諸錄者，如《江南曲》、《子夜歌》之類；舞詞則有《白苧舞歌》之類，皆踵是而作。後有擬者，又祖其聲而和之也。自漢以來，入諸清商樂，即相和三調是也。唐《樂志》云：平調、清調、瑟調，皆周房中曲之遺音，漢世謂之「三調」。東晉播遷，樂皆散失。宋武得於關中，收其聲，亦入清商。隋平陳，獲之，爲置清商署以管之，謂之「清樂」。唐貞觀中，用十部樂，清樂亦列焉。已後漸次失傳，與吳音轉遠，議者於是取吳人之能歌者，使之傳習焉。吳音自古見重如此。宋以後，聲音之學盡失其傳，而民俗歌謠，廟堂亦不採以入樂。今民間所作之歌，謂之「山歌」，而吳江之山歌，其辭語、音節，尤爲獨擅。其唱法則高揭其音而以悠緩收之，清而不靡；其聲近商，不失清商本調；其體皆贈答之辭，或自問自答，不失相和本格；其詞多男女燕私離別之事，不失房中本義；其旁引曲喻，假物借聲之法，淳樸纖巧，無所不全，不失古樂府之本體，實能令聽者移情，惜無採風者爲之摭拾而整理其詞，布之管弦，以備樂官散曲之一格也。（清·陳莫纓：《（乾隆）吳江縣志》卷三十九，清乾隆修民國年間石印本）

【崇禎十七年春大疫演劇賽會禳之】（崇禎）十七年春大疫，民嘔血縷即死。葉《志》曰：是年春，疫癘大作，有無病而口中噴血即死者。或全家，或一巷，民枕籍死。相率祈哀鬼神，設香案，燃天燈，演劇賽會，窮極瑰奇，舉國若狂，費以萬萬計。廟宇中吏卒皆以生人充之。時聞神語呵喝空中，有枷鎖捶撻之聲，如是者幾一月。（清·陳莫纓：《（乾隆）吳江縣志》卷四十，清乾隆修民國年間石印本）

【詞隱先生舊沈郎】清·周永年《吳江竹枝詞》（三十五首選一）：詞隱先生舊沈郎，九宮曲譜擅歡塲。而今盡按吳江調，不數崑山魏與梁。（清·陳莫纓：《（乾隆）吳江縣志》卷五十，清乾隆修民國年間石印本）

【鴛湖巫】明‧潘檉章《鴛湖巫》：神晝降，舞傞傞。砰雷鼓，怒睢盱。步嬋媛，怖聾愚。折夐茅，占所須。惟大賽，神日俞。樹翠旄，相召呼。釂金帛，空閭閻。張百戲，魚龍趨。冠神山，吐蟾蜍。玉作埒，錢為鋪。導羽蓋，垂流蘇。飾妖童，揚素娥。紛歌舞，驕長衢。觀者誰？吳越姝。咽簫笙，駢綺羅。舳尾銜，人肩摩。波為埃，日模糊。神之來，騎青鳧。肅回風，吹鳴枹。蒸蘭蕙，酌醍醐。巫既醉，朱顏酡。錫百祥，樂且都。有客來，久嗟吁。歲闋逢，神憶無。小臣泣，萬方痡。社鼓散，不須臾。今見此，何為乎？勞費殫，哀樂殊。神奚歆，矯者巫。願投之，嫁鴛湖。（清‧陳莫纕：《（乾隆）吳江縣志》卷五十，清乾隆修民國年間石印本）

【秋燈篇】明‧顧偉《秋燈篇》：吳中燈市元宵盛，萬戶千門共輝映。土風又見賽秋燈，龍舟綵鷁相誇競。昔日天家正太平，秋宵燈火徹江城。爭連冶袂探花飲，共踏長橋玩月行。家家賭勝經營徧，插竹懸毯光彩現。製成彩勝出文駕，翦就銀花廻舞燕。還將百寶結流蘇，繡戶珠簾擬畫圖。燦燦遊人齊祛服，盈盈艷女特當壚。豪門得賞鰲山景，深夜寧愁涼露冷。釣雪灘邊火樹新，垂虹亭下星橋整。別有殊方獻鬼功，機關走馬實玲瓏。雕鏤雲母矜滇巧，錯落珍珠羨閩工。最是龍舟喧夜棹，滿湖絲管爭歡笑。楓岸遙聞蓮氣香，蘆洲震聽鼉聲鬧。誰知鞞鼓揭天來，人去城空事可哀。女牆弔月啼寒蟋，露井臨風墜綠槐。淒涼亦止十年餘，江上繁華轉勝初。何人不慶昇平樂，每事還嫌舊日疏。土穀靈祠高樹幟，建作勾欄呈百戲。歌時畫棟遏雲流，舞罷朱欄叢綺綴。清秋明月勝元宵，寶鏡懸空駕綵橋。仙樂霓裳雲外聽，天香丹桂月中飄。秋燈更比春燈好，是處樓臺似瑤島。步月爭看響屧來，踏燈又聽清歌繞。借問觀燈孰可誇？千行寶炬擁香車。競梳高髻稱浮渲，並曳新裾號月霞。先時甲第多更主，宴樂燈筵少舊侶。遊俠歡邀饌玉珍，屠沽意滿尊金縷。窄袖輕衫樣最時，邊關曲調有情癡。止知勝賞年年是，豈料滄桑事事非。蕭條獨有揚雄宅，不藉餘光來照壁。閒吟聊備采風篇，獨看江秋蘆月白。（清‧陳莫纕：《（乾隆）吳江縣志》卷五十，清乾隆修民國年間石印本）

編者案：清‧鈕琇《觚賸》（清康熙臨野堂刻本）卷一「吳觚」載有《秋燈》一目，謂：「顧英白，名偉，以字行。吳江之同里人。篤志好學，所輯有《唐詩》、《明詩彙選》、《古文粹選》，惜其後嗣不振，而卷帙浩繁，無有能行之者。英白論詩，尚以格律深細、對屬精切為工，故微傷於氣。然《秋燈》一篇，婉麗悲宕，而奢儉盛衰之感寓焉，洵無愧為風人也！」

（光緒）吳江縣續志

【張經清生時召賓客飲酒演劇】 盛澤有張經清者，所處亦類三貴。經清生時，召賓客飲酒演劇。及長，日益貧。乃提一筐走市中鬻餅餌，得錢必市甘旨奉母而自食草具。一日歸晚，依依立戶外，達旦不敢叩門。雖爲市傭，敝衣冠一襲終藏篋笥，歲時衣以祀其先人，以拜其母。母歿日，市甘旨上食如生時。*（清·金福曾：《（光緒）吳江縣續志》卷十八，清光緒五年刻本）*

【顧蚪撫笛倚歌】 徐濤，號江庵，蘆墟人，郭麐友也。少好聲伎博弈，及長，始刻苦爲詩。其詩恬愉澹灔，長於離合聚散感慨之詞。善往復，嘗歲暮披敝裘，腰以下縫皆裂。病畏風，氈帽壓耳，納一卷袖中，以袖掩口，過郭麐，聞敲門聲，不問知爲江庵也。而同里有顧蚪，號青庵，與袁棠、朱春生友善。蚪父好客，耽絲竹。蚪少時亦妙解音律，以撫笛擅場。弱冠後始讀書，思以科名自奮。中歲，家益落，顧不得志。學詩於顧汝敬，其侘傺不平之氣，時被酒罵其座人而接棠與春生，無放言高論，抑然自下。即酒酣耳熱，愈溫然自克。蚪內行純備，父晚年貧乏，賓客盡散，無可娛樂，則校讎歌譜，時轉喉發聲。蚪取長篷倚歌曰：「兄使彈三絃，弟按歌版，便串繁響成一曲。」聞者羨之，以爲雖富貴無此樂也。*（清·金福曾：《（光緒）吳江縣續志》卷二十二，清光緒五年刻本）*

【張益齡善彈琵琶吹洞簫】 張與齡，字杏初，孝嗣子。畫花鳥，渲染特工。能漢隸。弟益齡，字子謙，喜畫蝴蝶花鳥，善彈琵琶、吹洞簫。益齡少讀書，日百行。爲諸生，與沈日富、殷兆鏞同學，一時有神龍之目。而皆早卒。與齡年二十九，益齡年三十二。而與齡有《克復要言》一書，蓋於身心有得者也。*（清·金福曾：《（光緒）吳江縣續志》卷二十三，清光緒五年刻本）*

【徐鳳姑恥嫁優人自縊死】 徐烈女鳳姑，隨母改適施氏。母許字優人，某女恥之，自縊死。*（清·金福曾：《（光緒）吳江縣續志》卷二十六，清光緒五年刻本）*

【弦歌古樂譜序】《弦歌古樂譜》。吳縣潘奕雋《序》：余少好琴，習數引。比長，奔走南北，盡忘之，疑古人無故不撤，豈人人習爲綽注，吟揉而又未敢決，其必不然也。癸卯夏，任子心齋手一編見示，悟古人制作無不任天地之自然，其委曲繁重皆後起之數也。任子之言，皆折中先儒，確有依據。由其說，將吾儒誦讀之暇，人人可以拊冰絲作一再引，於以陶寫心性、歌詠

太平。琴學之興，正在今日。嗚呼，豈不休哉！（清・金福曾：《（光緒）吳江縣續志》卷三十三，清光緒五年刻本）

【雀籠刻元人劉知遠傳奇全本】縫工柏俞齡，同里人也。里有富室為嫁衣，召縫工數十人，柏亦與，主者異視之，不與眾工伍，而柏殊不事事，飫罷輒嬉遊，眾工皆竊罵之。數月工畢，柏亦無以異於眾工也。臨行，柏曰：「主遇我厚，有一物請以獻。」視之，乃一紅綾袷，複中嵌白綾如滿月，繪《王祥臥冰圖》。諦視之，非繪也，乃聚碎綾為之。其三之一為冰，二為岸。冰有橫斜裂紋，細於絲；岸近冰處迤邐若山坡，王祥坐岸邊磐石上，面清瘦，有寒凍色，幅巾脫置身旁，淺碧色上衣已解帶，胸腹坦露，衣內外凡四層，各異色，風颺其裾，表裏皆見。下著絳紅袴。翹一足，將脫其屨。屨青色，白襪，繫黑帶，帶結宛然。岸上枯樹二株，寒鴉集焉。計圓綾徑五寸。圖之工細，殆畫家所謂「豆人寸馬」無以過之，而絕不見針綫跡，殆鬼工焉。後更有求製者，則謝曰：「目昏，不能為矣。」同時有金佩芳者，善製器，然金自謂不如柏，獨所為紙茶爐最奇。糊厚棉紙成爐，傅以藥，熾炭而紙不燃，可摺疊置畫冊中。人問其法，不肯告，獨以告柏，柏亦不效其製也。其後柏死，金亦老矣。有人持雀籠求售者，刻元人劉知遠傳奇全本，金以為刀法彷彿柏俞齡。未幾，金亦死。柏之製又有所謂雷紋琵琶、折枝梅花洞簫者。《朱春生文集》。（清・金福曾：《（光緒）吳江縣續志》卷四十，清光緒五年刻本）

（嘉慶）海州直隸州志

【宴弔客而演劇】王城《贛榆縣志》：士矜直不可辱，民多愚戇，不畏強禦。男尚義憤，女尚節烈，婚娶六禮備，不計財定聘。嬰孺論門楣，不相男女。居喪，有遵朱子家禮、不事浮屠者。營葬以時，不以風水。淹歲月，親族力賙，分執事，號稱善俗。近有宴弔客而演劇誇閭里者，亦何心哉？（清・唐仲冕：《（嘉慶）海州直隸州志》卷十，清嘉慶十六年刊本）

【皇帝扮參軍戲】（徐）溫沈毅寡言，罕與人交。眾中凜然可畏，人目之曰徐瞋。溫目不知書，使人讀獄訟之詞而決之，皆中情理。……知訓，溫長子也。案：宋齊邱呼知訓為三郎，似非長子。今從馬氏《南唐書》。少學兵法，不能竟，尤喜劍士角觝之戲。怙溫權勢，多為不法。溫出鎮潤州，留知訓輔政。朝廷譽之，稱為昌華相公。平日陵辱諸將，對高祖無君臣禮。高祖幼懦，嘗

飲酒樓上，命優人高貴卿侍酒，知訓爲參軍，高祖鶉衣髽髻爲蒼鶻。知訓因使酒罵坐，語侵高祖，高祖愧恥泣涕，而知訓愈狎侮之。左右扶高祖起去，知訓裰一吏乃止。李德誠有女樂，知訓求之，德誠曰：「此輩皆有所生，且復年長，不足以接貴人，俟求少妙者進之。」知訓對德誠使者言曰：「吾殺德誠，并取其妻，亦易爾。」（清・唐仲冕：《（嘉慶）海州直隸州志》卷二十五，清嘉慶十六年刊本）

　　【漣水音樂百戲】張定者，其先廣陵人。童時入鄉塾，天寒早起，市中尚無人。定獨行未百餘步，有一道士行甚急，顧見之，立而言曰：「此可教也。」因問：「汝何所好？」答曰：「好長命耳。」道士曰：「不難致。汝有仙骨，求道必成。且教汝變化之術，勿泄於人。十年外，吾自迎汝。」因以口訣教之。定謹訥小心，於家甚孝。亦曾私爲此術，召鬼神、化人物，無不能者。與父母往漣水省親。至縣，有音樂戲劇，皆觀之，定獨不往。父母曰：「此戲甚盛，親表皆去，汝何獨不看耶？」對曰：「恐尊長要看，兒不得去。」父母欲往，定曰：「此又青州大設，可一看也。」即提一水瓶，可受二斗以來，空中無物，置於庭中，禹步遶匝，乃傾於庭院內，見人無數，皆長六七寸，官僚、將吏、士女、看人，喧闐滿庭，即見無比。設廳戲場，局筵隊仗，音樂百戲，樓閣車棚，無不精審。如此宴設一日，父母與看之。至夕，復側瓶於庭，人物車馬，千群萬隊，邐迤俱入瓶內。父母取瓶視之，亦復無一物。每見圖障屏風，有人物音樂者，以手指之，皆能飛走歌舞，言笑趨動，與眞無異。父母問其從何學之，曰：「我師姓藥，海陵山神仙也。已錫昇天之道，約在十年，今七年矣。」辭家入天柱潛山，臨去白父母曰：「若有意念，兒自歸來，無深慮也。」由是父母念之，即便還家，尋復飛去。一日謂父母曰：「十六年後，廣陵爲瓦礫矣。可移家海州，以就福地。」留丹二粒與父母曰：「服之百餘年無疾。」自此不復歸。父母服丹，神氣輕爽，飲食嗜好，倍於少壯者，遂移居海州。乾符中，父母猶在。《仙傳拾遺》。（清・唐仲冕：《（嘉慶）海州直隸州志》卷二十五，清嘉慶十六年刊本）

（乾隆）盱眙縣志

　　【捐銀生息作文昌君誕辰設筵演劇之費】文昌閣三間，東內室二間。邑紳士金御龍、李道梅、唐時曾、潘上鼎等同眾捐建，供奉星主神像。眾紳士公捐銀四十兩，今存庠生潘愫處，議定每年生息。遇星主誕辰，將息銀以

爲祀神飲福、設筵演劇之費。（清·郭起元：《（乾隆）盱眙縣志》卷十，清乾隆十二年刊本）

【武廟戲臺】武廟。祀守其常而典崇其重，惟帝赫聲濯靈，久而益著。薄海內外山陬水澨，莫不設像供奉。盱邑城鄉大小數百處，而載在祀典有司官恪遵行事者，在上龜山之西、寶積山之北，南街坐東北、朝西南殿宇一座。雍正五年奉敕建專祠，正殿三間、後殿三間、大門樓三間、前廂房五間、廊房四間、月臺、甬道、戲臺。（清·郭起元：《（乾隆）盱眙縣志》卷十一，清乾隆十二年刊本）

（宣統）續纂山陽縣志

【靈王廟演劇報賽無虛日】蓮花街西永裕亭前，祀周宣靈王。乾隆間香火極盛，演劇報賽無虛日。有運司朱孝純碑，王文治書。（清·邱沅：《（宣統）續纂山陽縣志》卷二，民國十年刻本）

【河督庚長演戲請客】清·尹耕雲《劾河督庚長失律請改河營操防疏（節錄）》：……皇上何嘗不灼見其欺，所以優容而獎掖之者，原冀其激發天良，保全疆圉。乃本年正月，傅振邦甫報捻匪出巢，竄擾邳、宿邊境，而清江浦已於二月初一日失守。據河督庚長報稱，屢獲勝仗，因賊自後路包鈔，眾寡不敵，是以退守淮城。其實，此股捻匪並無火器，當其初撲順清河也，適值庚長、聯英演戲請客，各官皆在歌舞之場。驚聞賊至，倉卒出兵，幸而槍礮一轟，賊已却走，而庚長乃於是夜攜眷潛逃，各官踵於其後，本地奸民乘機縱火，捻匪因而竄踞。此則庚長之開門揖盜，非眾寡不敵之所致也。（清·邱沅：《（宣統）續纂山陽縣志》卷六，民國十年刻本）

【大吏置酒觀劇晝夜不輟】清·高延第《庚申寇亂紀事上（節錄）》：咸豐三年春，粵賊踞金陵、陷揚州，分黨北犯，燕、齊、秦、豫，皆被其害。……十年春正月，捻首李大喜率眾東犯入徐、宿境，號稱十萬。民間騷然恐，動有徙者，大吏則以爲妄言，賊終無來犯理，姑令數百人營新灘、張形勢，而日與漕帥聯英、權使某置酒觀劇，晝夜不輟。（清·邱沅：《（宣統）續纂山陽縣志》卷六，民國十年刻本）

【烈烈轟轟做一場】靳文襄輔治南河，創議開車邏十字河。奇計聳聽，

其詞甚辯，廷議亦不能駁。敕下督撫、河漕諸臣會議。時督臣董默菴訥、撫臣爲田山薑雯，皆山東人。漕臣則慕天顏。悉知其不便，而靳公之勢方張，諸公懾其氣燄，河道利害，難片言而折，各有憂色。有山陽鄒公子者，豪華，喜結納公卿。其先人桐崖先生曾提學齊魯，與田公有舊。聞其至淮，拏舟迎之。家人見官舫至，投刺延入，則董公也。公子大窘，跼蹐不安，遂以實告。董詢其家世，喜曰：「吾固辱桐崖先生相知。」即舟中命酒相款，情文殊洽。公子心稍定，漸露豪氣，談論風生。因及開河事，公子習聞人言，亦稱此舉不便於民。董公欲得不便實狀，公子不能答，請退而質之鄉先生。既歸，袖白金三百，詣徐上舍北山。北山固才士，而以刀筆稱。公子授金，具述制府意。北山尋思良久，曰：「是易易耳。」然終不言。公子起立，解所佩玉帶擲案曰：「事急矣！請以是物潤筆，即子夜屬稿。」北山笑曰：「是奚煩吾筆墨爲？吾聞開河之說起，道路洶洶。數月以來，赴河臣呈詞告不便者七千餘人。公子誠能得人至其幕下，擇其摘由號簿，枉民百狀，一一具在簿。有河臣篆記，非可狡卸，不便之大，莫詳於此，奚煩屬稿？」公子即遣黠奴，通幕友家僮，陰竊印簿至，攜致董公。公一見，大笑曰：「是不須口舌爭矣！」次日，會議郡庠尊經閣下，見演劇《鳴鳳記》，二伶唱至「烈烈轟轟做一場」，董公拍案大笑，點首自唱：「烈烈轟轟做一場！」四座瞪目愕眙，將弁行酒者相視失色。宴罷，屬官持疏稿請畫押，靳公左右指唱，口若懸河。漕撫諸臣，無以難之。董公徐置疏，搖首曰：「紙上空談，奈於民大不便，吾不忍欺吾君。」出袖中號簿，擲向靳公，曰：「是千餘人呼號痛哭之聲，胡不並入疏稿耶？」靳公取閱色變，不能發一語。急登輿回署，而車邏十字河之議始息。《茶餘客話》。（清·邱沅：《（宣統）續纂山陽縣志》卷十五，民國十年刻本）

【爲十齡兒童稱祝開筵演劇】 清·戴晟《楚州二俗》：潛邱先生自武林歸，問余楚州風俗與三吳、兩浙有不同者凡幾。余曰：「地之肥瘠，民之勤惰，南北異宜。奢儉異尚是，焉得盡同。惟吾淮之俗不可解者有二：一『拜壽』，一『守七』。長淮之北，安宜之南，未之或聞也。」言未既，有同列者笑曰：「祝年之盛，江南爲最。玉峰集中壽文多至二卷，何獨一郡爲然？」余曰：「唯唯否否。震川諸序，大都傷世風之不古，非必皆許之之辭也。今考集中爲五十序者不多見，何嘗爲兒童稱祝耶？吾郡今有十齡即開筵演劇者。至有降伯氏、舅氏之尊，而傴僂磬折其庭者。群飲諧謔，尤而效之。一

月之閒，困於酒食。士農工商，廢時失業，未或不由於此。若夫『守七』之陋，尤非《禮》文之所載，大半出於浮屠氏。而吾郡亦有不信浮屠者，習俗相沿，開喪必過四十九日。每日治葷酒、張聲樂待客。首七爲甚。轟酒一堂，呼盧謾笑，彼此爭尙，遂成國俗。噫！不如是不可以爲孝矣。尤可歎者，貧家甫經大創，又竭力從事於此，往往破家蕩產。有積數喪不能舉者，歲月既久，甚至火化。向使遵行典禮，踰月而葬，甯有此慘乎？即如他處，開喪十日至二十日而止，不惟省無益之費，抑且禁非禮之禮也。先生爲吾黨山斗，一言九鼎，當有以喚群蒙、挽頹波，不宜默默已也。」先生曰：「然。盍即子之言而序次之，以告吾之常往來者知有所守也。」余退而謹錄之。（清・邱沅：《（宣統）續纂山陽縣志》山陽藝文志卷三，民國十年刻本）

【菊部笙歌自太平】清・尹耕雲《詠史》：太乙鉤陳拱帝京，無端芒角露攙槍。鼓牲莫捄麒麟鬪，殿檻空傳獬豸鳴。臨割方知求利器，空談都解請長纓。春明門內無風雨，菊部笙歌自太平。（清・邱沅：《（宣統）續纂山陽縣志》山陽藝文志卷八，民國十年刻本）

編者案：尹耕雲，字杏農，江蘇桃源人。道光庚戌（三十年，1850）進士，官至河南河陝汝道。《清史稿》有傳。著有《心白日齋詩文集》。在諫垣時屢著直聲。咸豐時英人之役，奉命與丁大臣會議鄭親王，端華屬色，詰難抗辯，不少屈。見《道咸同光四朝詩史》甲集卷二。

【祀龍歌】清・高延第《祀龍歌》：群龍鬪洧淵，子產不爲視。豈惟遠神奸？所以定民志。矧矣岱瀆列地祇，百辟卿士人神類。自古報賽有常祀，變化胡爲等魑魅？人情習欺詐，達官多童蒙。誤奏青雀作靈鳳，競以蜥蜴充神龍。去冬神龍來，兼旬醺歌鐘。今春來益早，累月驚盲聾。有如祀爰居，亟拜起敬恭。果餌登于俎，百戲陳其宮。奸僧解延致，委蛇蜿蜒來無窮。減直尙以百錢售，草澤掇摭顚兒童。盂覆紙裏畏逃遯，悲憂眩視盤盎中。若遇臣朔定大笑，跂跂脈脈安能雄？侯王黏壁將軍槁，夜半棄擲蒿與蓬。猶向眾中詫神異，倏忽來去同雨風。噫嘻哉！昔日河神何桀驁，沈玉宣防煩詔誥。都水歡顏河吏喜，銷納金錢入隄掃。今日河神何局促？蚓結蠅僵毋乃惡。俳優歌舞卒隸呼，僅以醉飽邀神福。嗚乎，君不見北宋擊蛇孔道輔，訶叱奸諛絕欺侮。同僚憚服人吏驚，他日猶能折強虜。（清・邱沅：《（宣統）續纂山陽縣志》山陽藝文志卷八，民國十年刻本）

（嘉慶）東臺縣志

【宴會演劇徵歌】〔宴會〕賓客揖拜，上左。慶賀張筵，昔從簡約，近稍事豐美，尚無奢侈之習。而尋常聚會，時有爭羅珍錯，窮極精奇，甚至演劇徵歌，燒燈卜夜，是又郡城之流風未能驟變也。（清·周右：《（嘉慶）東臺縣志》卷十五「考九」，清嘉慶二十二年刊本）

（光緒）鹽城縣志

【道光二十八年七月大水沒歌臺】（道光）二十八年七月，五壩盡啓，大水破堤。唯青龍、千秋二堤未破，千秋堤內村民演劇，相約禁乞人入村。忽暴風起，兌方水驟漲，潰堤，漂沒人畜無算，歌臺亦沈於水。（清·劉崇照：《（光緒）鹽城縣志》卷十七，清光緒二十一年刻本）

（嘉慶）揚州府志

【梨園法曲調宮商】陳維崧詩：廣陵城頭花正飛，廣陵郭外春欲歸。山東太守大置酒，遍召城南諸布衣。旦日會從賓客飲，夜闌雨打珊瑚枕。春泥滑滑幾時乾，鼓聲紞紞那便瞑。曉來鶯燕坐春風，忽報畫梁朝日紅。披衣驚起看天色，急買雙槳搖晴空。玉鉤斜畔金絲柳，人家半住紅橋口。夾岸絹衣捲處輕，隔船水調聽來久。園門斑竹粉離離，正是蘭舟初到時。朝霞小著櫻桃樹，春水亂拍垂楊陂。迴廊複閣參差見，主人揖客開芳讌。彈棋格五共縱橫，賭酒題詩各遊衍。須臾眾賓坐滿堂，梨園法曲調宮商。青春有恨唱綠水，白晝不語凝紅粧。誰見遊冶白面郎，三三兩兩誇身強。鞦韆旗下看春去，翻身捷下南山岡。此時歡樂不可當，為君立飲黃金觴。君不見坐中彩筆健如虎，太守風流映千古。天意剛留一日晴，江聲又作三更雨。（清·阿史當阿：《（嘉慶）揚州府志》卷三十一，清嘉慶十五年刊本）

編者案：此詩題為《畢刺史招同諸子讌集韓園，歌以紀事》，見陳維崧《湖海樓詩集》（清刊本）卷一。已收入趙興勤、趙韡編《清代散見戲曲史料彙編（詩詞卷·初編）》上冊，臺灣花木蘭文化出版社2014年版，第118頁。

【迎春戲劇】立春，官僚迎春東郊。先一日，令鋪戶各製綵亭，伶人錦服前導。又結綵為採蓮船，以教坊女奏樂其中。近慮擾民，一切禁革，袛迎土牛、芒神如常儀。（清·阿史當阿：《（嘉慶）揚州府志》卷六十，清嘉慶十五年刊本）

【喪祭演劇】士大夫家用司馬及考亭家禮，惟大小斂製迥殊。若亡之日，孝子送飯土神祠，次日起解城隍，每七作佛事，破獄救親，皆背禮拂經之甚者也。近日揚城治喪，靈前笙簧絲竹之音勝於哭泣。朝祖之夕，演劇開筵，聲伎雜遝，名曰「伴夜」。至若絮靈明器，丹旌彩翣，《舊志》謂「戚不勝文，相漸成俗所致」，信然也。搢紳舉祭間有家廟，民庶多寢堂設龕奉祀，親盡不祧。（清・阿史當阿：《（嘉慶）揚州府志》卷六十，清嘉慶十五年刊本）

【燕會演劇】官家公事張筵，陳列方丈山海珍錯之味，羅致遠方伶優雜劇，歌舞吹彈，各獻伎於堂廡之下，事屬偶然，猶嫌太盛。若士庶尋常聚會，亦必徵歌演劇，卜夜燒燈，肴盡珍羞，果皆異品，烹飪之法，無乃暴殄天物乎？近日揚郡士夫清苦淡泊，頗安蔬味。顧習尚之侈，何能驟返耶？（清・阿史當阿：《（嘉慶）揚州府志》卷六十，清嘉慶十五年刊本）

【廣陵百戲陳設】開元十八年正月望夕，帝謂葉天師曰：「四方之盛，陳於此夕。師知何處極麗？」對曰：「燈燭華麗，百戲陳設，士女爭妍，粉黛相染，天下無踰於廣陵矣。（清・阿史當阿：《（嘉慶）揚州府志》卷七十一，清嘉慶十五年刊本）

【昔日曾聞阿舞婆】李趙公紳再鎮廣陵，竇儋猶幕江淮。儋，永貞二年相公權德輿門生。洎武宗朝，踰四十載。趙國雖事威嚴，亦以儋宿老，敬之。儋列筵以迎府公，公不拒焉。既而出家樂侑，伶人趙萬金，前獻口號以譏之曰：「相公經文復經武，常侍好今兼好古。昔日曾聞阿舞婆，如今親見阿婆舞。」趙公靦然久之。《金華子雜編》。（清・阿史當阿：《（嘉慶）揚州府志》卷七十一，清嘉慶十五年刊本）

【樂工申漸高】申漸高，不知何許人也。在吳為樂工，吳多內難，伶人不得志，漸高嘗吹三孔笛，賣藥於廣陵市。昇元初，按籍編括，漸高以善音律為部長。時關司斂率尤繁，商人苦之。屬近甸亢旱，一日宴於北苑，烈祖謂侍臣曰：「畿甸雨，都城不雨，何也？得非獄市之間違天意歟？」漸高乘談諧進曰：「雨懼抽稅，不敢入京。」烈祖大笑，急下令除一切額外稅。信宿之間，膏澤告足，當時以為優旃漆城、優孟葬馬無以過也。《南唐書》。（清・阿史當阿：《（嘉慶）揚州府志》卷七十一，清嘉慶十五年刊本）

（嘉慶）高郵州志

【元宵雜伎鬬巧】 元宵前二日，官府弛禁，縱民偕樂。寺觀各垂綵帶，懸諸花燈。街市結松棚，懸華燈，放諸火藥。人家食粉圓。好事者結燈社，出各體燈謎，人聚而測之，諺曰「打虎」。更有龍燈花鼓，雜伎鬬巧，簫鼓歌謠之聲，喧闐徹旦，竟四夕乃焚燈。（清·楊宜崙：《（嘉慶）高郵州志》卷六，清道光二十五年范鳳諧等重校刊本）

【桑景舒精於音律】 宋桑景舒，皇祐五年進士，終於州縣官。善聽百物音知災祥，又精於音律。舊傳虞美人草聞人作《虞美人曲》則枝葉皆動，他曲不然。景舒詳其曲聲曰：「皆吳音也。」他日取琴，試用吳音製一曲，對草鼓之，枝葉亦動，乃謂之《虞美人操》。其聲調與《虞美人曲》全不相似，而草輒應之與舊曲無異者，律法同管也。其知音精妙如此。今《虞美人操》盛行江湖間，人終莫知其何者爲吳音也。（清·楊宜崙：《（嘉慶）高郵州志》卷十，清道光二十五年范鳳諧等重校刊本）

【優人王國臣拒內廷召】 （明）李長祥（四川人）《毛惜惜墓記》：毛惜惜墓在高郵，見諸志。予來窮野外至一處，人曰是有毛惜惜墓，然荒矣，莫可識，予欲一再拜其下不得也。嗚呼！彼何時哉？遠矣，猶仰之不絕，以至今如惜惜者乎？惜惜，高郵妓也，淮安人。宋端平初年，榮全守高郵，惜惜事之。全尋據高郵叛，一日招惜惜，不就。強之，容色不樂，或背全不應。全不堪。斥責之曰：「本謂太尉，朝臣以得近爲身幸，今叛臣矣！朝廷何負於汝？妾雖賤，安忍事叛臣？」全大怒，立死焉。嗚呼，惜惜死哉？死乃在惜惜哉？惜惜何人也？妓也！嗚乎，妓死哉！妓則何慕？且妓矣，更何顧乃不肯事全？妓可爲也，全不可事也！嗚乎，如此哉？喪亂以來，市廛井里、輿臺婢僕其烈烈死有之矣，而姓名不著、滅沒無傳者比比也。若所聞於今日有優人王國臣者，或曰黃穀臣，燕人也。擅絕技，國變以來易他業。忽內命入梨園部，欲飾病不就。其黨驚曰：「何然？禍子軀矣！且是行也，將貴幸，何爲然？」穀臣曰：「吾賤者，不意以絕技名。今易世矣，吾不忍再奏之也。」竟經死。嗚乎，穀臣又何顧與，則又何慕與？今其地遠矣，不知墓之何所，有表之者否？其表之也，何以爲其辭能使不掩也，有如此者否？予在浙，浙之梨園子弟於其死之日哭泣祭奠，予亦歔欷出涕。今來郵，又感惜惜事，而郵之人指其墓則荒也，憑弔不忍去。友人命作記，於是乎云。（清·楊宜崙：《（嘉慶）高郵

州志》卷十一，清道光二十五年范鳳諧等重校刊本）

【召巫演劇祛蝗】清・王安國《重建八蜡廟記（節錄）》：伊耆氏始爲蜡。蜡首先嗇，其八爲昆蟲。昆蟲，螟蝗之屬也。雍正癸卯歲春，旱蝗起。邑侯張公捕之殆盡。其有自他郡來者，民禱焉，無不應。每青畦綠壤間，飛蝗佈天，鄉之民童叟號呼，殺雞置豚酒爲賽，輒飛去不下，即下亦無所殘。其大田而多稼者則合錢召巫演劇，鑼鼓之聲相聞。（清・楊宜崙：《（嘉慶）高郵州志》卷十一，清道光二十五年范鳳諧等重校刊本）

【趙氏優人妻李烈婦】清・吳世杰《與友人論李烈婦書（節錄）》：接書，以僕表揚烈婦事過實，而謂婦受辱頑童，且加其主以聚麀之說，僕不得不辯。李本貧家子，嫁趙氏優人，彼自甘之，何辱之有？婦住趙氏外園，主強使宿直內，鞭之數回，不從，大聲曰：「主心不死，婢死矣！」一盲婦彈琵琶遊其家者，歷言之，郵人徧傳。詢其家人，信然。主歿，乃歸宅，此烈婦生平大概也。……如謂婦伶人遂不得爲烈婦，則雷海青非梨園子弟乎？安金藏非樂工乎？仗義全孤之李次孫非李元蒼頭乎？勝國目經昌平侯之旁，爲之吮血，爲之續頸者，非京師娼乎？挾利刃持悍帥之張氏非歌者婦乎？即敵邑罵賊榮全死之毛惜惜非官妓乎？洵如子言，則皆不得以忠義許之、烈婦加之矣！且趙氏之荒縱，不必爲之諱，然未聞其內亂也。（清・楊宜崙：《（嘉慶）高郵州志》卷十一，清道光二十五年范鳳諧等重校刊本）

（乾隆）江都縣志

【都天廟賽會】都天廟，祀司疫之神也。……相傳元至大初，有孚惠先生，楚人也，得共師眞牧公之學，由潯陽東遊至儀徵，憐民病疫，以神符秘漑飲之，皆立應。儀、揚間奉以爲神。歿，葬儀之新城，後人即其墓所立廟，故揚亦崇祀焉。其廟號曰都天，莫知所本。江都城內外多有廟，唯建於南門外者最久。每歲五月，邑人迎賽，謂神實司疫屬云。（清・五格：《（乾隆）江都縣志》卷八，清乾隆八年刊光緒七年重刊本）

【關帝廟祭賽尤盛】關帝廟，城內外所在多有廟，惟北門街東及三元巷後者最久且著。小東門月城廟，祭賽尤盛。（清・五格：《（乾隆）江都縣志》卷八，清乾隆八年刊光緒七年重刊本）

【舉殯演劇】喪祭：士大夫家採用考亭家禮，惟大小殮制迥殊。每七日多作佛事，以資冥福，即守禮者亦未能不蹈俗也。朝祖之夕，親友環集其庭，具酒食，鼓樂，名曰「伴夜」。送喪以致客多者爲盛。卜地則富家多權厝，惑風水之說，必待吉壤而後葬。祭惟縉紳間有家廟，餘則多從寢堂，設龕以祀，親盡不祧。近俗於治喪日靈前帷樂人，笙簧絲竹之音與哭泣相間。庭中廣延賓客，坐立如堵，舉殯則演劇開筵，聲伎雜沓。此皆浮靡不經之甚者。（清・五格：《（乾隆）江都縣志》卷十，清乾隆八年刊光緒七年重刊本）

【江都節令演劇】元旦，先於除夕換桃符、懸春聯、挂綵勝。及元旦黎明，肅衣冠，拜家神祖先。尊卑少長，以次稱賀。食隔年熟粟，不新炊。士庶家各立天地牌，陳設跪拜，以迎送之，亦報答生成之意也。戚友具刺款門，奔走如織，浹旬始畢。

立春，官僚迎春東郊，設土牛、芒神如常儀，舊用綵亭、雜伎、蓮船，近慮擾民，一切禁革矣。

上元，唐開元時稱天下元夕，燈火廣陵爲勝。自十三至十八夜，往時多於街市架棚結綵，燈光照耀，更有龍燈、花鼓、雜伎喧闐繹絡，觀者充塞於道，近皆多奉禁止。唯市肆花燈奇巧百出，他處罕有其比。

清明，前後三五日，士女出郊，集勝地踏青，或泛舟紅橋。是日，挈壺榼遊蜀岡道上者，踵趾相錯。墓祭以不過清明爲度，他時掃墓或七月十五、或十月朔，間有舉行者，若清明則無論貧富貴賤不敢後時。

端午，自朔至午日，競以角黍相餉，親戚亦修饋貽之。節兒女佩丹符，懸五色縷，庭中挂馗判以辟邪。是日，用菖蒲，雄黃泛酒，於午刻飲之。婦女以葵榴、艾葉簪髻，至午則拔而擲之。內外河俱有龍舟競渡，至十八日始罷。

七夕，俗傳天孫渡河，兒女多夜坐看綵雲，或焚香設瓜果，穿鍼乞巧。至望日，民間每赴寺院，附盂蘭會，追薦祖考。

中秋，市上鬻月餅者，自七月即每夜懸燈於肆，里人競觀，親戚亦互以此爲餽。是夕，各家設瓜菓餅餌祀月，兒女羅拜，遠近鑼鼓聲與元夕無異。兒童又多纍瓦礫爲塔，懸燈其內。好事者亦間張燈水嬉。

重陽，舊事有茱萸佩囊，今俗相餽用餻，雜米麵爲之，以綵幡供小兒嬉戲。士民治具出郭，登高遊屐，與清明埒。

長至，官僚士庶皆稱賀。各家設火爐燃炭以達陽氣，亦治酒醴祀先，俗

呼是日爲大冬，謂節令之重者也。

除夕，數日前各家以禮物相餽貽，謂之「餽歲」。是日，好友相揖拜，謂之「別歲」。向夕闔室，集少長群坐，設松盆火，燃爆竹，飲屠蘇酒守歲，達旦不寐。先於二十三四日用餅果祀竈神，曰「送竈」。是夕再祀，曰「迎竈」。（清‧五格：《（乾隆）江都縣志》卷十，清乾隆八年刊光緒七年重刊本）

（光緒）江都縣續志

【禹王宮戲臺】湖北會館，即禹王宮，在仙女廟鎮。咸豐二年，湖北木商捐造，同治二年重修。木商《碑記》云：蓋聞行遠自邇，登高自卑，事之昭當代、傳後世，未有不自一心一力而成者也。我邦木植交易，懋遷化居，由荊達揚者十居八九，而仙鎮亦屬會萃之區也。人眾者弊易生，設非有公敘之所，能保公事之不私乎？然功程綦大，經費甚繁，同人肍議鳌金，因鳌生息，自道光四年迄咸豐二年，統計鳌金數千兩，生息數千金，爰卜築興工，起造庭殿二進、戲臺一座、東西住屋二處並市房四處、灘地一方，以爲香火之資。（清‧謝延庚：《（光緒）江都縣續志》卷十二下「建置考第二下」，清光緒九年刊本）

【曾曰唯觀劇至忠孝處輒慟哭】曾曰唯，字貫之，襄愍八世孫。不苟合於世，與之交如麋鹿，不可接。觀劇至忠孝處，輒慟哭。演《鳴鳳記》，長跪不起。視客有遺貂裘者，劙碎以二葛表裏紉之，其傀異若此。工書。《畫舫錄》。（清‧謝延庚：《（光緒）江都縣續志》卷二十五上「列傳第五上」，清光緒九年刊本）

【患痘小兒聞演劇鳴金聲即死】楊天池治痘疹如神，點粒未發，能預決其輕重死生。有小兒患痘者，天池辭不治，其弟子江崑池強治之而愈，兒之父母以酒酬江並招天池飲，天池洒然而至。方演劇，兒聞鳴金聲即死。與天池齊名者有劉秀山，亦精痘科。秀山子昆山，能世其業。《畫舫錄》暨《傳略》。（清‧謝延庚：《（光緒）江都縣續志》卷二十七「列傳第七」，清光緒九年刊本）

編者案：清‧馮桂芬《（同治）蘇州府志》（清光緒九年刊本）卷一百九所載國熙事，與此頗相類，可參看。

【姑惡惡】朱某妻某，翁朱三者，縱姑淫，呼婦，迫汙之，婦不肯，卒以剪刀殺諸雪中。焦循《姑惡惡》樂府序云：「哀枉不伸也。伶人妻淫，畏婦見，迫污之。婦拒不從，以剪刀殺於雪中。伶人故伺候巨室，託巨室屬邑令，又以錢略婦家，遂不

理也。」其詞曰：「姑惡惡，不敢言姑惡；姑惡惡，不敢隨姑惡。此身既許夫，此身不許姑。姑心不念子，妾心不念死。妾死化作東門榆，東門榆莢稱無姑。妾死不化姑惡鳥，不言姑惡言姑好。兩親不訟官不追，妾陰爲之爲姑保。」坊錄。（清·謝延庚：《（光緒）江都縣續志》卷二十九「列女列傳第九」，清光緒九年刊本）

【某孝子爲母歌小曲】國初某孝子，不詳名氏。貌粗，質性極純摯，有母及妻僦居小樓，傭賈家爲爬煤者，日得值以養。裋褐不完，而母便身之物畢備。每出必告所往，歸則依依母側。母喜飲，暮必沽一壺，市脯數臠，奉卮上壽，笑言喁喁，陳說市井新異事，或歌小曲，拍手應節以侑，極歡乃罷。

（清·謝延庚：《（光緒）江都縣續志》卷三十「拾補」，清光緒九年刊本）

（道光）重修寶應縣志

【吳儂合拍歌擅場】清·陶澂《上元日樂志堂觀舞燈》詩：春宵對客春滿堂，瞳瞳如盤明月光。主人笑倚青玉床，蘭膏四照吹芬芳。吳儂合拍歌擅場，乘時惜景非怠荒。酒間演劇誰最臧，邯鄲盧生夢黃粱。盧生功成還舊鄉，殊錫宛如異姓王。眾子拜爵列下行，紛綸錦衣與繡裳。樓前設樂羅紅妝，無數寶釵金鳳凰。雙擎明燈周四方，迴眸緩節飛且翔。須臾萬舞兩翼張，八門互開相激昂。三才之理柔克剛，儀入矩地焉有常。星流電轉尙未央，傾倒百壺更漏長。上客既醉月在墻，主人樂胥稱壽康。（清·孟毓蘭：《（道光）重修寶應縣志》卷四，清道光二十年刻本）

【劉猛將軍廟戲臺】劉猛將軍廟，在城東，舊名太平菴。劉猛將軍神像舊在南鏑樓，乾隆年間移奉於此，屋宇卑隘不稱。道光丁酉、戊戌以來，江南北蝗不爲災，大吏奏請御書「福佑康年」匾額，以答神貺。知縣劉光斗勸捐重修，並恭摹賜額，懸於神座上，外建大門、戲臺，觀瞻始肅。（清·孟毓蘭：《（道光）重修寶應縣志》卷五，清道光二十年刻本）

【大王廟諸神演戲】乾隆戊申八月，河庫道遣兩僕還家。一祝升，年三十一；一壽子，年十六。行至寶應劉家堡，天漸陰晦，壽子曰：「前面演戲，有金盔金甲神在場上。」同舟皆笑曰：「前面河水滔滔，焉有此。」祝升同一篙工爭曰：「果有之，諸君何獨不見？」言未畢，惡風折桅，滿船昏黑，震雷一聲，擊殺壽子、祝升於船頭，并殺篙工於船尾。祝升旋蘇曰：「我與壽子正

看戲，忽見前面金光中，宮殿巍峨，坐冕旒神，方面白鬚，旁立金盔甲神數十。一神鞠躬白事，語不可辨，但見冕旒神點首，金甲者遂趨出，上船擒我與壽子、篙工三人入跪殿上，抽腰下劍橫穿壽子頸，又穿篙工胸，我欲逃，別一神以金瓜錘當頭一擊，遂昏不知人矣。」縣令驗兩屍，果有細眼穿喉、胸二處。因祝尚活，乃移置大王廟中調治。祝入廟驚曰：「適上坐即此神。」又旁睨曰：「諸神咸在。」復氣絕。《新齊諧》。（清・孟毓蘭：《（道光）重修寶應縣志》卷二十八，清道光二十年刻本）

（乾隆）鎮江府志

【優伶諧謔】迄己亥海氛煽虐，京口罹禍獨慘。城郭荊榛，市廛灰燼。繼以甲兵屯戍，比屋錯居，閭巷無賴，因緣憑藉，雜沓紛起。而強凌弱、賤侮貴之勢成，加之趨浮矜麗，踰分越名，羅綺華靡，優伶諧謔。而室無宿儲者，比屋皆是。外腴而中枯，為憂甚鉅。嗟乎！民敝則易顛，水決則易下。澆競相仍，流極固難返矣。（清・高龍光：《（乾隆）鎮江府志》卷四，清乾隆十五年增刻本）

【東嶽別廟戲曲壁畫】東嶽別廟，在縣治東北二里。宋元豐間刱始，元符三年廟成。元至治二年，呂桂子重修。《舊志》云：後殿壁乃大觀四年名筆所畫。侍衛、優伶、衣冠、器仗，皆極精妙。歲久將壓，呂桂子載加修葺，惜其奇古，乃為木函護之。梁柱雖易，而壁顧無恙。復燬於火。明萬曆二十四年，知縣黃蘭芳重修。（清・高龍光：《（乾隆）鎮江府志》卷十七，清乾隆十五年增刻本）

【新建關廟戲樓記】（清）陳時泰撰。

治世之有文武也，猶經天之有日月也，有功於天則祀之。唐以前文祀孔子，武祀武成王；唐以後武遂易祭關侯。朝廷之祀侯者，雖亞於孔子；民庶之祀侯者，即一哄之市。五父之衢，莫不肖像而尸祝之，且搆樓演劇以侑食焉。侯亦何施，而得斯於民也哉？蓋兵者刑也。千古之用兵者，即自稱仁義之師，誰不以詭道刑民，而侯則辭曹拒孫，理直氣壯，浩然充塞天壤，俾季漢之日月，亘今古而爭光。率土之民，戴日月者咸知戴侯，亦天地之氣賦於民心，如春之在花、水之行川，有不期然而然者，不止先王神道設教之所能使然也。而或者疑演戲之為褻，非敬而遠之之道，是又有說焉。孔子曰：「以孝弟忠信教人者，諄諄矣。」下愚惡人視為迂遠，不切於目前，而勿之憚。

釋氏倡爲輪廻報應，而盜賊禽獸行者悚惕於地獄諸苦楚，改業遷善，亦或有之。然木魚鐘磬，未能遍大地而說法也。金人立國，制爲院本傳奇入之，人人所好。鄭衛之聲，艷冶之形，以深入其耳目，而窮鄉僻里之販夫、炊婦不識《史記》者，皆相嘖嘖曰：「五娘糟糠，雲長秉燭。」戲樓之設安在，不可以「興觀群怨」、與孔子學詩之訓而同功也哉？吳人爲侯，所欲拯之水火者。而吾里妙如寺住持僧明如，釋子也，募吾族受教孔氏者及眾姓親友共襄斯舉，皆勸世之熱腸也。因爲之記其日月於石。（清·高龍光：《（乾隆）鎮江府志》卷四十六，清乾隆十五年增刻本）

　　編者案：同書卷三十七載有陳時泰小傳，謂：「陳時泰，字尚于，乙丑進士，河南舞陽知縣。工舉業，能古文詩，有俊拔之氣。與鍾于序同與心事，多考核功。」可參看。

　　【高安吳公禁扮殤演戲之風】清·未辰《復除妖記（節錄）》·國有體制，民有常經，所以崇正道而黜妖邪也。……每年三月杪，科錢迎賽，奔走若狂，人而鬼矣。相沿已久，日增月盛，宰牲聚飲，費甚不貲。富者貧而貧者困，大害農事，民力消耗。高安吳公，乾隆二年之初蒞溧陽也。勤民事，正民風，即毀五猖之像，爲五賢祠，扮殤演戲之風稍熄。逾年，歲稔民和，利興弊革，唯前馬里迎賽之俗終不改。（清·高龍光：《（乾隆）鎮江府志》卷四十六，清乾隆十五年增刻本）

　　【京口競渡歌】清·何㓒《京口競渡歌》：蜃氣吞斜日，黑雲壓白波。且莫吹蘆管，聽我競渡歌。歌聲高響遏飛雲，江河簫鼓逐紛紜。輕揚楚些三山落，急促吳謳十里聞。吳謳楚些共迢迢，蘭橈桂楫任逍遙。千隊采鸞翻日暗，五色遊龍挾浪驕。吳綾花蓋艷，越錦畫欄鮮。透迤開繡障，錯落捲珠簾。珠簾繡障裝金屋，怪鳥奇花剪綺縠。龍女手中一珠來，馬卿座上雙娥簇。西泠少婦逐青驄，南極老人騎白鹿。宮監划船扮採蓮，金甲將軍花箭箙。可知水戲競繁華，一時工巧空杼軸。朱樓次第開，畫舫蟬聯續。柳岸繫花驄，葭渚懸牙纛。列綺共炊金羅珍，擬饌玉饌玉炊金。粉黛娟輕靴，窄袖嬌如花。明璫兩耳垂雙鬢，綠螺點映遠山斜。窈窕燕姬簪艾虎，清揚趙女撥琵琶。琵琶撥動疊飛觴，往來觸目盡琳瑯。伊涼曲雜十番鼓，引出翩翩遊冶郎。牙籌高促呼盧帽，金爐細嫋辟邪香。石榴花泛菖蒲酒，笑傲妖童醉欲狂。盤遊十日難回首，羽書報進圖山口。一夕傳呼撤管絃，連宵號令嚴刁斗。樂極倏生

憂，鉦聲逼上遊。海嶠風角勁，江嶺馬蹄柔。江嶺一望起黃氛，萬艘樓船兩岸分。城頭忽樹盧循幟，江上徒坑趙括軍。浮玉烽高舊京震，石頭城下五花陣。合戰盧循棄甲逃，朱方一炬成灰燼。可憐昔日錦城空，徒見今宵鬼火紅。土室飄搖悲夜雨，單衣蕭索悵秋風。十萬魚鱗軍營集，軍營鱗集軍需急。何地不愁牧馬嘶，何人不抱寒蟬泣。觱栗橫吹草木驚，流離亂竄弓刀鳴。呂嘉銀印思邀賞，馬援銅柱欲標名。傷心多負田文息，攘臂愁逢北府兵。何來搶地呼天日，不盡徵歌買笑情。才看虎帳烽煙息，又聽龍舟鼓吹聲。（清‧高龍光：《（乾隆）鎮江府志》卷五十，清乾隆十五年增刻本）

編者案：清‧何犿《晴江閣集》（清康熙刻增修本）卷三「七言古詩」收有此詩，題作《競渡歌》。趙興勤、趙韡編《清代散見戲曲史料彙編（詩詞卷‧初編）》上冊（臺灣花木蘭文化出版社 2014 年版，第 100～104 頁）收何犿詩作，然未收本詩。

【九龍山寺有梨園為僧】清‧馬容《遊九龍山寺》：寺中有梨園為僧。

松濤數里聽潺湲，修竹成林僧閉關。偶遇梨園新白髮，恰來初地買青山。人生塊壘應澆盡，佛說風塵不換閒。為問當年誰卓錫，空中彷彿欲飛還。（清‧高龍光：《（乾隆）鎮江府志》卷五十二，清乾隆十五年增刻本）

【梨園弟子白髮新】王荊公作集句，得「江州司馬青衫濕」之句，欲以全句作對，久而未得。一日問蔡天啟，天啟應聲曰：「何不對『梨園弟子白髮新』。」公大喜。（清‧高龍光：《（乾隆）鎮江府志》卷五十四，清乾隆十五年增刻本）

【張于湖製詞命諸伎合唱】張于湖知京口，王宣子代之。時多景樓落成，于湖為書樓匾，公庫送銀二百為潤筆，于湖卻之，但需紅羅百匹，於是大宴合樂。酒酣，于湖製詞，命諸伎合唱甚歡，以紅羅百疋賞之。（清‧高龍光：《（乾隆）鎮江府志》卷五十四，清乾隆十五年增刻本）

【近倖與優人密造不根之言】楊文襄論列多中，近倖錢寧啣之，遂與優人臧賢密造不根之言，嗾罷黜生員朱大周具奏，矯詔下吏部，朝廷竟不問。公得謝政歸。後寧誅，大周發戍廣西。（清‧高龍光：《（乾隆）鎮江府志》卷五十四，清乾隆十五年增刻本）

（乾隆）句容縣志

【青苗戲】句邑俗例，除夕新年加桃符、爆竹、春對、門神等類，與他邑相等。元宵舉神會，所祀之神則祠山張大帝，傳聞為邑之張廟人，佐神禹治水有功，實可為桑梓保障者也。此外，則喜供白衣大士，三家村中無有無觀音會者。士祀文昌帝君及關夫子，農祀土神，賈祀財神，其禮皆極簡。燈節出會，倣《周禮·方相氏》遺意，然亦無喧闐惡習。過此，則氓在田、商在市、士在學，捨業以嬉者蓋亦罕矣。清明拜掃，先期治塋墓，公墳值年輪辦，祭品不過三牲。婦女，新墳必往哭，三年而止。舊墳或往拜或不往拜，一拜即歸，從無有借祭掃之名為秉蕑贈芍之樂者。四月八日，相傳為古先生誕辰，必治青精飯供佛。青精者，即南燭也。其子釀為酒，頗甘美。麥秋至，村婦組麥稈為冠，冠可遮日，蘇、常諸郡及浙西皆取資焉。近更精巧工緻，亦女工之一也。端午節張□官符於庭，小兒魚艾虎於背，飲菖蒲酒，焚茅山蒼术，所以祓除不祥也。夏至插秧，謂之「三蒔」。小暑後，割雞椎豕，擊鼓鳴金，以迎雨師風伯，大約倣祈年故事。中元，燒紙錢、洒水飯於山畔，謂之「盂蘭會」。演劇祖田祖，謂之「青苗戲」，又謂之「平安戲」，弭蟲灾也。農事粗就，以薪以蒸，謂之「上山樵」。事竣，彼此互相乘負而歸，謂之「堆柴會」。是日必設酒肉祀先人，謂之「進柴」。乃以祭餘犒疆，以歌呼於道，車聲轟轟然，頗用為樂。中秋夜拜月，以青豆、芋苗、糖餅作供。重九節殊寂寥，好事者拉兄弟、友朋，登高阜一瞻眺而已，亦不飲茱萸酒。霜既降矣，「庤乃錢鎛，奄觀銍艾」，士女欣欣然。納稼之日，攜酒肉祭於田畔，謂之「燒標」，豈即所謂報賽者耶？場工既畢，日夜礱粳稻輸之官，乃炒秫米、釀白酒，為改歲入室之計矣。臘八日設粥供如來。廿四夜送竈，除夕迎之，亦大約與鄰邑等也。

婚禮嫁娶，頗為及時。先期問名，臨娶納幣，聘金妝奩，亦不計厚薄，而親迎之典則久廢矣。喪事衾棺，必勉力從厚，其《文公家禮》所載一切儀文，或闕而未備，倘所謂與易甯戚者乎？唯是薦紳士夫之家，惑於堪輿之說，以致因循久淹者頗有之，亦未有議其非者。宴客，味不過魚肉，飲不過村醪，唯祝賀大典或稍豐焉。卜晝卜夜、側弁屢舞之風，亦不多見也。歲時贈遺，交錯於門，時物之外無他焉。其餘瑣悉之事，亦不能盡記。記其大概如此，約而言之。

他邑多迎神賽會之風，而句無淫祀也。鄰境如壇、溧、荊、宜諸邑，燒

紙酬神，宰殺雞、豕、鵝、鴨以千萬計，而句無牲牢惡愿也。江南財賦甲天下，催科撫字頗費周章，句邑亦在中中之列，而輸將恥居人後也。南郡素號繁華，海錯山珍，綺羅錦繡，所在多有。而句邑士民布衣無斁、蔬食不厭也。至若敬官長、恥健訟、守本業、謹門戶，宦族鮮呼盧之習，儒生無奔競之風，則容民殆真所謂淳民歟？所未盡者逐末者多、務農者少，婦女雖無遊蕩，而蠶織之工不備焉。故歲秋之穫尚未足以接新登，而所收棉麻之屬皆售於他郡，則農未必有餘粟、女未必有餘布，而衣食之源或幾乎薄矣。有司牧之責者，將廣教化、移風俗，當必有進焉。而紳士之為民望者，宜何如率先也。雍正己酉選拔俞顯祖。（清・曹襲先：《（乾隆）句容縣志》卷一下，清乾隆修光緒重刊本）

（光緒）續纂句容縣志

【城隍廟戲樓】城隍廟在城南文廟東首，咸豐間盡燬於賊。光緒十七年，知縣汪樹堂捐廉五百千，復籌集民捐貳千餘千，庀材興辦大殿頭門共用錢三千餘千，又裝修壖堧用錢四百餘千，嗣經知縣張沈清諭紳富興修兩廊十殿，用錢壹千數百餘千，俱如舊制，惟行宮、寢宮、戲樓尚未建復。（清・張紹棠：《（光緒）續纂句容縣志》卷三上，清光緒刊本）

【同治七年三月初十日上諭嚴禁邪說傳奇】同治七年三月初十日，奉上諭：丁日昌奏設局刊刻牧令各書一摺。州縣為親民之官，地方之安危繫之。丁日昌現擬編刊牧令各書頒發所屬，即著實力舉行。俾各州縣得所效法，其小學、經史等編有裨學校者，並著陸續刊刻，廣為流布。至邪說傳奇，為風俗人心之害，自應嚴行禁止。著各省督撫飭屬一體查禁焚燬，不准坊肆售賣，以端士習而正民心，欽此。（清・張紹棠：《（光緒）續纂句容縣志》卷四，清光緒刊本）

【道光十六年教諭張履諭止演淫盜諸戲】道光十六年，教諭張履諭止演淫盜諸戲。為諭：止演淫盜諸戲，以正人心，以消亂萌事。蓋聞聖王治人性情，必以禮樂。禮起教於微眇，而樂之感人尤深，優戲亦樂類也。演忠孝節義之事，則愚夫愚婦亦感激奮興，或歎息泣下，是有司教化之所不及施者，優戲能動之也，雖謂勝於古樂可也。演夭冶褻狎之狀，則靜女良士亦蕩魂搖魄，不能自主，私奔苟合之醜，往往緣此而成，是有司刑禁之所力為防者，優戲能敗之也，是甚於鄭聲之亂雅也。且演戲以樂神也。神聰明正直，豈視

邪色、聽淫聲也哉？非直不視不聽而已，必致反干神怒，凡水旱癘疫之不時，祈禱之無應，安知非淫戲瀆神之所致哉？或者謂有元黃之正色，不廢紅紫；有松柏之貞姿，不廢桃柳，凡忠孝節義與夫男女之悲歡離合須相雜而成文，豈其事涉風流，在所必絕，然如《折柳》一曲，夫婦依依戀別，能增人伉儷之重，僕婢相窺，不及於亂，此所謂「發乎情，止乎禮義」者也，何不可娛心意、悅耳目而乃必跳牆、廟會、賣臙脂，備諸穢態乎？古者淫聲、凶聲有禁，而當今功令《水滸》一書，亦在禁限。蓋觀《水滸》者，至戕官纂囚，輒以為快，不知上下有定分，乃天經地義，父雖不慈，子不可忤；官雖失德，民不可犯。宋江等三十六人橫行天下，一夕盡為張叔夜所殺，載在正史，凡為不軌者可以鑒戒。今登場演《水滸》，但見盜賊之縱橫得志，而不見盜賊之駢首受戮，豈不長凶悍之氣而開賊殺之機乎？案：優伶為本學所統管，凡有點淫盜諸戲者，仰班頭即請更換。爾士民亦宜慎擇之，以助本學正人心、消亂萌而迓神貺，是所厚望。乙未論止婦女觀優，又諭觀慢婦女，詳明剴切，屢告諄諄，見《容山教事錄》。（清‧張紹棠：《（光緒）續纂句容縣志》卷四，清光緒刊本）

【禁戲筵】一、禁戲筵。舊例開兌，各縣於倉廠中張筵唱戲，其一應備辦鋪設，貽累地方。查廚子包席一筵，價銀八、九兩；唱戲一本，價銀六、七兩。其他之鋪設器具，又不知若干，殊為耗費，抑且病民，應永禁革，違者參究。（清‧張紹棠：《（光緒）續纂句容縣志》卷五，清光緒刊本）

【禁革弁丁交接】一、禁革弁丁交接。查各水次完糧官旗，每有親戚探望，餽土儀、打抽豐。或有債主隨船取欠，日常治席演戲款留打發，糜費錢糧，多生奸盜，重為漕弊。以後水次運船，總不許前項人等往來。如有故違，交兌官差人拘提究處。（清‧張紹棠：《（光緒）續纂句容縣志》卷五，清光緒刊本）

【吳越彥上書嚴禁演傳奇】吳越彥上高淳張明府書云：條風乍拂，正宜有事西疇，乃神旂高樹，社帖紛傳，搆花臺，演傳奇，所費不貲。誠不牽於禍福之說，嚴行禁止。救荒、裕課、弭盜，莫善於此。（清‧張紹棠：《（光緒）續纂句容縣志》卷六下，清光緒刊本）

【句容教諭張履禁演淫劇以正心】張履，字淵甫，震澤舉人。邃《三禮》之學，纂《宗法通考》。道光十四年任句容教諭，募修宣聖禮殿，崇聖、忠孝、鄉賢、名宦諸祠及明倫堂，次第完竣。以其餘葺四賢祠，而黜從祀一

人。履記云：宋、林、范三侯並有遺惠，祀之別室，以勸善也。至某者，非眾志所孚，黜而去之，以治濫也。烏乎！德之不建，民之莫懷，雖僅附一木主，且靡所谷焉？然則官斯土者，何去何從，亦可以知所決矣。啟華陽學舍，與諸生五日一會，講求經訓，作抗志，植心砥行，稽經練務，屬文六箴，以勵學者。知縣錢燕桂爲栞《容山教事錄》，序其大旨，略謂：「諭」止爭訟以修身，禁演淫劇以正心，戒婦女遊觀以齊家；「雜說」首重廉恥，即愼獨之功，利民講及蠶桑，即生財之道。他如《捕蝗記》、《義倉議》，推之治平不難矣。履性嚴毅，雖盛暑不袒裼，蓋示人以身教者也。咸豐紀元沒於任。後賊至，全家殉難。（清·張紹棠：《（光緒）續纂句容縣志》卷八上，清光緒刊本）

【市井無遊民婦女不觀劇】 劉振淮，字夢談，太學生。爲人剛正有膽識。嘉道時，北鄉趙氏豐於資，惟取信振淮，凡地方公舉，往說之無不應，爲鄉里排難解紛。極嚴毅，一言不合則面斥之，人卒畏服。道光壬寅，英夷內訌，由鎮江鼓輪艘西上，抵下蜀鎮之河口，人情洶洶，意謂必上岸蹂躪。振淮立至船，從容喻以大義，夷酋秋毫無犯而退。其善處大事多此類也。兄振源，諸生，自有傳。同時王正月，邑庠生，性嚴正，自其爲約正也，市井無遊民，婦女不觀劇。嘉慶甲戌歲饑，與里人羅復仁捐資籌賑。羅故饒於資，有山數十畝，貧民無業者使伐其樹以工代賑，賴以全活者甚夥。（清·張紹棠：《（光緒）續纂句容縣志》卷十，清光緒刊本）

【里中演劇酬神爭以肩輿迎劉舜霆】 劉舜霆，太學生。貌魁偉多髭，人以髯翁呼之。性嚴重，群兒或聚戲，父母不能禁者，見舜霆至則逸去。道光間，瀕江之圩隄身窄小，居民習於故常，無留意者。舜霆防患未然，暇時忽集夫加築，口講指畫，某段至某段限加高數尺，尅期告成。其年淫雨閱月，水勢暴長，適漫及新隄而止。至次年，又加築亦如之。他處苦水災，而北廠秋禾大熟，里中演劇酬神，爭以肩輿迎舜霆，念其功也。（清·張紹棠：《（光緒）續纂句容縣志》卷十，清光緒刊本）

【張氏不觀演劇迎神】 文生凌明□，妻張氏，年十七歸凌，十九夫故，無子，屢欲以身殉。時祖翁姑及姑在堂，祖姑泣，謂之曰：「爾夫無子，又鮮兄弟，晨昏之侍奉，孫在惟孫，孫亡惟汝，汝死則俱死矣。汝欲捨身而不爲夫嗣續計，忍乎？否乎？」張乃止。孝事嬬姑及太翁姑，曲意承歡，極盡婦

道。擇族中之賢者立爲夫後，撫如己出。厥後，姑與太翁姑相繼棄養，張竭力摒擋，喪葬如禮。守節六十七年。凡演劇迎神等事，未嘗寓目。卒年八十有六。（清·張紹棠：《（光緒）續纂句容縣志》卷十三下，清光緒刊本）

【王新組妻汪氏鄙夷賽神觀劇】王新組妻汪氏，生而靈慧，父母鍾愛之。及長，針黹餘閒，父授《孝經》、《內則》、《女訓》諸書，過目成誦。凡於女子大義，悉皆解悟，而尤工於鍼黹。……御下有恩，自待極嚴。無故不出戶庭，目屏詞曲，口絕諧謔，命不推測，疾不禱禳，遇道姑巫女優婆等輩，則望而卻走。入廟燒香，賽神觀劇，人競趨之，汪皆鄙夷而弗爲也。（清·張紹棠：《（光緒）續纂句容縣志》卷十四，清光緒刊本）

（光緒）丹徒縣志

【京口驛戲臺】京口驛在大西門外北首。舊制濱河朝西大石馬頭一座，左右小馬頭二座，左右吹亭二座，東西轅門石獅二簡。……朝南馬王殿三間，戲臺三間。（清·何紹章：《（光緒）丹徒縣志》卷二十，清光緒五年刊本）

【某中丞終日演劇不問政事】顏于鎬，字作周，號芭生，道光乙未三甲進士，以知縣發山西，歷任平遙、曲沃各繁劇，皆本「清、慎、勤」三字以自勵。事必躬親，案無留牘，尤喜培植士林。沃邑向無考棚，首先捐廉創建。餘如鄉飲、賓興、恤嫠諸善政，次第畢舉。丁未秋，平陽旱饑，翼城有奸民乘機煽誘聚人數千，以求免徵爲名入城滋擾。郡守延鎬帶兵前往，道經沃邑，鎬告以兵勇一去，恐致激變，願先以單騎往。至翼，則召集曉事者諭以禍福，事立解。其後委定此案，止戮倡首二人，餘無波及，翼之人至今感頌。咸豐癸丑夏，粵寇分竄河南，歸德失守，鎬以晉、豫密邇謁當道，陳說方略。時中丞某甫到任，終日演劇，置不問。鎬斥曰：「此豈作樂時耶？」忤其意，欲登白簡，司道未允，遂以萬泉簡缺對調復委。（清·何紹章：《（光緒）丹徒縣志》卷二十八，清光緒五年刊本）

【趙邦彥不染優伶歌妓】趙邦彥，字綏之。道光壬辰舉人，甲辰大挑二等，選上海縣教諭。至咸豐初，上海洋商縟集，俗多華靡，優伶歌妓，錯雜其間。邦彥素樸實，至是益勵其操，虔修祀典，督課諸生，自甘苜蓿。妓館舊有陋規，邦彥蒞任，卻不受。後又加豐，邦彥怒擲之。以母憂去任，至

今滬人猶稱其品學焉。後署海門廳學，卒於官。（清・何紹章：《（光緒）丹徒縣志》卷二十八，清光緒五年刊本）

【蔣蒓湖善琴曲】蔣蒓湖，銀山關帝廟道士，善琴曲。癸丑歲，客揚州某觀，揚州城陷後，有獻媚者譖其能於賊，賊執之去，逼令奏技。蒓湖曰：「我雖方外，亦知大義，豈能爲汝輩作伶人乎？」賊斷其舌而殺之。（清・何紹章：《（光緒）丹徒縣志》卷二十九，清光緒五年刊本）

【柳蓁署中不演劇】柳蓁，字蟠若，號春亭，乾隆丙子鄉舉第一，己丑進士，授廣東和平縣知縣。鮑之鍾撰《傳》。《傳》曰：公諱蓁，字蟠若，行四。……公性儉朴，無聲色之好，一衣三十年。及居官，其服僅足承祭見賓而已。優伶演劇，署中未有此事也。（清・何紹章：《（光緒）丹徒縣志》卷三十二，清光緒五年刊本）

【江上演傳奇中荒唐不經故實】清・何犿《江上觀競渡記（節錄）》：丁未夏五前一日，龍舟集江上，何子往觀焉。舟尾各繫綵帛，懸一童，衣錦衣朱袴，演鞦韆盤舞。舟首演元（玄）壇神，傅黑面騎虎者一。冠束髮，金冠，披紅戰服，束金帶，執戟演呂溫侯者三。烏紗巾，黑袍，持劍演鍾馗神者一。金甲冑，演大將狀者二。龍袍玉帶，演吳王夫差。採蓮划舟人，皆演爲內官狀者一。又演南極老人，乘鹿揮玉麈尾者亦有三。舟上立層樓飛閣，丹楹碧檻，掩映雲霞。二童演善才，參大士，演漁、樵相對。傳奇中荒唐不經故實，更番迭演。（清・何紹章：《（光緒）丹徒縣志》卷五十六，清光緒五年刊本）

編者案：清・何犿《晴江閣集》（清康熙刻增修本）卷二十五「記」收有此文。